MARC FROMENT

LECTURES MORALES

Nouveau Cours de Morale

BIBLIOTHÈQUE D'ÉDUCATION
15, rue de Cluny, Paris

Prix, cartonné . . . . 1 fr.

Volume-Spécimen. — L'ouvrage ne se vend

Bibliothèque d'Éducation
PARIS — 15, rue de Cluny — PARIS

C. CALVET

Histoire de France

COURS MOYEN

Préparation au Certificat d'études primaire

---

82 Leçons groupées en 14 Périodes
COMPRENANT CHACUNE :
TEXTE, RÉCIT, RÉSUMÉ, QUESTIONNAIRE

14 Résumés généraux
UN RÉSUMÉ GÉNÉRAL DE LA PÉRIODE, TABLEAU RÉCAPITULATIF
SUJETS DE DEVOIRS

15 Leçons de revision
CONSACRÉES A LA
Marche de la Civilisation en France à travers les siècles
GOUVERNEMENT, INSTITUTIONS, VIE PUBLIQUE, VIE PRIVÉE
MŒURS

Revision par l'image

Un joli volume in-12 illustré, cartonné. 1 fr. 30

MARC FROMENT

LECTURES MORALES

Nouveau Cours de Morale

BIBLIOTHÈQUE D'ÉDUCATION
15, rue de Cluny, Paris

TABLE DES MATIÈRES

I. — Introduction

1re LEÇON.	— Qu'est-ce que la morale ?	5

II. — Les défauts des hommes actuels ; qualités correspondantes

2e LEÇON.	— La brutalité	12
3e et 4e.	— L'homicide	18-25
5e LEÇON.	— Le vol	33
6e LEÇON.	— Le mensonge	39
7e LEÇON.	— La vanité	45
8e LEÇON.	— Les vices d'argent	54
9e LEÇON.	— La mauvaise hygiène	61
10e et 11e.	— La crédulité	71-78
12e LEÇON.	— L'intolérance	83
13e LEÇON.	— La lâcheté	97
14e LEÇON.	— Ceux qui ne savent pas vouloir	106
15e LEÇON.	— Le courage	114

III. — L'amélioration de l'individu

16e LEÇON.	— L'amélioration morale	124
17e LEÇON.	— Un grand obstacle à l'amélioration morale : la misère	133

IV. — L'amélioration de la société

18e LEÇON.	— Les causes de misère	139
19e LEÇON.	— Remèdes contre la misère : 1o la Charité	151
20e LEÇON.	— — — — : 2o la Mutualité	161
21e LEÇON.	— — — — : 3o la Solidarité sociale	170

V. — Pratique de la Solidarité

22e et 23e.	— La famille	183
24e LEÇON.	— L'école	199
25e LEÇON.	— L'apprentissage	212
26e LEÇON.	— Le travail	224
27e LEÇON.	— Coopératives et syndicats	230
28e LEÇON.	— Le suffrage universel	236
29e LEÇON.	— La nation et l'internation	242

VI. — Conclusion

30e LEÇON.	— L'entr'aide	249

TABLE ANALYTIQUE DES MATIÈRES

Classées suivant le plan des programmes généralement adoptés.

Objet de la Morale.

1re leçon (p. 5).

La Famille.

Parents, grands-parents, enfants, frères et sœurs, serviteurs : *22e et 23e leçons* (pp. 183 et suivantes).

L'Ecole.

Son but ; gratuité et obligation ; l'école d'autrefois et l'école d'aujourd'hui ; assiduité, travail, propreté, convenance ; l'instituteur ; les camarades : *24e leçon* (p. 199).

Morale individuelle.

Le corps ; sobriété et tempérance; la mauvaise hygiène : *9e leçon* (p. 61). — Les biens extérieurs; économie ; avarice ; jeu *8e leçon* (p. 54). — La prévoyance : *8e et 20e leçons* (pp. 54 et 161). — Le travail ; sa nécessité ; obligation du travail pour tous les hommes : *26e leçon* (p. 224). — Véracité et sincérité : *6e leçon* (p. 39). — Modestie, orgueil, coquetterie, frivolité : *7e leçon* (p. 45). — Le courage, la lâcheté : *13e, 14e et 15e leçons* (pp. 97, 106, 114). — Colère, brutalité, cruauté : *2e leçon* (p. 12).

Morale sociale.

Respect de la vie d'autrui ; droit de légitime défense : *3e et 4e leçons* (pp. 18 et 25). — Respect des biens : *5e leçon* (p. 33). — Respect de l'honneur et de la réputation d'autrui : *6e leçon* (p. 42). — Respect des opinions et des croyances : *12e leçon* (p. 83). — Justice : *16e, 17e, 18e leçons* (pp. 124, 133 et 139). — Charité : *19e leçon* (p. 151). — Solidarité : *20e et 21e leçons* (pp. 161 et 170). — Dévouement, sacrifice : *30e leçon* (p. 149).

La Patrie.

Solidarité nationale ; solidarité internationale ; les conflits; l'arbitrage ; la défense de la patrie : *29e leçon* (p. 242). — La guerre : *4e leçon* (p. 27). — La liberté politique, le suffrage universel : *28e leçon* (p. 236). — La liberté économique : *27e leçon* (p. 230).

Lectures Morales

PREMIÈRE LEÇON

QU'EST-CE QUE LA MORALE ?

I. L'idéal du père Claude

Le père Claude est assis devant sa porte ; il goûte la fraîcheur du soir, et se repose d'une longue journée de travail sous un soleil torride [1].

« Eh ! père Claude, lui dit Jean, savez-vous que vous avez l'air d'un homme vraiment heureux ? Et pourquoi ne le seriez-vous pas ? La moisson est belle. Les vignes promettent une superbe vendange. Vos enfants se portent à merveille et vous donnent toute sorte de satisfactions. Vous avez tout ce qu'il faut pour être heureux, père Claude, et je comprends que vous vous abandonniez avec plaisir à la douceur de cette journée qui finit dans le calme et dans la fraîcheur.

— Sans doute, répond le père Claude, sans doute je

---

1. *Torride* : brûlant, excessivement chaud.

suis heureux, très heureux même... Et pourtant, il y a quelque chose qui me chagrine et qui gâte un peu mon bonheur.

— Vous êtes exigeant, père Claude.

— Peut-être. Gageons cependant qu'un peu de réflexion te rendra aussi difficile que moi.

« Tes yeux sont ouverts, Jean : regarde autour de toi. Combien de misères imméritées ! Cazeaux, le charpentier, tombé l'autre jour d'un échafaudage, jambe cassée et moitié mourant ; la veuve Bonnot, qui ne trouve pas toujours des ménages à faire et qui nourrit péniblement son enfant ; le manouvrier Jouanin, avec toute sa nichée ; Aulard, le métayer[1], endetté par les mauvaises récoltes ; le meunier Lureau, ruiné par la concurrence du gros minotier ; Bouleyre, le charretier, que la maladie retient au lit depuis trois mois ; Gaillard, du four à chaux, remercié parce que l'ouvrage manque ; et la pauvre vieille Marienne enfin, usée par l'âge, minée par la misère, et que soutient tout juste le produit des aumônes publiques.

« Je te le dis, Jean : je ne me crois pas le droit d'être tout à fait heureux quand d'autres souffrent, quand d'autres sont dans la misère sans qu'il y ait de leur faute.

— Il n'y a point de votre faute non plus, père Claude.

— Qui sait ? C'est nous qui faisons les lois, Jean ; c'est nous qui levons les impôts ; c'est nous qui ordonnons les dépenses publiques ; et les lois que nous faisons permettent que le chômage, la maladie, la mort des soutiens de famille, frappent les pauvres gens sans que la société se croie obligée de leur porter secours. Certes, chacun de nous donne un peu de son bien pour diminuer la peine d'autrui, mais pas assez pour chasser le malheur quand il est entré dans une maison.

« Cela me rend triste quand j'y songe, Jean, et je suis bien obligé d'y songer, car les Cazeaux, les Jouanin, les

---

1. *Métayer* : celui qui cultive un domaine pour le compte d'autrui et retient pour son travail la moitié des fruits et récoltes.

Marienne, sont nombreux dans le village ; il y en a des centaines à la ville ; il y en a des milliers dans notre pays ; il y en a des millions dans le monde. »

RÉFLEXIONS. — *Où se trouve le père Claude ? — A quel moment de la journée ? — Que lui dit Jean ? — Pourquoi le père Claude n'est-il pas tout à fait heureux ? — Est-il vrai que les misères qu'il cite sont injustes, imméritées ? Raisonnez sur chacune d'elles. — En résumé, que voudrait le père Claude ?*

---

1. ❦ Nous voudrions qu'aucun homme ne pût être malheureux, sinon par sa propre faute. Nous désirons le bonheur pour tous.

II. ❦ L'idéal du père Claude
(Suite).

Jean avait pris place auprès du père Claude :

« Ma foi, dit-il, la soupe attendra ; jamais je n'avais pris garde à tout ce que vous me dites.

— Je suis bien content, Jean, que cela t'intéresse ; le vieux paysan que je suis a vu bien des choses et il a réfléchi, il est heureux chaque fois qu'un jeune homme comme toi vient lui demander de lui faire part de son expérience.

« Reprenons, puisque tu le veux, nos réflexions interrompues.

« Ce journal que tu vois sur la table, Jean, je le lisais tout à l'heure. Il me disait que dans notre société *civilisée*, dans notre société française, il y a *encore* — au vingtième siècle — des gens qui mentent, qui trichent, qui fraudent, qui falsifient[1] les aliments, — des hommes

---

1. *Qui falsifient :* qui y introduisent des substances étrangères, impropres à l'alimentation ou même nuisibles.

qui brutalisent les animaux et qui se battent entre eux, — des voleurs et des assassins, — des joueurs, des prodigues et des avares, — des ignorants qui s'intoxiquent[1] avec le tabac et qui s'empoisonnent avec l'alcool, — des méchants qui rêvent d'exterminer ceux qui ne pensent pas comme eux en politique ou en religion.

« Il me disait aussi que les nations ne sont pas plus sages que les individus qui se battent pour régler leurs différends. A l'heure où nous parlons, à l'autre bout du monde, deux nations ont lancé les uns contre les autres leurs navires et leurs soldats. Les canons, les torpilles[2], les fusils, accomplissent leur œuvre détestable.

« Je suis triste à la pensée que, pour toutes ces raisons, notre humanité ne mérite pas encore d'être considérée comme vraiment civilisée. Je suis triste, parce qu'il est évident que des hommes méchants, égoïstes, ignorants, intempérants, violents, intolérants et lâches sont incapables d'organiser une société juste, dans laquelle le bonheur de tous soit possible. A bien considérer les choses, Jean, nous sommes encore des barbares.

— Mais vous n'y pouvez rien, père Claude.

— Si, Jean ; je puis tout au moins réfléchir sur ces importants sujets, me former une opinion, concevoir un idéal de l'homme et de l'humanité, chercher à diminuer autour de moi le nombre des méchants et des ignorants, à augmenter le nombre de ceux qui désirent le bonheur des hommes et la paix sur la terre. Je puis, en un mot, consacrer un peu de mon temps, un peu de mes forces, à rendre les hommes *plus moraux* et *plus heureux*. Je voudrais que dans le monde entier il n'y eût pas un homme qui fût privé des sources de bonheur que je possède, mais je voudrais aussi que dans le monde entier il n'y eût pas un homme capable de commettre une action nuisible.

---

1. *Qui s'intoxiquent* : qui s'empoisonnent.
2. *Torpille* : engin de guerre destiné à provoquer des explosions sous-marines.

« Voilà mon idéal, Jean ; ose donc soutenir que le tien est différent !

— Vous êtes un brave cœur, père Claude ; ce que vous m'avez dit là m'impressionne vivement. J'y réfléchirai, et, si cela ne vous ennuie pas, nous en causerons encore.

— Volontiers. Au revoir, Jean. »

Et le bon père Claude, immobile sur le banc de pierre, dans la douceur de cette soirée paisible, se prit à rêver d'une société où il n'y aurait que de braves gens unis pour la conquête du bonheur.

RÉFLEXIONS. — *Le père Claude désire-t-il seulement que tous les hommes soient heureux ? — Que désire-t-il encore ? — Pourquoi souhaite-t-il qu'il n'y ait plus d'hommes méchants, égoïstes, ignorants, intempérants, intolérants, etc. ? — En résumé, quel est l'idéal du père Claude ?*

---

2. ❦ **Nous voudrions que tous les hommes fussent bons et honnêtes, qu'aucun d'eux ne fût capable de commettre une action nuisible.**

III. ❦ La Morale

Animés comme le sont les écoliers qui retournent en classe après deux mois de vacances, les élèves de M. Bertrand feuilletaient avidement les livres neufs qu'on venait de distribuer. Il est si amusant de regarder les superbes images qui illustrent les livres modernes !

— Encore un ! dirent-ils soudain, avec un étonnement ravi. M. Bertrand défaisait en effet un énorme paquet d'où il tira une trentaine de volumes à couvertures bleu clair, qu'il déposa sur l'un des bas-côtés de son bureau.

— Oui, mes amis, leur dit-il, c'est encore un livre pour vous, — le plus utile peut-être de ceux que vous ouvrirez cette année. Les autres contribueront à développer votre intelligence; ils vous enseigneront une foule de connaissances utiles. L'ambition de celui-ci est plus haute : il voudrait vous apprendre à devenir justes, bons, sincères, prudents, tempérants, courageux et tolérants ; si vous lui accordez votre confiance, il vous aidera à découvrir dans votre vie d'écoliers les mauvais penchants, les habitudes irréfléchies qui pourraient devenir des sources de malheur pour les hommes que vous serez un jour.

« Supposez, mes amis, que vous ayez à faire un grand voyage dans un pays encore barbare : vous seriez bien contents, n'est-il pas vrai, de connaître à l'avance les obstacles du chemin, les embuscades [1] des voleurs, tout ce qui peut vous attirer de l'ennui ou vous mettre en danger ; vous auriez de la reconnaissance pour qui vous fournirait des renseignements exacts, précis, utiles.

« Hé bien ! ce petit livre va vous rendre un service du même genre : il vous fera connaître les périls de la vie. C'est un danger que d'être trop fier, d'être vaniteux ; c'est un danger que de flâner ou de s'ébattre [2] au moment où il faudrait travailler ; et aussi de ne pas savoir ce qu'on veut, d'être privé de volonté ; c'est un danger que d'être indifférent aux souffrances d'autrui.

« Il vous dira, ce petit livre bleu, que si les hommes voulaient s'entendre, c'en serait fait de leur égoïsme, qui est le père de tous leurs vices, de tous leurs défauts et de presque tous leurs maux. Ils s'entr'aideraient pour lutter contre la misère, au lieu de rester livrés chacun à ses faibles ressources. *Ils seraient heureux tous ensemble, au lieu d'être malheureux séparément.*

« C'est donc un ami que je vous donne ; il vous dira quelles actions sont utiles aux hommes et quelles actions leur sont nuisibles ; si vous suivez ses conseils, vous aurez toutes les chances de bonheur qu'on peut trouver dans la société actuelle, et vous apprendrez quels chan-

---

1. *Embuscade* : piège, embûche dressée pour surprendre quelqu'un.
2. *S'ébattre* : se divertir.

gements il faudrait y apporter pour que tous les honnêtes gens soient assurés d'y trouver la sécurité [1] et la joie de vivre. »

RÉFLEXIONS. — *Vous avez deviné quel est le petit livre dont parle M. Bertrand : nommez-le. — Quelle comparaison M. Bertrand établit-il pour faire comprendre à ses élèves l'utilité de la morale ? — Rappelez quels étaient les désirs du père Claude dans les deux lectures précédentes ? — Partagez-vous ces sentiments ? — Désirez-vous apprendre la morale ?*

---

3. **C'est la morale qui nous apprend à être des hommes bons et honnêtes, incapables de commettre une action nuisible, et à créer une société juste, où aucun homme ne puisse être malheureux, sinon par sa propre faute.**

1: *Sécurité :* certitude qu'il n'y a pas de danger à craindre, de misère à redouter.

DEUXIÈME LEÇON
LA BRUTALITÉ

I. ❦ Le Loup et l'Agneau

La raison du plus fort est toujours la meilleure :
Nous l'allons montrer tout à l'heure.

Un agneau se désaltérait
Dans le courant d'une onde pure.
Un loup survient à jeun, qui cherchait aventure,
Et que la faim en ces lieux attirait.
« Qui te rend si hardi de troubler mon breuvage ?
Dit cet animal plein de rage.

Tu seras châtié de ta témérité.
— Sire, répond l'agneau, que Votre Majesté
Ne se mette pas en colère ;
Mais plutôt qu'elle considère
Que je me vas désaltérant
Dans le courant,
Plus de vingt pas au-dessous d'elle,
Et que par conséquent, en aucune façon,
Je ne puis troubler sa boisson.
— Tu la troubles ! reprit cette bête cruelle ;
Et je sais que de moi tu médis l'an passé.
— Comment l'aurais-je fait si je n'étais pas né ?
Reprit l'agneau ; je tette encor ma mère.
— Si ce n'est toi, c'est donc ton frère.
— Je n'en ai point. — C'est donc quelqu'un des tiens ;
Car vous ne m'épargnez guère,
Vous, vos bergers et vos chiens.
On me l'a dit : il faut que je me venge. »
Là-dessus, au fond des forêts
Le loup l'emporte, et puis le mange,
Sans autre forme de procès.

LA FONTAINE.

RÉFLEXIONS. — *Que savez-vous du loup ? — A ce portrait opposez celui de l'agneau. — Dans la discussion qui s'élève, qui a raison ? Montrez-le en opposant aux prétextes du loup les arguments de l'agneau. — Et pourtant, comment le différend se termine-t-il ? — Qui a triomphé ici : la raison du plus juste ou la raison du plus fort ? — Cette conclusion a-t-elle votre approbation ? — Quelle est l'excuse du loup ? Demande-t-on aux loups de la justice et de la bonté ? — Ce qui s'explique chez les animaux doit-il se rencontrer chez les hommes ?*

---

1. ✢ **Dans le monde des brutes, la force prime le droit. Dans les sociétés humaines, c'est *la raison du plus juste* qui doit être la meilleure.**

II. 🎗 L'Écolier brutal

Enfants, écartez-vous du grand Dinin. Ce n'est pas un être sociable ; c'est une brute.

Dans la cour de récréation, il passe comme un éclair  au milieu des rondes et des jeux paisibles des tout petits. Il bouscule, il renverse, il piétine : que lui importe, pourvu qu'il dépense à sa guise sa force brutale !

N'allez pas, surtout, lui reprocher sa rudesse et lui affirmer que la cour est à vous autant qu'à lui ; ne lui dites pas que le devoir des écoliers est de ne pas faire à leurs camarades ce qu'ils n'aimeraient pas qu'on leur fît. Ce sont là, certes, d'excellentes raisons ; mais Dinin ne souffre pas qu'on le contrarie.

Dès qu'on le mécontente, son visage s'empourpre[1], ses yeux brillent d'un méchant éclat, sa bouche se contracte comme celle des animaux qu'on irrite, ses poings se ferment, il se ramasse sur ses jarrets nerveux, comme la bête de proie qui va s'élancer sur sa victime. Son attitude dit assez que les idées raisonnables n'ont aucun empire sur lui ; ce n'est pas un enfant du XXe siècle qui est sous vos yeux ; c'est la brute des cavernes, c'est le loup de la fable pour qui la force est meilleure que les meilleures raisons.

Le pis est qu'il ne s'en tient pas toujours aux menaces. L'autre jour, à la sortie de l'école, il s'est acharné lâchement sur un bambin qui s'était plaint au maître de sa brutalité.

---

1. *S'empourpre* : se colore de pourpre, de rouge.

Ne nous étonnons pas, après cela, s'il se montre cruel envers les animaux ; chiens et chats sont ses souffre-douleur ; s'il attrape une mouche, il la martyrise ; il ne se borne pas à tuer les animaux nuisibles : il invente pour eux des supplices savants et raffinés [1]. Détournez-vous, vous dis-je : ce raffinement de cruauté, inconnu des animaux féroces eux-mêmes, ne le met pas seulement au-dessous de l'homme, il le met au-dessous de la bête.

RÉFLEXIONS. — Imaginez un dialogue entre le grand Dinin et le petit élève qu'il a bousculé. — Lequel des deux a fait valoir la raison du plus juste ? — Que lui oppose Dinin ? — Est-ce un argument humain ? — Qualifiez-le. — Montrez qu'avec Dinin nous retournons à l'homme des cavernes au lieu de nous rapprocher du type idéal d'homme civilisé. — Montrez ce que deviendra Dinin s'il ne se corrige pas de ce défaut : dans sa famille, à l'atelier, dans les discussions privées, en réunion publique, etc.

---

2. ❦ Les instincts de la brute reparaissent encore trop souvent chez l'homme actuel. Ce sont eux qui provoquent les actes de brutalité, de colère, de cruauté.

III. ❦ Un peu d'histoire

En 1681, Strasbourg était une ville libre de l'empire d'Allemagne.

Louis XIV, roi de France, qui venait de battre l'Espagne, de vaincre les Hollandais et que toute l'Europe redoutait, décida d'annexer Strasbourg à son royaume.

Une guerre résulta de cette annexion. Louis XIV vainquit la « Ligue d'Augsbourg » qui s'était formée contre lui. **Et il garda Strasbourg.**

---

1. *Raffinés* : perfectionnés.

En 1802, la France était en paix avec toute l'Europe. Cette paix eût pu être durable si Bonaparte n'avait eu pour la guerre une passion irrésistible.

En pleine paix, il prit le Piémont, riche province de l'Italie du Nord, et intervint en maître dans les affaires intérieures de l'Helvétie.

Une coalition se forma contre lui.

Ce fut pour le premier consul l'occasion d'une merveilleuse campagne ; il détruisit l'armée austro-russe à Austerlitz, **et imposa sa volonté aux vaincus.**

En 1870, par des manœuvres tortueuses [1], le ministre prussien Bismarck amena habilement l'empereur des Français Napoléon III à déclarer la guerre à la Prusse.

Bismarck poursuivait l'abaissement de la France et la formation de l'unité allemande. « Résolu et tenace, violent et passionné, il était peu scrupuleux [2] sur le choix des moyens ; il ne visait que le succès. »

Il disait que « l'unité allemande se ferait, non par des discours, mais par le fer et par le

Les trophées de Bismarck.

---

1. *Tortueuses :* qui manquent de loyauté et de franchise.
2. *Peu scrupuleux :* peu difficile, peu délicat.

sang », et la devise de sa politique était : *La force prime le droit.*

La France impériale fut vaincue et s'effondra dans la honteuse capitulation de Sedan.

La France républicaine proposa la paix.

Bismarck répondit en exigeant l'Alsace et cinq milliards. Plutôt que de céder une part du territoire national, les Français tentèrent un effort héroïque contre les armées du « chancelier de fer ».

Vaincus, **ils durent se plier à la volonté du plus fort** : malgré la protestation des Alsaciens, l'Alsace moins Belfort et une partie de la Lorraine furent annexées à l'Allemagne.

Contre cet acte de barbarie, deux députés allemands, deux socialistes, Liebknecht et Bebel, ont eux-mêmes protesté en plein Reichstag ou Chambre des députés de l'empire allemand. Pour ce fait, ils ont été condamnés à la prison.

RÉFLEXIONS. — Si un propriétaire, « trouvant dans le champ du voisin le complément logique de son domaine », réunissait ses serviteurs pour s'en emparer par violence, comment apprécieriez-vous son acte ? — Louis XIV, Napoléon, Bismarck, ont-ils agi autrement dans les cas rapportés ci-dessus ? — Que pensez-vous de la devise de Bismarck : « La force prime le droit »? — En est-il autrement dans le monde des loups ? — Les nations civilisées n'essayent-elles pas aujourd'hui de résoudre les conflits internationaux autrement que par la force ?

---

3. ❀ Ce qui est inexcusable quand il s'agit des rapports entre individus n'est pas plus admissible quand il s'agit des rapports des nations entre elles.

Les rapports des nations entre elles doivent être réglés par la justice. La maxime des nations civilisées est : *le droit prime la force.*

TROISIÈME LEÇON
L'HOMICIDE

I. ❦ Le mot « tuer »

— A quoi jouer ? demande Petit Paul au milieu d'un groupe d'enfants.

— A la guerre ! répondent aussitôt plusieurs voix.

Sans perdre un instant, les camps sont faits, la bataille se prépare, les belligérants [1] se menacent, les armes s'improvisent [2], les coups de feu retentissent !

Il faut voir avec quelle souplesse les combattants se glissent d'arbre en arbre, de buisson en buisson pour échapper au feu de l'ennemi. De part et d'autre quelques « hommes » tombent, des « hommes » de sept ans, un peu plus hauts que la moitié d'un soldat.

Mais une dispute s'élève ; les héros [3] changent de ton :

— « Tu triches ! » affirme l'un.

— « Chicane ! » riposte l'autre.

Pour un peu, la guerre « pour rire » deviendrait une dispute sérieuse, et les coups de fusil seraient remplacés par des coups de poing.

Approchons-nous, et voyons quel est l'objet de la contestation. Il paraîtrait que le grand Jules, du camp des Français, « tué » par le petit Émile, du camp ennemi, a refusé de tomber en temps voulu. Mais le grand Jules affirme de son côté qu'il a tiré avant Émile, et que par conséquent celui-ci a été « tué » le premier.

Et le mot « tuer » vole de bouche en bouche parmi ces bambins qu'une coupure effraye, et qui s'affolent dès

---

1. *Belligérants* : ceux qui sont en guerre. — Rapprocher de *belliqueux*.

2. *Les armes s'improvisent* : les armes sont choisies sur-le-champ : un manche de balai devient fusil, deux bâtons attachés rapidement en forme de croix figurent un sabre, etc.

3. *Héros* : celui qui se distingue par une action extraordinaire.

qu'une blessure minuscule, après une chute sur un caillou tranchant, laisse couler un peu de sang.

Jouer à *tuer !* quel contraste[1] entre ces deux mots ! Tuer est la chose la plus horrible qui soit. Pour chaque individu, la vie est le premier des biens ; quel homme, si malheureux soit-il, ne tient pas à la vie ?

Comme il est triste, au fond, le geste de cet enfant qui lève sur son camarade un poignard, inoffensif[2] certes, — mais qui n'en est pas moins dirigé vers le cœur, comme s'il devait effectivement donner la mort !

Imagine-toi, enfant, — une fois seulement, — que ton jeu soit une réalité, que ton arme soit de pur acier, que ton coup ait porté ses funestes[3] effets : vois à tes pieds ta victime étendue.

Si tu as fait cette supposition, me voici tranquille : jamais plus le mot « tuer » ne viendra inutilement sur tes lèvres ; tu comprendras la valeur de la vie, et tu ne parleras plus légèrement, même en jouant, même en riant, de la ravir à ton prochain.

RÉFLEXIONS. — Citez quelques circonstances où, dans vos jeux, le mot « tuer » a été employé par des camarades ou par vous-même ? — Tous les hommes ne songent-ils pas à défendre leur vie ? Pourquoi ? — Si nous voulons que les autres respectent notre vie, comment devons-nous les traiter nous-mêmes ? — Si les enfants ne s'habituent pas à donner au mot « tuer » sa valeur exacte, qu'arrivera-t-il ?

---

1. ❦ **La vie est le premier de nos biens. Tuer est la chose la plus horrible qui soit.**

---

1. *Contraste :* vive opposition, comme celle qui existe entre le noir et le blanc.

2. *Inoffensif :* qui ne peut pas faire de mal, qui est incapable de nuire.

3. *Funestes :* malheureux, désolants, nuisibles.

II. ✿ Il y a des meurtriers

— Avez-vous lu, père Claude, le crime qui est sur le journal ?

— Non, Madame Adeline ; je ne lis jamais ces choses-là.

— Comment, voisin ! cela ne vous intéresse pas de savoir les assassinats et toutes ces horreurs qui feraient peur si elles n'amusaient pas ?

— Comme vous dites, voisine : elles font peur, quand elles n'amusent pas ; moi, elles ne m'amusent pas : alors elles me font peur et me répugnent.

— Il faut bien savoir ce qui se passe, père Claude.

— Possible ; mais il y a d'autres choses à connaître : il y a les inventions utiles, les remèdes trouvés par les médecins sérieux, les machines qu'on découvre ; et puis, il y a les améliorations au sort du paysan que je suis ou de l'ouvrier que j'aurais pu être ; sans compter ce qui se passe hors du pays.

— Oui, la politique [1], voisin ; mais la politique, vous savez, je m'en moque.

— Je sais bien, et c'est ce qui me chagrine : vous aimez mieux les coups de couteau et de revolver, les vols et les empoisonnements. Plus il y a de sang répandu, plus vous êtes contente. Je suis sûr que si votre journal ne contenait pas d'assassinats, vous ne l'achèteriez plus.

— C'est vrai, je l'aimerais moins ; mais je le lirais encore, à cause des feuilletons [2].

— Vrai, Madame Adeline, vous prenez au sérieux ces histoires stupides, remplies d'aventures impossibles, avec des personnages comme il n'en a jamais existé ? Oh ! je sais bien pourquoi : c'est parce que, dans ces romans ridicules, on s'égorge et on se vole, comme dans les « faits divers » que vous savourez à côté.

---

1. *Politique :* tout ce qui a rapport au gouvernement d'un État.
2. *Feuilletons :* romans publiés par fragments dans un journal.

— Je ne dis pas non ; mais, que voulez-vous ? cela m'amuse et cela ne fait de mal à personne.

— Savoir, si la lecture de ces crimes ne fait pas le plus grand mal. Quand un lecteur apprend qu'un homme en a tué un autre par colère, par cupidité, par jalousie ou par vengeance, quand chaque journée lui apporte sa ration de crimes, vrais ou inventés, il voit qu'on peut tuer, il imagine que le meurtre est une chose fréquente. L'idée du meurtre, ainsi, ne lui est plus étrangère, et, un jour où il sera lui-même pris de colère, de cupidité, de jalousie ou du désir de se venger, il pourra plus facilement devenir un meurtrier.

— Hé, père Claude, pensez-vous que j'irai un jour tuer quelqu'un ?

— Non, Madame Adeline, parce que je vous connais pour une personne bien tranquille. Mais laissez-vous lire toutes ces histoires à vos jeunes gens, Marie et Gaston ?

— Ah ! mais non, par exemple ! Pour leur tourner la tête ? Ce n'est pas la peine !

— Vous voyez bien, ma voisine, que la lecture des crimes n'a rien de bon, puisque vous la défendez à vos enfants !

RÉFLEXIONS. — *Un homme a frappé, blessé ou tué quelqu'un dans un accès de colère ; appréciez cette action.* — *Un homme a tué pour voler ou pour hériter : appréciez cet acte.* — *Un homme a tué pour se venger d'une insulte ou d'un grave préjudice : dites ce que vous en pensez.* — *Un jeune homme a tué une jeune fille qui refusait de l'épouser : en avait-il le droit ?* — *La publication des faits divers dans les journaux a-t-elle un effet utile ou pernicieux ?*

2. ⚜ Dans notre société, hélas ! il y a encore des meurtriers.
Colère, cupidité, jalousie, vengeance, tels sont les mobiles ordinaires des crimes.

III. ❦ Le duel

Gardez-vous de confondre le nom sacré de l'honneur avec ce préjugé féroce qui met toutes les vertus à la pointe d'une épée, et n'est propre qu'à faire de braves scélérats.

En quoi consiste ce préjugé ? Dans l'opinion la plus extravagante et la plus barbare qui entra jamais dans l'esprit humain, à savoir que tous les devoirs de la société sont suppléés par la bravoure ; qu'un homme n'est plus fourbe, fripon, calomniateur, qu'il est civil, humain, poli, quand il sait se battre ; que le mensonge se change en vérité, que le vol devient légitime, la perfidie honnête, l'infidélité louable, sitôt qu'on soutient tout cela le fer à la main ; qu'un affront est toujours bien réparé par un coup d'épée, et qu'on n'a jamais tort avec un homme, pourvu qu'on le tue. Il y a, je l'avoue, une autre sorte d'affaire où la gentillesse se mêle à la cruauté, et où l'on ne tue les gens que par hasard : c'est celle où l'on se bat au premier sang ! Au premier sang ! Grand Dieu ! Et qu'en veux-tu faire de ce sang, bête féroce ? Le veux-tu boire ?   J.-J. Rousseau.

Cet homme n'est plus fourbe, fripon, calomniateur : il sait se battre.

RÉFLEXIONS. — *Dites quelle est l'origine du duel en rappelant certaine coutume du moyen âge. — Celui qui a tort est-il toujours tué ou blessé ? — Est-il juste que celui qui a raison risque d'être blessé ou tué ? — En admettant même que l'offenseur soit blessé ou tué, le châtiment est-il proportionné à la faute commise ? Dans ce cas, quel nom donner au meurtrier ? — Si le duel est arrangé d'avance pour que personne ne soit atteint, à quoi sert-il ? — Le vrai courage consiste-t-il à accepter de se battre en duel ? — Que devez-vous faire si quel-*

qu'un vous injurie ou porte contre vous une accusation grave ? Vous laisser aller à la colère, aux voies de fait ? vous battre en duel ? ou bien vous en rapporter à un jury d'honneur ou aux décisions de la justice ? — Deux écoliers, deux ouvriers, après une discussion, décident de se battre à la sortie de l'école ou de l'atelier : appréciez leur décision ; quels conseils leur donnez-vous ?

> 3. ✿ **Le duel est ou odieux, ou ridicule. Il est regrettable qu'on le tolère.**

IV. ✿ D'autres meurtriers : les imprudents

Grande rumeur dans la rue : un autobus[1] a renversé et écrasé une petite fille qui allait chercher deux sous de lait pour sa maman. La pauvrette a été tuée sur le coup par la lourde voiture. Autour de l'omnibus arrêté, la foule s'amasse, manifestant son indignation.

Une vieille femme, furieuse, dit qu'il faudrait tuer le mécanicien.

— C'est un assassin ! crie-t-elle d'une voix aiguë, en

---

1. *Autobus* : omnibus automobile.

montrant le malheureux employé épouvanté, du malheur qu'il a provoqué.

La foule s'ameute ; dix mains empoignent le mécanicien et vont l'arracher à ce siège où il s'assied toute la journée pour gagner sa vie.

Heureusement, des gardiens de la paix arrivent à temps pour le protéger ; un peu plus, il était trop tard, et la foule en colère allait assommer le mécanicien, ajoutant ainsi un crime horrible à un affreux accident.

Les agents dressent un procès-verbal. Ils demandent aux témoins si la voiture allait trop vite.

— Pour sûr, s'écrient plusieurs personnes.

Si le mécanicien avait fait marcher plus doucement sa voiture, il aurait eu le temps de serrer ses freins et de s'arrêter. La petite fille en eût été quitte pour la peur.

C'est l'imprudence du mécanicien qui est la cause du malheur. Le mécanicien n'est pas un assassin. Il mérite cependant une punition sévère.

RÉFLEXIONS. — *Les exemples d'imprudence abondent dans la vie quotidienne : citez-en (maçon, cocher, aiguilleur, etc.). — La loi ne peut pas atteindre toutes les imprudences : la pelure d'orange jetée sur le bitume et sur laquelle un promeneur glissera, le pavé laissé sur la route et contre lequel un cycliste buttera, la bouteille lancée par la portière et qui atteint un ouvrier travaillant sur la voie. Raisonnez sur ces divers cas. — Citez un autre exemple relatif à la propagation de la tuberculose. — Mon intérêt est que les autres soient prudents et complaisants pour m'éviter bien des risques. Que dois-je faire en retour ? — Indiquez quelques précautions à prendre dans vos jeux pour éviter des accidents. — Si tous les enfants s'habituaient à la prudence...*

4. ❦ L'homicide par imprudence est considéré par la loi comme une faute : soyons prudents et conseillons la prudence autour de nous ; c'est notre intérêt commun.

QUATRIÈME LEÇON
L'HOMICIDE (Suite).

1. ✣ Le cas de légitime défense

— Un homme qui dirait du mal de toi, grand-père, je le tuerais !

Grand-père ne répondit rien sur l'instant, mais il attira petit Paul sur ses genoux.

— Écoute une histoire, lui dit-il, une histoire du vieux temps où j'étais un enfant comme toi.

Un matin, à l'entrée de la classe, avant que nos sacs d'écoliers fussent défaits, notre maître d'école, le père François, nous réunit autour de lui. « Mes enfants, nous dit-il, un meurtre a été commis cette nuit dans le village. Jean Belot, des Chaumes-Verts, a tué un homme. »

Nous nous regardions étonnés. Quoi ! Jean Belot, notre Jean Belot des Chaumes-Verts, tuer un homme, lui si doux, si gai, si accueillant ? Non, vraiment ! notre instituteur se trompait : Jean Belot ne pouvait pas être un meurtrier !

« Ne vous pressez pas de conclure, ajouta notre maître : Jean Belot est un meurtrier, mais il n'est pas un assassin. Jean Belot a tué pour se défendre ; sa vie était en danger. Attaqué par un chemineau, il a tout fait pour éviter la bataille.

Un de ceux contre qui la « légitime défense » peut s'exercer.

S'il a tué, en définitive, c'est qu'il n'a pu défendre autrement sa vie. Le meurtrier Jean Belot mérite toujours notre estime. »

Petit Paul ouvrait de grands yeux effarés.

— Le soir, continua grand-père, nous courûmes jusqu'aux Chaumes-Verts voir notre Jean Belot, qui nous amusait si gentiment et nous distribuait des fruits et des noisettes. Il était bien changé, notre ami Jean ; sa figure, qui toujours souriait, était à présent toute triste ; on eût dit qu'une pensée désolante l'obsédait ; j'ai compris ce soir-là, mon petit Paul, que tuer est toujours affreux, que les enfants ne doivent pas parler de tuer à tout propos, et que le meurtre enfin ne peut être excusé que dans le cas de légitime défense.

RÉFLEXIONS. — *Je suis attaqué par un malandrin. Des passants viennent à mon secours et le terrassent. A ce moment je saisis une arme et je blesse mon agresseur : que pensez-vous de cet acte ? — Quelles sont donc les limites de la légitime défense ? — Je me trouve en face d'un homme violent ; je discute avec lui, je l'excite, une querelle s'ensuit ; attaqué, je suis obligé, pour me défendre, de blesser mon agresseur : ma responsabilité n'est-elle pas engagée ?*

> 1. ❧ Le meurtre est excusé dans le cas de légitime défense, à condition que la nécessité de tuer s'impose absolument.

II. ❧ Le bourreau

Qu'est-ce donc que cet être inexplicable qui a préféré à tous les métiers agréables, lucratifs, honnêtes qui se présentent en foule à la force ou à la dextérité humaines, celui de tourmenter et de mettre à mort ses semblables? Cette tête, ce cœur, sont-ils faits comme les nôtres ? Ne contiennent-ils rien de particulier et d'étranger à notre nature ?... Voyez ce qu'il est dans l'opinion des hommes, et comprenez, si vous pouvez, comment il peut ignorer cette opinion ou l'affronter. A peine l'autorité a-t-elle désigné sa demeure, à peine en a-t-il pris possession, que les autres habitations reculent jusqu'à ce qu'elles ne voient plus la sienne. C'est au milieu de cette solitude et de cette espèce de vide formé autour de lui qu'il vit seul avec sa femelle et ses petits [1], qui lui font connaître la voix de l'homme ; sans eux, il n'en connaîtrait que les gémissements.

JOSEPH DE MAISTRE.
(1754-1821.)

RÉFLEXIONS. — Aujourd'hui on ne « tourmente » plus. Mais la peine de mort existe toujours légalement. Il y a donc un bourreau. La tâche du bourreau n'est pas aussi horrible qu'au temps de la torture.

Voudriez-vous être bourreau ? Être l'ami du bourreau ?

Réfléchissez, pourtant. Quand notre bourreau tue un homme, au nom de qui agit-il ? Sommes-nous moins responsables que lui du meurtre commis ? Logiquement, nous devons donc ou vivre fraternellement avec le bourreau, ou supprimer le meurtre légal.

Appliquez à la peine de mort le raisonnement fait à propos de la légitime défense et de ses limites. — Rapprochez de l'article 8 de la Déclaration des droits de l'homme; la peine de mort est-elle « strictement et évidemment nécessaire » ?

> **2. ❦ La peine de mort est un meurtre collectif; de plus en plus on estime que l'excuse de *légitime défense* ne lui est pas applicable.**

---

1. *Sa femelle et ses petits* : L'auteur ne dit pas : sa femme et ses enfants. Pour lui, le bourreau n'est pas un homme, c'est une bête.

Le prix d'une victoire

EYLAU (8 fév. 1807)

« *La neige était rouge, comme si on avait jeté des baquets de sang.* »

En voyant tant de morts couchés dans la neige, l'empereur dit :

— Ce spectacle est fait pour inspirer aux princes l'amour de la paix et l'horreur de la guerre.

III. ❦ Pour et contre la guerre

N'aurait-on pas honni [1] tout autre que Victor Hugo qui eût jeté ce grand cri de délivrance et de vérité :

« Aujourd'hui la force s'appelle la violence et com-
« mence à être jugée ; la guerre est mise en accusation.
« La civilisation, sur la plainte du genre humain, ins-
« truit le procès et dresse le grand dossier criminel des
« conquérants et des capitaines. Les peuples en viennent
« à comprendre que l'agrandissement d'un forfait n'en
« saurait être la diminution ; que si tuer est un crime,
« tuer beaucoup n'en peut pas être la circonstance atté-
« nuante [2] ; que si voler est une honte, envahir ne sau-
« rait être une gloire.

« Ah ! proclamons ces vérités absolues [3], déshonorons
« la guerre. »

Vaines colères, indignations de poète. La guerre est plus vénérée [4] que jamais.

Un artiste habile en cette partie, un massacreur de génie, M. de Moltke, a répondu un jour aux délégués de la paix les étranges paroles que voici :

« La guerre est sainte, d'institution divine ; c'est une
« des lois sacrées du monde ; elle entretient chez les
« hommes tous les grands, les nobles sentiments : l'hon-
« neur, le désintéressement, la vertu, le courage, et les
« empêche de tomber dans le plus hideux matéria-
« lisme [5]. »

Ainsi, se réunir en troupeaux de quatre cent mille hommes, marcher jour et nuit sans repos, ne penser à rien ni rien étudier, ni rien apprendre, ni rien lire, n'être

---

1. *Honnir :* blâmer, désapprouver énergiquement, couvrir de honte.
2. *Circonstance atténuante :* fait qui diminue la gravité d'une faute
3. *Vérités absolues :* vérités qui ne souffrent pas d'exception.
4. *Vénérée :* respectée, honorée, glorifiée.
5. *Le plus hideux matérialisme :* M. de Moltke entend par là les préoccupations grossières, par opposition au souci de gloire, d'honneur, de vertu.

utile à personne, pourrir de saleté, coucher dans la fange, vivre comme les brutes dans un hébétement continu, piller les villes, brûler les villages, ruiner les peuples, puis rencontrer une autre agglomération [1] de viande humaine, se ruer dessus, faire des lacs de sang, des plaines de chair pilée mêlée à la terre boueuse et rougie, des monceaux de cadavres, avoir les bras ou les jambes emportés, la cervelle écrabouillée sans profit pour personne, et crever au coin d'un champ, tandis que vos vieux parents, votre femme et vos enfants meurent de faim, voilà ce qu'on appelle ne pas tomber dans le plus hideux matérialisme.

Guy de Maupassant.

(*Ollendorff, éditeur.*)   (*Sur l'Eau*, p. 71-73.)

RÉFLEXIONS. — Comparer la guerre et le duel. — Le bon droit est-il toujours servi par la force ? — Rappeler les exemples donnés dans une précédente lecture. — L'honneur, le désintéressement, la vertu, le courage ne peuvent-ils se manifester et se développer sans la guerre ? — Le tableau de la bataille évoqué par Guy de Maupassant vous semble-t-il exagéré ? Exagère-t-il quand il parle des souffrances de ceux mêmes qui ne combattent pas ? — Cela vous fait-il désirer que la guerre continue à être considérée comme « sainte », comme étant « d'institution divine », comme étant « une des lois sacrées du monde » ? Ou désirez-vous, au contraire, que l'appel de Victor Hugo soit entendu un jour par toutes les nations ?

> **3. ❦ La guerre, c'est la science mise au service du meurtre. Il est désirable que la guerre disparaisse, car elle met la *force* à la place du *droit*.**

---

1. *Agglomération* : réunion d'un grand nombre d'êtres, d'objets.

IV. La guerre ne disparaîtra pas par la volonté d'un seul pays

Mes chers enfants, un des problèmes qui s'imposeront à vos réflexions lorsque vous serez devenus des citoyens, c'est la question de la guerre.

La guerre est une chose horrible ; les anciens disaient avec raison que les mères la détestent. Presque tous les hommes civilisés la détestent, aujourd'hui ; et cependant on peut craindre qu'elle ne surgisse d'un jour à l'autre, brusquement.

Même lorsque la guerre ne met pas aux prises les nations, son spectre plane sur leur vie tout entière [1]. Chaque année plus de deux cent mille jeunes Français partent pour la caserne, afin d'apprendre l'art de tuer et le devoir de mourir. Chaque année la France dépense près du quart de ses revenus pour payer les officiers, nourrir les soldats, acheter des armes, des munitions, des cuirassés. Ainsi la guerre pèse d'un poids lourd sur les peuples, même lorsqu'elle n'existe pas. Combien pires seraient ses horreurs si elle éclatait !

Dépend-il de nous, Français, d'écarter à jamais l'aurore sanglante [2] ? Oui, dans une certaine mesure, nous pouvons contribuer à l'œuvre de paix : en nous abstenant de provoquer les autres nations, en évitant des injustices, en répandant et en appliquant les idées pacifistes, en défendant la cause de l'arbitrage entre les peuples.

Mais, si pour faire la guerre il faut être au moins deux, pour maintenir la paix il faut l'assentiment de tous. Notre pays a ce privilège [3] d'avoir été pendant longtemps le

---

1. *Son spectre plane* : la menace de guerre existe constamment. Les hommes sont obligés d'y songer comme si le spectre de la guerre leur rappelait à tout instant le danger.

2. *L'aurore sanglante* : le commencement de la guerre (par analogie à la lueur brillante qui marque le commencement du jour).

3. *Privilège* : avantage réservé à un ou plusieurs individus à l'exclusion de tous les autres.

point de mire de l'univers, parce que beaucoup de grandes choses se sont effectuées chez nous. Aujourd'hui encore, notre République excite la sympathie[1] des peuples et l'inquiétude des souverains et de ceux qui vivent dans l'ombre des trônes. C'est que chez nous on tente des innovations. En 1789 et en 1848, la France a proclamé l'égalité politique. A présent elle tâche de faire régner la justice entre ses enfants, riches ou pauvres. Qui nous assure que les empereurs ne voudront pas, comme en 1792 les rois, interrompre nos « expériences » ?

Ce jour-là, il faudra bien que la France défende *son indépendance*, que les Français défendent *leurs libertés*.

La paix, vous le voyez, ne dépend pas seulement de nous. C'est une raison de plus pour la chérir comme un bien précieux et fragile, et pour la faire aimer des autres peuples, afin que ceux-ci obligent leurs maîtres à la respecter.

RÉFLEXIONS. — *Pourquoi les rois étrangers ont-ils combattu la France en 1792 ? — D'où vient l'enthousiasme des citoyens qui, à ce moment, s'enrôlèrent pour défendre la France menacée ? — Nos idées d'égalité, nos institutions de solidarité, ne peuvent-elles pas alarmer pareillement les souverains ou les classes dirigeantes de certaines nations voisines ? — S'ils attaquaient la France, la guerre de défense ne serait-elle pas légitime ?*

> 4. ❧ **La guerre ne disparaîtra pas par la volonté d'un seul pays pacifiste. Contre une agression, la guerre de défense est légitime.**

---

1. *La sympathie des peuples :* leur approbation, leur affection.

CINQUIÈME LEÇON
LE VOL

I. ✿ Jean Tréchaut est un voleur

L'écolier Jean Tréchaut serait bien étonné et bien contrarié si on lui affirmait qu'il mérite d'être considéré comme un voleur.

Il est vrai que Jean Tréchaut ne déroberait point une gomme à son voisin. Il dit volontiers : « Je ne prends pas ce qui appartient à autrui. »

Pourtant, ne le jugez pas trop vite d'après cette belle maxime, bien qu'elle revienne fréquemment dans ses discours.

Voyons-le plutôt en classe, pendant la composition. Spectateurs invisibles, regardons-le tirer sournoisement de son buvard une petite feuille qui résume fort à propos des leçons trop négligées. Jean Tréchaut, l'honnête Jean Tréchaut, est en train de voler sa note, ses récompenses, les compliments de ses parents, l'estime de ses camarades.

Jean Tréchaut ne triche pas souvent au jeu. Non que l'envie lui en manque, mais il a peur d'être pris en flagrant délit [1].

Pendant la récréation, il aperçoit le petit Jules, qui, retiré en un coin de la cour, met toute son attention à ajuster les pièces mobiles d'un joli compas.

---

1. *Flagrant délit* : délit qui est constaté au moment où il se commet.

« Ce compas, pense Jean Tréchaut, ferait bien mon affaire. » Il se souvient justement que le petit Jules regardait avec envie l'autre jour l'une de ces séduisantes balles de carton, qui, attachées à un caoutchouc, reviennent docilement dans la main qui les lance.

Le plan de Jean Tréchaut est vite établi. Il tire de sa poche la balle dénuée de valeur ; il la lance du côté de Jules ; il en fait miroiter le clinquant¹ ; il fait sonner les grains de plomb qui sont à l'intérieur : « Je te la change, dit-il enfin ; ma balle contre ton compas. » Il n'a pas honte d'abuser de l'inexpérience d'un bambin pour imposer à celui-ci un marché de dupe.

L'honnête Jean Tréchaut — qui ne prendrait pas une plume à son voisin — vous a-t-il vu commettre une faute : il s'approche de vous, exige que vous lui remettiez des billes ou un cahier, sous la menace de vous dénoncer à votre instituteur.

L'a-t-on chargé, pendant une absence du maître, de noter les paresseux et les dissipés : il laisse acheter son silence par tous ceux qui lui promettent un service ou un cadeau.

Que serait une classe où il n'y aurait que des Tréchaut ?

À plus forte raison, que serait une société où les hommes s'efforceraient de se tromper mutuellement dans leurs échanges, où chacun tâcherait d'exercer sur le voisin un chantage² malhonnête, et où tous les fonctionnaires et les gouvernants se laisseraient acheter par les paresseux et les méchants ?

RÉFLEXIONS. — Jean Tréchaut oserait-il s'approprier ce qui appartient à autrui ? — Y a-t-il dans la société des personnes capables de commettre cette action ? Donnez des exemples. — Pourquoi n'y a-t-il plus vol simple, mais vol qualifié, dans les cas d'escalade, d'effraction, de violences, de port

---

1. *Clinquant* : petite lamelle de métal, très légère et très brillante.
2. *Chantage* : sorte d'escroquerie qui consiste à exploiter la crainte qu'une personne éprouve de voir révéler une action répréhensible.

d'armes, d'abus de confiance ? — *Comment appelez-vous le vol commis par Jean Tréchaut pendant la composition ? — Connaissez-vous d'autres fraudes ? — Raisonnez sur chacune d'elles. — L'échange proposé par Jean Tréchaut est-il honnête ? — Que pensez-vous d'un commerçant qui trompe le client sur la qualité et par conséquent sur la valeur de ses marchandises ? — Comment appelez-vous l'acte commis par Jean Tréchaut exigeant des billes sous la menace d'une révélation désagréable ? — Comment appelle-t-on l'acte d'un fonctionnaire qui se laisse acheter par les malhonnêtes gens ? — Comment traite-t-on les maîtres-chanteurs et les concussionnaires ?*

---

1. ✽ **Voler, c'est s'approprier le bien d'autrui, soit par vol direct, soit par tromperie dans les échanges, soit par escroquerie, chantage ou fraude.**

II. ✽ Le plus répandu et le plus malfaisant des vols

M. Blanchaud est un honnête homme. Voyez-le à son comptoir, occupé à établir les comptes de la semaine. Il additionne minutieusement. On ne trouverait pas dans ses calculs une erreur de cinq centimes au détriment de ses fournisseurs ou de ses clients.

Ce n'est pas chez lui non plus qu'on trouverait de ces faux poids ou de ces balances menteuses, avec lesquels on trompe l'acheteur sur la quantité des marchandises. En un mot, comme il le dit lui-même, jamais M. Blanchaud « n'a fait tort d'un centime à personne » ; M. Blanchaud est un honnête homme !

Ne concluons pas si vite.

M. Blanchaud écrit une commande. Lisons. Il prie Joubert de lui envoyer un sac de farine à tant les 100 kgr. M. Blanchaud n'ignore pas qu'à ce prix on n'a pas de bonne farine. Il sait que des industriels peu scrupuleux font abondance en ajoutant des substances étrangères, du talc par exemple. « Qu'importe ! le client n'y verra goutte, se dit M. Blanchaud, et les bénéfices augmenteront d'autant. »

M. Blanchaud a placé devant sa boutique une grande pancarte qui promet à un prix dérisoire d'excellent vin « naturel » du grand domaine de la Côte-Rousse. M. Blanchaud s'est-il assuré que le domaine de la Côte-Rousse existe vraiment ? que cette fallacieuse [1] enseigne ne dissimule pas l'un de ces fraudeurs qui font du vin sans récolte, ou qui doublent leur récolte par des procédés défendus ? M. Blanchaud n'ignore pas que le Midi à lui seul *fabrique* chaque année trois millions d'hectolitres de vins de sucre. Il sait que, pour assurer à ces vins une conservation indéfinie, on les traite couramment par l'acide sulfurique, l'acide fluorhydrique et d'autres agents chimiques plus ou moins pernicieux [2]. « Qu'importe ! se dit M. Blanchaud, le profit est bon, et il faut bien faire marcher le commerce. »

M. Blanchaud vend du beurre. Du moins des étiquettes le proclament. Un homme un peu renseigné n'ignore pas cependant qu'un commerçant ne peut pas fournir de vrai « beurre » à un prix aussi faible. M. Blanchaud le sait mieux que tout autre. Cependant il abuse sans scrupules de l'ignorance et de la crédulité des malheureux.

M. Blanchaud vend sous le nom de lait un liquide qui contient, à la vérité, une certaine quantité de lait. Mais M. Blanchaud sait trop bien son métier pour oublier que le lait qu'il achète à vil prix est sûrement écrémé et par surcroît étendu d'eau. Il n'ignore pas non plus que pour masquer ces falsifications on a « remonté » par des colorants le liquide obtenu. Bienheureux les consommateurs si, pour assurer à ce produit une durée presque indéfinie, on n'a pas ajouté une substance chimique qui lui enlève toute sa valeur alimentaire ou qui en rend dangereuse la consommation journalière !

---

1. *Enseigne fallacieuse* : enseigne destinée à tromper le client.
2. *Pernicieux* : nuisible, dangereux.

M. Blanchaud sait enfin que la plupart des denrées alimentaires qu'il vend (cafés, chocolats, thés, saindoux, huiles, haricots, poivres, etc.) sont l'objet de semblables falsifications.

Quand les clients de M. Blanchaud seront mieux renseignés, ils réclameront : quelle excuse leur donnera-t-il s'il n'a pas fait avec ses confrères tous les efforts possibles pour surveiller les grands fraudeurs ? Qu'il y prenne garde : aux yeux de tous il sera le complice de ces malfaiteurs.

RÉFLEXIONS. — De telles fraudes sont-elles uniquement des vols ? Se rappeler à cet égard l'expression caractéristique d'un moraliste, qui considère les fraudes alimentaires comme des « meurtres au détail ». — Les grands fraudeurs peuvent-ils pratiquer leur coupable industrie sans la tolérance et la complicité de leurs ouvriers ? — Les syndicats d'employés et d'ouvriers des industries alimentaires peuvent-ils remplir à cet égard un rôle utile et efficace ? — Les voleurs les plus redoutables sont-ils les voleurs proprement dits, les escrocs, les maîtres-chanteurs, etc., relativement assez rares, — ou les fraudeurs, qui opèrent sur presque toutes les denrées ?

> 2. ❦ Le plus répandu et le plus criminel des vols, c'est la fraude sur les denrées alimentaires.

III. ❦ Les vols collectifs

Il était une fois un riche propriétaire. De son château, bâti sur une colline, si loin qu'il regardât, ses yeux ne quittaient pas ses propriétés : prairies verdoyantes où paissent des troupeaux, champs couverts d'or aux moissons, bois frissonnants à l'automne, fermes étalant dans la vallée la tache rouge de leurs toits : tout cela était son bien.

Seul, tout là-bas, se détachant sur l'horizon, un joli

coteau couvert de vignes échappait à sa suzeraineté [1] et faisait l'objet de sa convoitise [2]. Ah! s'il était à lui, comme son orgueil serait satisfait, et comme cette propriété compléterait logiquement son domaine!

Un jour, son intendant, qui avait deviné sa pensée secrète, lui dit : « Maître, nous achetons le vin très cher. Si les vignes de la Côte Dorée nous appartenaient, nos caves, après chaque vendange, se rempliraient à bon compte d'un vin délicieux. Vous avez des serviteurs nombreux : armez-les, et obligez les paysans de la Côte Dorée à déclarer qu'ils se considèrent désormais comme des vassaux [3] à votre service. »

Le riche propriétaire hésitait.

« Maître, ajouta l'intendant, vous avez de trop grands scrupules. Les manants [4] de la Côte Dorée cultivent leurs terres d'une façon déplorable. Sous notre direction, leurs vignes produiront davantage, et notre domination sera pour eux un bienfaisant esclavage. »

Le riche châtelain ne répondit pas sur l'instant; mais l'intendant, qui l'observait attentivement, devina sa réponse, car les yeux du maître se portaient irrésistiblement sur l'horizon, qu'une longue bande dorée égayait de sa lumière.

RÉFLEXIONS. — *Si vous étiez le riche propriétaire, que décideriez-vous ? — Si vous étiez les paysans de la Côte Dorée, quel accueil feriez-vous aux envahisseurs ? — A qui appartient l'Afrique, aujourd'hui ? — Comment est-elle devenue la propriété des Européens ? — Quel a été le prétexte de ces conquêtes? — Comment faut-il considérer, en définitive, les guerres de conquête et la colonisation par la force ?*

> 3. ❦ **Les guerres de conquête, la colonisation par la force sont des vols collectifs.**

---

1. *Échappait à sa suzeraineté* : à sa puissance, à sa domination.
2. *Convoitise* : désir immodéré.
3. *Vassal* : dans l'ancienne féodalité, le vassal était celui qui dépendait d'un seigneur.
4. *Manants* : vilains, roturiers, paysans.

SIXIÈME LEÇON

LE MENSONGE

I. L'écolier menteur

Notre camarade François n'a pas toujours été un menteur.

Autrefois, on disait de lui : « Il a beaucoup d'imagination ; comme il s'exprime avec facilité ! »

S'il ouvrait la bouche, on savait qu'il allait exagérer ou déformer la vérité, parce qu'au lieu de réfléchir, il se laissait conduire par la « folle du logis » [1].

« Douce manie ! » pensez-vous. Non, mais dangereuse habitude. A force d'inventer involontairement, François a fini par s'accoutumer à inventer à tout propos, et chaque fois surtout qu'il peut en tirer quelque profit.

Il fut d'abord vantard et fanfaron : il aimait à parler de lui-même : ses actions les plus simples, il les transformait en actions d'éclat ; ses moindres promenades devenaient de longues excursions, de pénibles voyages ; en décrivant sa maisonnette, il en faisait un véritable château ; il s'attribuait une foule d'amis puissants... auxquels, en vérité, il n'avait jamais adressé la parole.

François avait donc un vilain défaut. Aujourd'hui il est affligé d'un vice répugnant : il ment.

Arrivant en classe, il s'aperçoit qu'il n'a pas terminé son devoir, qu'il a oublié d'apprendre sa leçon. Il va trouver le maître : « Je n'ai pas pu travailler, dit-il ; papa était malade. » Débitant avec aplomb cette excuse mensongère, François esquive [2] la mauvaise note qu'il méritait.

Ce n'est pas qu'il tienne à passer pour un très bon élève ; mais son parrain, qui habite la ville, lui a promis une récompense si, à la fin de la quinzaine, l'instituteur

---

1. *La folle du logis* : l'imagination.
2. *Esquive* : évite adroitement.

est satisfait. Le moment venu, François écrit à son parrain une longue lettre dans laquelle il signale, en les exagérant, les petits succès qu'il a obtenus, et cache les réprimandes qu'il a encourues. Une mauvaise note évitée, c'est une mauvaise note de moins à dissimuler à l'excellent homme.

A l'insu de son instituteur et de ses camarades, François, entrant en classe pendant une récréation, a sali par inadvertance [1] l'une des cartes qui ornent la classe. On cherche le coupable ; François ne dit mot ; et il laisse punir un condisciple [2] innocent contre lequel sont toutes les apparences : son silence est le pire des mensonges.

Menteur par vanité, menteur par intérêt, menteur par lâcheté : tel est François.

RÉFLEXIONS. — Dans quels cas François ment-il par vanité? par intérêt ? par lâcheté ? — Comment traite-t-on le menteur quand on l'a démasqué ? — Supposez une classe où tous les écoliers soient menteurs comme François : défiance réciproque, plus de lien, plus d'amitié possible entre les élèves. — Et que deviendrait une société où il y aurait un nombre considérable de menteurs ? — N'y a-t-il pas cependant des cas où il est permis de cacher ou d'atténuer la vérité ?

> 1. ❦ **Beaucoup d'hommes mentent : par vanité, par intérêt, par lâcheté. Les hommes ne sont liés les uns aux autres que par la parole : plus de sincérité, plus de société.**

II. ❦ Jacques Tartuffe

Jacques est un petit garçon de douze ans ; mais on lui en donnerait cinquante, tant ses gestes sont étudiés, tant

---

1. *Inadvertance :* défaut d'attention.
2. *Condisciple :* compagnon d'études.

sa physionomie est peu naïve [1], tant son regard ressemble mal à celui d'un enfant. J'espère bien que ni à cinquante ans ni à cent vous n'aurez son air sournois, son sourire empreint de fausseté, ses yeux qui se dérobent à qui veut regarder en face *Jacques Tartuffe*. C'est ainsi qu'on l'a surnommé, en mémoire d'un héros de comédie qui est resté le modèle de l'hypocrite.

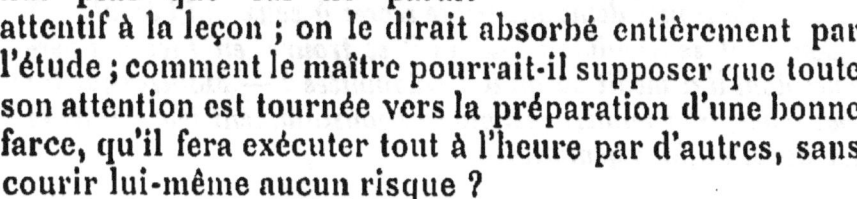

Jacques mérite effectivement ce surnom; à le voir, on le croirait un écolier parfait; mais qui le connaît le prend pour ce qu'il est : un parfait comédien.

Observe-le dans la classe : nul plus que lui ne paraît attentif à la leçon ; on le dirait absorbé entièrement par l'étude ; comment le maître pourrait-il supposer que toute son attention est tournée vers la préparation d'une bonne farce, qu'il fera exécuter tout à l'heure par d'autres, sans courir lui-même aucun risque ?

T'adresses-tu à lui pour un renseignement ? Lui demandes-tu un conseil pour un devoir, pour l'orthographe d'un mot ? Le jeune Tartuffe s'empresse de te satisfaire ; mais, à dessein, il te trompe : c'est une vraie joie pour lui que de provoquer les fautes d'autrui, surtout quand il peut en tirer avantage.

Auprès de ses camarades, il se vante de n'avoir aucun souci des punitions et des récompenses ; mais si tu l'observes avec attention, tu t'aperçois qu'il fait tout pour mériter les unes et éviter les autres.

On sort de classe, et les paresseux se lamentent sur la longueur d'une leçon. « Ne l'apprenons pas ! » proclame Jacques Tartuffe. Bientôt ce cri est sur toutes les lèvres ;

---

1. *Naïve* : simple, naturelle.

c'est le mot d'ordre général. Mais, le lendemain, Jacques sait sa leçon sur le bout du doigt, tandis que les naïfs qui l'ont écouté se voient infliger une punition.

Jacques Tartuffe quitte ton ami Louis, auprès de qui il a tenté de te nuire par ses médisances et ses calomnies ; dès qu'il t'aperçoit il se précipite à ta rencontre, le visage souriant et la main tendue. Méfie-toi ! Tout ment en lui : son maintien, son sourire, son regard, sa parole, le ton de sa conversation. Le mensonge, la dissimulation, la fausseté : voilà les armes redoutables qu'emploie Jacques Tartuffe. Est-il surprenant que ceux qui le connaissent bien s'écartent de lui comme de la peste ?

RÉFLEXIONS. — *Quel rôle Jacques Tartuffe joue-t-il auprès de ses camarades ? — Quel rôle joue-t-il quand il se trouve devant son maître ? — Les deux attitudes vont-elles ensemble ? — Qu'est-ce que médire d'autrui ? — Qu'est-ce que calomnier autrui ? — Dans quel but Tartuffe est-il médisant et calomniateur ? — Pourquoi demande-t-il le secret à ceux qui l'écoutent ? — Comment se conduit-il quand il se trouve en face des personnes dont il a médit ou qu'il a calomniées ? — Montrez que les bavardages, les commérages, placent constamment leurs auteurs dans des situations gênantes.*

> 2. ✣ **L'hypocrite est le mensonge fait homme ; tout ment en lui : son maintien, son sourire, son regard, sa parole.**

III. ✣ La calomnie

Un personnage du *Barbier de Séville*, Basile, montre quels effets on peut attendre de la calomnie quand on a intérêt à se débarrasser d'un homme.

La calomnie, Monsieur ! Vous ne savez guère ce que vous dédaignez ; j'ai vu les plus honnêtes gens près d'en être accablés. Croyez qu'il n'y a pas de plate méchanceté, pas d'horreur, pas de conte absurde, qu'on ne fasse adopter aux oisifs d'une grande ville en s'y prenant bien ; et nous avons ici des gens d'une adresse !.. D'abord un bruit léger, rasant le sol comme hirondelle avant l'orage, *pianissimo*[1] murmure et file, et sème en courant le trait empoisonné. Telle bouche le recueille, et *piano, piano*[2] vous le glisse en l'oreille adroitement. Le mal est fait ; il germe, il rampe, il chemine, et *rinforzando*[3] de bouche en bouche il va le diable ; puis tout à coup, ne sais comment, vous voyez calomnie se dresser, siffler, s'enfler, grandir à vue d'œil. Elle s'élance, étend son vol, tourbillonne, enveloppe, arrache, entraîne, éclate et tonne, et devient, grâce au ciel, un *crescendo*[4] public, un *chorus*[5] universel de haine et de proscription[6]. Qui diable y résisterait ?

BEAUMARCHAIS. (*Le Barbier de Séville*.)

RÉFLEXIONS. — *Pourquoi la calomnie réussit-elle si facilement ? — Quel homme peut se vanter de n'être jamais la victime des calomniateurs ? — Qui donc a intérêt à combattre la calomnie ?*

> 3. ❦ La calomnie est le plus malfaisant des mensonges. C'est l'arme préférée des méchants, qui sont en même temps des lâches.

IV. ❦ Complices

— On me l'a dit.
— Qui, on ?

---

1. *Pianissimo* : très doucement.
2. *Piano* : doucement.
3. *Rinforzando* : en renforçant le son.
4. *Crescendo* : en augmentant graduellement.
5. *Chorus universel* : cri unanime.
6. *Proscription* : pris ici dans le sens général de condamnation unanime, rejet de la société.

— Beaucoup de gens ; c'est la rumeur publique !

— Tout cela ne vaut pas une bonne preuve.

— Ce n'est pas moi qui vous la donnerai ; mais vous connaissez le proverbe : tant de fumée ne se produit pas sans qu'il y ait un peu de feu.

— Je connais ce proverbe, et je sais qu'il n'y en a pas de plus dangereux ; la plus stupide calomnie lancée par un ennemi habile trouve toujours des auditeurs crédules ou malveillants pour la recueillir et la propager. Nous serions désolés qu'on se conduisît aussi légèrement à notre égard. Mais, quand il s'agit d'autrui, nous devenons aisément les complices involontaires des médisants et des calomniateurs. Il y aurait moins de calomniateurs et de médisants s'il ne se trouvait pas sur leur chemin tant d'oreilles complaisantes.

RÉFLEXIONS. — *Comment doit-on accueillir les médisants ? — Quelle question doit-on leur faire ? — Comment doit-on traiter les calomniateurs ?*

> 4. ❦ Il y aurait moins de médisants et de calomniateurs si nous ne devenions pas leurs complices en prêtant une oreille complaisante à leurs discours.

SEPTIÈME LEÇON

LA VANITÉ

I. Le Gendre de M. Poirier

M. Poirier, bourgeois enrichi, a marié sa fille à un gentilhomme ruiné, Gaston de Presles. Grâce à la noblesse de son gendre, il espérait pouvoir se créer des relations à la cour et dans le monde politique. Le gendre, de son côté, voyait surtout dans ce mariage un moyen de payer ses dettes. Bientôt M. Poirier proteste contre les dépenses exagérées de son gendre. Il se montre d'autant plus sévère que celui-ci n'a rien fait pour satisfaire les désirs ambitieux du beau-père.

GASTON. — Eh bien ! cher beau-père, êtes-vous toujours furieux contre votre panier percé[1] de gendre ? Avez-vous pris votre parti ?

POIRIER. — Non, Monsieur ; mais j'ai pris un parti !

GASTON. — Violent ?

POIRIER. — Nécessaire !

GASTON. — Y a-t-il de l'indiscrétion à vous demander ?...

POIRIER. — Au contraire, Monsieur, c'est une explication que je vous dois... En vous donnant ma fille et un million, je m'imaginais que vous consentiriez à prendre une position.

GASTON. — Ne revenez pas là-dessus, je vous prie.

POIRIER. — Je n'y reviens que pour mémoire... Je reconnais que j'ai eu tort d'imaginer qu'un gentilhomme consentirait à s'occuper comme un homme, et je passe condamnation ; mais, dans mon erreur, je vous ai laissé mettre ma maison sur un ton que je ne peux pas soutenir à moi seul[2] ; et puisqu'il est bien convenu que nous n'avons à nous deux que ma fortune, il me paraît juste, raisonnable et nécessaire de supprimer de mon train ce

---

1. *Panier percé :* De même qu'un « panier percé », un *prodigue* ne peut rien conserver.
2. Je vous ai laissé établir un train de maison, une habitude de dépenses luxueuses, que ma fortune ne peut pas soutenir.

qu'il me faut rabattre de mes espérances. J'ai donc songé à quelques réformes que vous approuverez sans doute.

Gaston. — Allez, Sully ! Allez, Turgot !... Coupez, taillez, j'y consens ! Vous me trouvez en belle humeur, profitez-en !

Poirier. — Je suis ravi de votre condescendance. J'ai donc décidé, arrêté, ordonné...

Gaston. — Permettez, beau-père : si vous avez décidé, arrêté, ordonné, il me paraît superflu que vous me consultiez.

Poirier. — Aussi ne vous consulté-je pas ; je vous mets au courant, voilà tout.

Gaston. — Ah ! vous ne me consultez pas ?

Poirier. — Cela vous étonne ?

Gaston. — Un peu ; mais je vous l'ai dit, je suis en belle humeur.

Poirier. — Ma première réforme, mon cher garçon...

Gaston. — Vous voulez dire mon cher Gaston, je pense ? La langue vous a fourché.

Poirier. — Cher Gaston, cher garçon..., c'est tout un... De beau-père à gendre, la familiarité est permise.

Gaston. — Et de votre part, Monsieur Poirier, elle me flatte et m'honore... Vous disiez donc que votre première réforme ?...

Poirier. — C'est, Monsieur, que vous me fassiez le plaisir de ne plus me gouailler [1]. Je suis las de vous servir de plastron [2].

Gaston. — Là, là, Monsieur Poirier, ne vous fâchez pas !

Poirier. — Je sais très bien que vous me tenez pour un très petit personnage et pour un très petit esprit..., mais...

Gaston. — Où prenez-vous cela ?

---

1. *Gouailler* : railler.
2. *Servir de plastron* : être en butte à vos railleries, à vos sarcasmes.

Poirier. — Mais vous saurez qu'il y a plus de cervelle dans ma pantoufle que sous votre chapeau.

Gaston. — Ah ! fi ! voilà qui est trivial¹..., vous parlez comme un homme du commun².

Poirier. — Je ne suis pas un marquis, moi !

Gaston. — Ne le dites pas si haut, on finirait par le croire.

Poirier. — Qu'on le croie ou non, c'est le cadet de mes soucis. Je n'ai aucune prétention à la gentilhommerie, Dieu merci ! je n'en fais pas assez de cas pour cela.

Gaston. — Vous n'en faites pas de cas ?

Poirier. — Non, Monsieur, non ! Je suis un vieux libéral, tel que vous me voyez ; je juge les hommes sur leur mérite, et non sur leurs titres ; je me ris des hasards de la naissance ; la noblesse ne m'éblouit pas, et je m'en moque comme de l'an quarante : je suis bien aise de vous l'apprendre.

Emile Augier.

(Le Gendre de M. Poirier.) *(Calmann-Lévy, édit.)*

RÉFLEXIONS. — *Pourquoi le gendre de M. Poirier affecte-t-il, à l'égard de ce dernier, ce ton gouailleur et presque méprisant ? — Pourquoi Gaston s'est-il toujours refusé à prendre une position ? — Être « gentilhomme », descendre des nobles d'autrefois, cela augmente-t-il le mérite d'un individu ? — Sur quoi M. Poirier prétend-il juger les hommes ? — A-t-il raison ?*

---

1. ❦ Certains hommes s'imaginent que la réputation de leurs ancêtres augmente leur propre valeur. Habituons-nous à juger les hommes sur leur mérite personnel.

---

1 *Trivial* : bas, commun.
2. *Homme du commun* : comme un homme sans distinction, sans éducation.

II. ✱ Le Gendre de M. Poirier
(Suite.)

Gaston confesse habilement son beau-père. Malgré son énergique protestation contre les titres, celui-ci finit par avouer son grand désir d'être pair de France et baron. Gaston triomphe ; la vanité de son beau-père l'amuse énormément. Celui-ci riposte à son tour. Et l'on est heureux d'entendre ces deux vaniteux se jeter réciproquement leurs vérités à la face.

GASTON. — Attendez ! (*Lui frappant sur l'épaule.*) Je crois que la pairie [1] vous irait comme un gant.

POIRIER. — Oh ! croyez-vous ?

GASTON. — Mais, voilà le diable ! vous ne faites partie d'aucune catégorie... vous n'êtes pas encore de l'Institut [2].

POIRIER. — Soyez donc tranquille ! Je paierai, quand il le faudra, 3.000 francs de contributions directes. J'ai à la banque trois millions qui n'attendent qu'un mot de vous pour s'abattre sur de bonnes terres.

GASTON. — Ah ! Machiavel [3] ! Sixte-Quint [4] ! vous les roulerez tous !

POIRIER. — Je crois que oui.

GASTON. — Mais j'aime à penser que votre ambition ne s'arrête pas en si beau chemin ? Il vous faut un titre.

POIRIER. — Oh ! oh ! je ne tiens pas à ces hochets de la vanité : je suis, comme je vous le disais, un vieux libéral.

---

1. L'action se passe sous la monarchie de juillet, en 1840. L'une des chambres s'appelait Chambre des Pairs ; la pairie était la dignité de pair.

2. Pour être pair, il fallait remplir certaines conditions, comme être membre de l'Institut, ou payer une somme élevée de contributions directes.

3. *Machiavel*, homme d'Etat et historien italien (1469-1527) dont le nom est passé dans la langue pour désigner un homme d'Etat sans scrupules.

4. *Sixte-Quint*, pape en 1585, mort en 1590. Sixte était porcher quand il fut recueilli par des frères ; malgré son humble origine, il joua un rôle important dans l'histoire du xvie siècle.

GASTON. — Raison de plus. Un libéral n'est tenu de mépriser que l'ancienne noblesse ; mais la nouvelle, celle qui n'a pas d'aïeux...

POIRIER. — Celle qu'on ne doit qu'à soi-même !

GASTON. — Vous serez comte.

POIRIER. — Non, il faut être raisonnable. Baron seulement.

GASTON. — Le baron Poirier !... Cela sonne bien à l'oreille.

POIRIER. — Oui, le baron Poirier !

GASTON. (*Il le regarde et part d'un éclat de rire.*) — Je vous demande pardon ; mais là, vrai ! c'est trop drôle ! Baron ! Monsieur Poirier !... baron de Catillard ! [1]

POIRIER, *à part*. — Je suis joué !.. (*Entre le duc de Montmeyran, ami de Gaston.*)

GASTON. — Arrive donc, Hector ! arrive donc ! Sais-tu pourquoi Jean-Gaston de Presles a reçu trois coups d'arquebuse à la bataille d'Ivry ? Sais-tu pourquoi François-Gaston de Presles est monté le premier à l'assaut de la Rochelle ? Pourquoi Louis-Gaston de Presles s'est fait sauter à la Hogue ? Pourquoi Philippe-Gaston de Presles a pris deux drapeaux à Fontenoy ? Pourquoi mon grand-père est mort à Quiberon ? C'était pour que M. Poirier fût un jour pair de France et baron.

POIRIER. — Savez-vous, Monsieur le duc, pourquoi j'ai travaillé quatorze heures par jour pendant trente ans ? Pourquoi j'ai amassé, sou par sou, quatre millions, en me privant de tout ? C'est afin que monsieur le marquis Gaston de Presles, qui n'est mort ni à Quiberon, ni à Fontenoy, ni à la Hogue, ni ailleurs, puisse mourir de vieillesse sur un lit de plume, après avoir passé sa vie à ne rien faire.

LE DUC. — Bien répliqué, Monsieur !

ÉMILE AUGIER.

(*Le Gendre de M. Poirier.*) (*Calmann-Lévy, édit.*)

---

1. *Baron de Catillard* : catillard est le nom d'une poire d'hiver. C'est encore un sarcasme à l'adresse de M. Poirier.

RÉFLEXIONS. — *Quelles sont les ambitions de M. Poirier ? — Quels avantages tirera-t-il du titre de baron ? — Ceux qui le connaissent l'estimeront-ils davantage ? — Ceux qui ne le connaissent pas devront-ils lui accorder d'emblée leur estime et leur confiance parce qu'il est titré ? — Appliquer ce raisonnement à nos décorations actuelles.*

2. ✿ Le vaniteux désire que les autres hommes aient une haute opinion de lui-même ; il convoite les honneurs, les titres, les décorations, qui sont censés le désigner à l'estime des autres.

III. ✿ Les flatteurs grugent les vaniteux

M. Jourdain est un bourgeois qui joue au « gentilhomme ». Il est la dupe d'un certain nombre de personnes qui flattent sa ridicule vanité. Vous en avez un exemple dans cette courte scène.

M. Jourdain vient de recevoir un bel habit de gentilhomme. L'un des garçons tailleurs s'approche et sollicite un pourboire.

GARÇON TAILLEUR. — Mon gentilhomme, donnez, s'il vous plaît, aux garçons quelque chose pour boire.

MONSIEUR JOURDAIN. — Comment m'appelez-vous ?

GARÇON TAILLEUR. — Mon gentilhomme.

MONSIEUR JOURDAIN. — Mon gentilhomme ! Voilà ce que c'est que de se mettre en personne de qualité ! Allez-vous-en demeurer toujours habillé en bourgeois, on ne vous dira point : Mon gentilhomme. (*Donnant de l'argent.*) Tenez, voilà pour Mon gentilhomme.

GARÇON TAILLEUR. — Monseigneur, nous vous en sommes bien obligés [1].

MONSIEUR JOURDAIN. — Monseigneur ! Oh ! oh ! Monseigneur ! Attendez, mon ami : Monseigneur mérite quelque chose, et ce n'est pas une petite parole que Monseigneur ! Tenez, voilà ce que Monseigneur vous donne.

GARÇON TAILLEUR. — Monseigneur, nous allons boire tous à la santé de Votre Grandeur.

MONSIEUR JOURDAIN. — Votre Grandeur ! Oh ! oh ! oh ! Attendez ; ne vous en allez pas. A moi, Votre Grandeur ! (*Bas, à part.*) Ma foi, s'il va jusqu'à l'Altesse, il aura toute la bourse. (*Haut.*) Tenez, voilà pour Ma Grandeur.

GARÇON TAILLEUR. — Monseigneur, nous la remercions très humblement de ses libéralités [2].

MONSIEUR JOURDAIN. — Il a bien fait : je lui allais tout donner.

MOLIÈRE. (*Le Bourgeois gentilhomme.*)

RÉFLEXIONS. — *Connaissez-vous un autre exemple de vaniteux grugé par un flatteur ? — Voudriez-vous ressembler au corbeau ou au bourgeois gentilhomme ? — Pourquoi ? — Pourquoi Napoléon a-t-il rétabli les décorations que la Révolution avait supprimées ? — N'est ce pas une ingénieuse utilisation de la vanité ?*

---

3. ✿ **Les vaniteux deviennent facilement la dupe des flatteurs.**

---

1. *Obligés* : redevables, reconnaissants
2. *Libéralités* : dons. Etre libéral, c'est aimer à donner.

IV. La vanité coûte cher

Ce soir-là, il y avait grande discussion chez les Michon.

— Tu comprends, maman, disait Edouard, je ne peux plus le mettre, ce pantalon ; il a trop de pièces, et, à côté de mes camarades, j'ai l'air d'un malheureux.

— Quant à moi, affirmait Georgette, voilà deux ans qu'on me voit cette robe ; toutes mes amies ont mis une robe neuve pour la rentrée ; à part Julie, dont les vêtements sont toujours malpropres et déchirés, je suis la plus mal habillée de l'école.

Maman Michon allait se fâcher tout rouge contre ses enfants. Mais papa Michon l'a arrêtée d'un geste :

— « Laisse donc, Mariette, dit-il ; et vous, mes deux mécontents, approchez-vous, et raisonnons.

« Tu veux un pantalon, Edouard, et toi, Georgette, tu veux une robe ? Soit ; vous serez satisfaits tous les deux ; maman Michon vous conduira au magasin et vous achètera ce que vous demandez.

« Mais il faut que nous comptions maintenant. Un pantalon de huit francs, une robe de douze, cela fait vingt francs, que maman Michon devra économiser dans le mois.

« Maman Michon supprimera donc le dessert ; elle diminuera la portion de viande ; elle sera sans doute obligée d'acheter des aliments moins chers et par conséquent de qualité inférieure ; elle supprimera pendant quelque temps le charmant journal illustré que vous attendez avec tant d'impatience chaque dimanche ; et peut-être sera-t-elle obligée enfin de dépenser la pièce blanche qu'elle épargne chaque semaine en vue des maladies ou des chômages, contre lesquels, hélas, nous ne sommes pas garantis !

« Réfléchissez, enfants ; vous allez payer bien cher le plaisir d'avoir des vêtements neufs. Ceux que vous portez en ce moment sont soigneusement raccommodés, propres et chauds ; ceux que vous aurez dans quelques jours ne vous protégeront pas mieux ; c'est donc pour briller, pour *paraître*, pour satisfaire un besoin de luxe [1], que vous allez nous imposer des privations et diminuer notre sécurité.

« Vous avez l'excuse de la jeunesse, de l'inexpérience. Malheureusement, la majorité des hommes n'est pas plus raisonnable que vous et paye un impôt formidable à la vanité : c'est par vanité que beaucoup de gens dépensent, pour s'habiller richement, des sommes qu'ils emploieraient plus utilement à se procurer une alimentation saine, un intérieur hygiénique et des plaisirs intelligents; c'est par vanité que certaines personnes donnent des réceptions brillantes alors que leur menu quotidien est insuffisant ; c'est par vanité que certaines personnes aisées ont un salon, et n'ont pas une salle de bains ; c'est par vanité qu'elles installent ce salon dans la pièce la plus spacieuse, la mieux éclairée, la mieux exposée, tandis que les chambres des domestiques, les chambres des enfants, et même la chambre des maîtres sont souvent mal exposées, moins hygiéniques.

« Et c'est ainsi que la plupart des hommes sacrifient au désir de paraître, à la vanité, leurs véritables intérêts. »

RÉFLEXIONS. — *Que décideriez-vous si vous étiez à la place d'Edouard ou de Georgette ? — Pourquoi ? — Si vous aviez dans votre appartement une pièce inutilisée et si vous possédiez les moyens de la meubler, qu'en feriez-vous ? Pourquoi ? — Si vous vous trouviez dans une situation aisée et que vous disposiez d'un vaste appartement, quelle pièce choisiriez-vous comme chambre à coucher ? comme salon ?*

> 4. ❦ Bien des gens sacrifient à la vanité leurs véritables intérêts. La vanité coûte cher à ceux qui obéissent à ses conseils.

---

1. *Un besoin de luxe* est celui qui ne correspond pas aux nécessités de la vie. On oppose le *luxe*, le *superflu* au *nécessaire*.

HUITIÈME LEÇON

LES VICES D'ARGENT

I. ❦ La pièce de cinq francs

— Que veux-tu pour tes étrennes ? m'a demandé mon oncle Armand.
— Je ne sais pas, ai-je répondu.
— Tiens ! m'a dit mon oncle : voici cinq francs ; tu en feras ce que tu voudras.

J'ai remercié mon oncle Armand, et j'ai demandé à maman à quoi je devais employer la grosse pièce d'argent.

— Tu en feras ce que tu voudras, m'a-t-elle dit à son tour. Je suis curieuse de te regarder choisir et te décider.

C'est la première fois que je possède une aussi grosse somme.

Que vais-je en faire ?

Ma tire-lire me donne des conseils : « Confie-moi ton trésor ; je te le conserverai pendant toute ma vie : il faudra me briser pour que je le rende. Peu à peu tu ajouteras tous les sous que tes parents te donnent quand tu as obtenu des bonnes notes. Les petits ruisseaux font les grandes rivières ; amasse, entasse, prive-toi de tout pour devenir riche ; tu auras un jour beaucoup d'argent ; cette pièce qui va tomber à travers mon ouverture est peut-être le commencement de ta fortune ! »

Mais d'autre part les vitrines m'appellent : « Regarde, me disent-elles ; nous t'offrons de merveilleux jouets mécaniques, des chemins de fer, des automobiles, des jeux de construction, des dominos, des lanternes magiques ; voici un joli moteur, qui marche, comme ceux de l'industrie, par la force de la vapeur d'eau. Tu es riche : fais donc ton choix ; c'est de la joie que nous vendons. »

Mais je me rappelle aussi la parole de notre instituteur, qui nous parlait l'autre jour des étrennes utiles ;

un dictionnaire, une boîte de compas, me rendraient de grands services.

Je songe enfin à la terrible catastrophe qui vient de se produire dans une mine du Nord. Dans un élan de solidarité, les souscriptions publiques se sont ouvertes pour soulager les familles des victimes. Joindrai-je mon offrande à celle de mes concitoyens ?

Ainsi, cette pièce d'argent, que je considérais tout à l'heure comme un trésor, devient tout à fait insuffisante pour répondre à tant de besoins divers.

Comment emploierai-je ma pièce de cinq francs ?

RÉFLEXIONS. — a) *Paul s'est trouvé dans le même cas, et il a tout mis dans sa tire-lire: approuvez-vous sa conduite? — Dites pourquoi ? — Quel nom donnez-vous au désir immodéré de l'épargne ? à ceux qui sont atteints de ce vice? N'est-il pas regrettable qu'un homme sacrifie à cette passion son bien-être et celui de sa famille ? — Que pensez-vous d'un homme aisé qui, pour économiser, loue un logement malsain, achète des aliments de mauvaise qualité, prive ses enfants de toute distraction ? — Que pensez-vous d'un homme riche qui entasse dans un bas de laine des écus qu'il pourrait employer à soulager bien des misères ?*

b) *Pierre disposait aussi de la même somme : il a couru au bazar pour acheter un superbe jeu électrique. Approuvez-vous sa conduite ? — Dites pourquoi. — Quel nom donnez-vous aux personnes qui dépensent sans compter et qui ne savent pas se refuser le superflu afin de se ménager le nécessaire ? — Ex. : Telle ménagère dépense sans mesure pendant les premiers jours de la quinzaine et reste sans le sou pendant les journées qui précèdent la paye suivante : approuvez-vous cette habitude ? — Tel ouvrier dépense 20 centimes par jour pour son tabac, 30 centimes pour l'« apéritif » : cet argent ne pourrait-il pas être mieux utilisé ? — Tel employé imite dans ses vêtements le luxe de son patron, mais pour cela il est obligé d'habiter un logis malsain : utilise-t-il vraiment son gain ?*

CONCLUSION. — *Comment emploieriez-vous la pièce de cinq francs qui nous occupe, pour éviter d'être considéré ou comme un avare ou comme un prodigue ?*

> 1. ❦ L'homme économe « sait se refuser le superflu pour se ménager le nécessaire ».
>
> L'avare sacrifie tout au besoin d'épargner : il se refuse le nécessaire, oublie ce qu'il doit à sa famille, reste indifférent à la misère d'autrui.
>
> Le prodigue dépense sans compter ; il ne sait pas calculer ses dépenses sur ses revenus, ni employer raisonnablement ce qu'il gagne.

II. ❦ Tout le monde peut être économe

On n'est pas très riche chez le père François : cinq enfants, songez-y, c'est dur à nourrir !

Heureusement la ménagère est active et économe, et cela sauve de la misère toute la maisonnée.

Mme François n'imite pas telle de ses voisines qui, les soirs de paye, organise un véritable festin. Par contre, il y a chaque jour sur la table une bonne soupe et un bon plat bien préparés.

Mme François ne fait pas comme telle personne vaniteuse que je pourrais nommer : ses enfants n'étrennent pas à chaque fête nouvelle un habit nouveau. Par contre, ils sont toujours confortablement vêtus.

Mme François n'est pas paresseuse comme telle ménagère que tout le monde peut désigner : elle ne jette pas à la guenille les vêtements déchirés ou ceux qui sont devenus trop justes aux aînés ; elle raccommode soigneusement les premiers et transforme habilement les seconds pour que les petits puissent les porter.

De son côté, le père François évite les dépenses inutiles. Il ne va pas au cabaret, il ne fume pas, il ne joue pas. Dans la maison enfin il se rend utile ; il fait lui-même bien des travaux qui, confiés à un ouvrier, seraient l'occasion d'une dépense.

On est économe chez le père François ; si le chômage ou la maladie ne s'en mêlent pas, la misère n'entrera pas chez lui.

RÉFLEXIONS. — Est-il utile d'économiser ? — Si le père François pouvait épargner quelques centaines de francs, ne serait-il pas moins inquiet sur le sort de sa famille ? — Une famille ouvrière de sept personnes peut-elle aisément faire des économies ? — Faire des économies, est-ce la seule manière d'être économe ? — En quoi Mme François et son mari sont-ils économes ? — Les chances de misère devraient-elles subsister pour de pareilles gens ?

> 2. ✿ **L'épargne nous assure une sécurité relative pour demain. Malheureusement tout le monde ne peut pas économiser. Par contre, tout le monde peut être économe.**

III. ✿ L'amour de l'argent conduit à l'ingratitude

Un père de famille, aveuglé par sa tendresse pour ses enfants, leur avait donné tous ses biens. Eux, de leur côté, s'étaient engagés à le loger et à le nourrir chacun à leur tour.

Bien traité d'abord, il se vit bientôt négligé et outragé. Il alla confier son chagrin à un de ses amis, qui était un riche banquier. « Vos fils, lui dit celui-ci, n'ont plus d'égards[1] pour vous, parce qu'ils savent que vous êtes pauvre et que vous n'avez plus rien à leur laisser. Je vais faire transporter chez vous ces vingt sacs d'écus d'or ; vous aurez soin de les compter dans votre chambre avec beaucoup de bruit et de les laisser voir, tout en paraissant les cacher. Dès qu'ils vous croiront

---

1. *Egards*: attention, marques de respect.

riche, vos fils changeront de conduite à votre égard. »

Le pauvre père consentit à la ruse. Rentré dans sa chambre, il se mit à compter l'or du banquier son ami. Le bruit des écus se faisait entendre de loin. Les fils accoururent et virent, par le trou de la serrure, leur père occupé à vider et à remplir des sacs d'écus. Le soir ils lui dirent : « Père, qu'est-ce donc que cet or que vous comptiez ce matin ? — C'est une somme, répondit-il, que j'avais mise dans le commerce et qui a profité, grâce aux bons soins de mon banquier. — Et qu'en ferez-vous ? — Je veux la garder dans ma cassette [2]. C'est un trésor que je destine à celui de vous dont j'aurai été le plus content pendant le reste de ma vie. »

Dès ce jour, le vieillard fut soigné, respecté, caressé à l'envi. Il mourut ; et ses fils, courant à la cassette, se hâtèrent de l'ouvrir : elle était vide. Il y avait seulement un marteau de fer avec un papier contenant ces mots : « Je lègue ce marteau pour casser la tête du père insensé qui, ayant donné tous ses biens à ses enfants, comptera sur leur reconnaissance. »

Saint-Marc Girardin. (*Charpentier*, édit.)

RÉFLEXIONS. — *Pourquoi les enfants traitent-ils d'abord leur vieux père avec dureté ? — Pourquoi le traitent-ils ensuite avec égards ? — Estimez-vous leur conduite ? — Que pensez-vous des personnes qui refusent à leurs vieux parents les soins qui leur sont nécessaires, ou la pension qui pourrait les leur procurer ?*

---

3. L'amour de l'argent produit parfois des conséquences monstrueuses : il n'est pas rare que de vieux parents soient mal récompensés de leurs peines par des enfants ingrats, avares ou égoïstes.

---

1. *Cassette*: petit coffre.

IV. ❦ L'argent gagné au jeu

Un avocat a gagné au jeu 40.000 francs. Il les apporte à la maison, tout radieux. Sa femme lui montre combien il est immoral de profiter de l'argent acquis au jeu.

« Tu sais bien que je ne suis pas une femme chimérique. Je ne fais pas du tout fi de l'argent, et, quand tu m'apportes tes honoraires [1] après une bonne cause [2] bien plaidée et bien gagnée, je les serre avec joie ; j'en suis fière. Pourquoi donc suis-je honteuse de cet argent-là ? pourquoi ?... Tiens ! ajouta-t-elle avec une énergie singulière, veux-tu que je te dise tout ? Cela me fait l'effet d'argent mal acquis ! »

Il se récria.

« J'exagère ; soit ! je le veux ! Mais je ne peux m'empêcher de penser que cet argent gagné par toi, un autre l'a perdu ; qu'un autre est au désespoir de ce qui t'enrichit et t'enchante !... Et puis surtout !... ton fils ! notre fils ! lui qui n'a jamais reçu de toi que des exemples de désintéressement, d'honneur, et qui t'a vu entrer tout à l'heure tout radieux d'un gain, d'un gain de jeu ! Et les félicitations de ceux qui t'entouraient ! Quelle impression gardera-t-il d'une telle scène ? Voilà le plus affreux des vices, l'amour du jeu, implanté et glorifié dans son cœur, par qui ? par toi ! oui, par toi ! Comment veux-tu que je lui dise et qu'il croie qu'une chose que tu as faite est mal ?... Oh ! ces maudits quarante mille francs, je les hais ! »

L'avocat est touché par les paroles de sa femme. Il ne gardera pas les 40 000 fr. Il les envoie aux ambulances volontaires (cela se passe en 1870). A son fils qui escomptait un beau voyage en Suisse, il explique ses scrupules.

« Cela t'étonne, dit le père ; je vais te l'expliquer. Jusqu'ici je n'ai jamais dépensé d'argent que celui que j'ai

---

1. *Honoraires* : rétribution donnée aux avocats, aux médecins, etc., en récompense de leurs services.
2. *Une bonne cause* : un bon procès.

gagné par mon travail. Or, l'argent du jeu, c'est de l'argent récolté sans aucun mérite de la part de celui qui le gagne, et avec beaucoup de chagrin de la part de celui qui le perd. Je n'en veux pas. »   E. LEGOUVÉ.

(*Nos fils et nos filles.* — Hetzel, édit.)

RÉFLEXIONS. — *Si l'avocat avait gagné ces 40.000 fr. en plaidant, c'est-à-dire en travaillant, sa femme les accepterait-elle ? — Pourquoi n'en veut elle pas ? — Quel exemple craint-elle de donner à son fils ? — Que fait l'avocat ? — Approuvez-vous sa conduite ? — Que savez-vous des « courses » et de leurs conséquences funestes ? — Les « jeux de société » ont-ils besoin d'être « intéressés » pour être amusants ?*

> 4. ❦ Les jeux d'argent sont très dangereux : on prend vite le goût du jeu « intéressé » ; les uns s'y ruinent ; les autres y réalisent des gains injustifiables.

NEUVIÈME LEÇON.

LA MAUVAISE HYGIÈNE

I. 🌸 La maladie de M. Rémi

Depuis quelque temps, le gros M. Rémi a beaucoup maigri ; le pauvre garçon n'a plus d'appétit ; souvent il se plaint d'avoir trop chaud et d'être brûlant quand tout le monde trouve qu'il fait frais.

Quand il rentre de son atelier de gravure, il ne joue pas avec ses enfants comme autrefois ; il se sent las, et n'a qu'une idée : aller au lit. Il se couche, dort mal et se sent plus fatigué le matin encore que le soir.

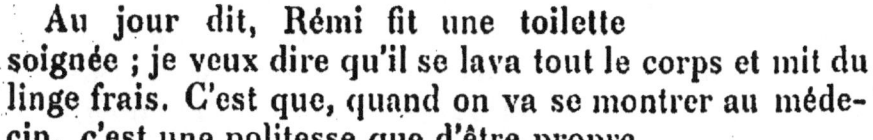

— Ça ne peut plus durer comme ça, lui dit enfin Justine, sa brave petite femme ; tu diras demain à ton patron que tu as besoin de ta demi-journée, et je t'emmènerai chez le docteur Biart ; on dit que c'est un bon médecin ; tant pis si ça coûte cher.

— Tu as raison, femme ; nous irons après demain chez M. Biart.

Au jour dit, Rémi fit une toilette soignée ; je veux dire qu'il se lava tout le corps et mit du linge frais. C'est que, quand on va se montrer au médecin, c'est une politesse que d'être propre.

Rémi et Justine furent un peu intimidés en arrivant devant la belle maison du docteur : elle ne ressemblait pas du tout à la cité sombre et sale où ils avaient leur modeste logement. Mais ils se sentirent tout à fait effrayés, quand, ayant fait résonner la sonnette électrique, ils furent introduits par un domestique vêtu d'un habit noir dans un beau salon où étaient assis des dames élégantes et des messieurs corrects.

— Cela va coûter au moins cinq francs, dit tout bas

le pauvre graveur à sa femme, soudain devenue muette.

Rémi ne savait pas que le docteur Biart est ce qu'on appelle un grand médecin, un homme très savant, dont les consultations se payent non avec un écu, mais avec des pièces d'or. S'il s'en était douté, il se serait sauvé; car les grands médecins sont trop chers pour les pauvres gens.

Lorsque le tour de Rémi fut venu, il y avait si longtemps déjà qu'il attendait avec Justine, en silence, qu'ils croyaient l'un et l'autre que jamais ce moment ne viendrait. Et les voilà dans le superbe cabinet du docteur.

Celui-ci les accueille avec une surprise qu'il dissimule; car il n'est pas habitué à recevoir des visiteurs de mince condition, mais il est très bon et il ne veut humilier personne. Il interroge le malade, qui est un peu décontenancé. Heureusement Justine a repris courage ; c'est elle qui raconte toute l'affaire.

M. Biart écoute attentivement.

— Déshabillez-vous, dit-il à Rémi ; je vais vous ausculter.

Tout en retirant son veston et son gilet, Rémi se dit :
— J'ai bien fait de mettre une chemise propre.

Le docteur la lui fait ôter également ; il place une serviette sur le dos de Rémi, puis il applique son oreille, le faisant respirer, tousser, respirer, tousser encore.

— Vous avez de la chance, dit enfin le médecin ; ou plutôt, vous arrivez chez moi à temps, avant d'être vraiment malade ; je réponds de tout ; mais vous allez m'obéir et vous soigner sérieusement.

— Pour sûr, Monsieur le docteur, répond Justine ; je saurai bien le forcer.

— Je compte sur vous, Madame. D'abord, pas de visite au mastroquet...

— Quoi ! pas même l'apéritif ?

— Non, mon garçon, pas d'apéritif, pas de goutte pour tuer le ver, pas de pousse-café. Si vous avez soif, buvez de l'eau, de l'eau rougie, si vous y tenez ; mais pas d'alcool, ou sans cela...

Et le médecin fit un geste tranchant qui fit frissonner le graveur et sa femme.

— Et puis, continua M. Biart, expliquez-moi où vous demeurez.

Quand il sut que leur logis donnait sur une petite cour privée de soleil et de vent, sans lumière et sans air renouvelé, il dit :

— Vous déménagerez. Vous quitterez sans retard votre cité[1] populeuse où les gens sont entassés les uns contre les autres, où les épidémies se propagent rapidement. Vos occupations, heureusement, vous permettent d'aller vous installer dans la banlieue et de venir travailler à la ville. Quand le temps ne sera pas trop mauvais, vous dormirez la fenêtre ouverte, en prenant les précautions que je vous indiquerai dans mon ordonnance.

Le docteur prit une grande feuille de papier et écrivit longuement, tout en parlant :

— Il vous faut des aliments très simples et très nourrissants ; je vous recommande les viandes grillées, les œufs, le lait ; il est nécessaire de vous suralimenter[2]. Il vous faut une chambre bien ensoleillée... Pas de poussière ! Pas de fatigues inutiles ! Couchez-vous de bonne heure et levez-vous aussi tard que possible... Vous reviendrez me voir bientôt.

Revenir ! Quand c'était si cher ! Les deux époux se regardèrent avec inquiétude.

Le docteur s'en aperçut et sourit ; il avait son idée. Déjà Justine tirait son porte-monnaie, pour en extraire une pièce de cent sous, et demandait à M. Biart combien elle lui devait :

— Deux francs pour la première visite, répondit avec le plus grand sérieux le grand médecin, et vingt sous pour les suivantes.

Puis il les congédia, ravis, et appela le client suivant,

---

1. *Cité* : agglomération de maisons formant une rue fermée de grilles.
2. *Suralimenter* : augmenter la quantité de nourriture.

un riche banquier qui était tombé malade à force de trop manger.

(A suivre.)

RÉFLEXIONS. — Quelle est la première recommandation faite à M. Rémi par M. Biart ? — Pourquoi cela surprend-il M. Rémi ? — Où M. Rémi habite-t-il ? — Qu'appelle-t-on cité ? — Que prescrit M. Biart à ce sujet ? — Pourquoi exige-t-il que M. Rémi quitte sa cité populeuse ? — Quelle règle d'hygiène le docteur prescrit-il pour la nuit ? — Quels conseils donne-t-il relativement à l'alimentation ?

> 1. ❦ Pour se porter bien, il faut se nourrir bien, tenir son corps très propre, avoir une habitation saine, être tempérant, vivre au milieu d'hommes bien portants.

II. ❦ La guérison de Rémi

Je n'ai pas besoin de vous dire que M. Rémi et sa femme Justine gardèrent de cette visite au docteur Biart un souvenir profond. La brave petite femme, mieux peut-être que son mari, avait compris que c'était une partie sérieuse qui allait se jouer, une partie dont l'enjeu n'était autre que la vie de Rémi. Aussi, Justine résolut-elle de faire un grand effort pour ne pas succomber dans cette lutte.

— Les économies y passeront, dit-elle, mais j'obéirai strictement au médecin.

Le lendemain même, elle donnait congé au propriétaire et prenait le train afin de trouver un logis à la campagne. Elle eut de la chance : pour une somme raisonnable, elle put louer une maison bien petite, mais propre, sèche, baignée de soleil, et pourvue d'un jardinet où l'on pouvait faire pousser des légumes. Dans un coin un petit poulailler attendait des pondeuses qui donneraient à Rémi des œufs plus frais et moins chers que ceux du crémier.

LA MAUVAISE HYGIÈNE

A douze minutes de la gare, c'était parfait. Pas même une demi-heure de train pour être à la gare de l'Est, d'où il n'y avait qu'un saut jusqu'à l'atelier.

— Vrai, se dit Justine, fière de sa découverte, si le docteur voyait « ma » maison, il serait content de moi.

Elle n'avait pas tort : le docteur eût complimenté Justine, tant la modeste maisonnette était bien « ce qu'il fallait ».

Huit jours plus tard, Justine et Rémi, sacrifiant presque tout un terme de location, emménageaient à la campagne par une belle journée printanière. Justine exigea que son mari prît quinze jours de repos complet, prétendant que cela était nécessaire pour l'installation.

— Ah ! on respire ici, s'écriait fréquemment Rémi. Ce n'est pas comme dans la cité.

Quand il reprit enfin son travail, il était déjà bien reposé.

Désormais, sa vie fut très régulière. Tous les matins, il absorbait un bon déjeuner, et il s'en allait à la gare.

A midi, la concierge de l'atelier lui cuisinait un repas conforme aux exigences de la Faculté. Son travail fini, Rémi se hâtait vers la gare de l'Est, pour ne pas manquer le premier départ. Les camarades essayèrent bien, les premiers temps, de le faire arrêter chez un marchand de vin, pour prendre un prétendu apéritif ; mais leurs tentatives ne réussirent pas. Si Rémi avait oublié les défenses du docteur, il aurait pensé, en tout cas, à l'heure du train :

— Et mon train ? disait-il, en plaisantant, aux amateurs d'alcool. Si je le manque, c'est trois quarts d'heure de retard, et la bourgeoise me croira décédé.

Il ne le manqua jamais, ce train qui le ramenait, au sortir du Paris malodorant et poussiéreux, vers le plein air des jardins, des champs et des bois. On peut le dire :

il prenait le train comme un malade prend une médecine, quand le malade sent que la médecine lui rend la santé.

De fait, cette atmosphère limpide et fraîche, sans cesse renouvelée par la brise et assainie par le soleil, n'était-ce pas un remède, le plus agréable et le plus efficace de tous les remèdes ?

Cet air vif et parfumé, Rémi ne se lassait pas d'en emplir ses poumons. Le soir, il faisait un petit tour au jardin, et il respirait. S'il faisait un peu frisquet, il allait se mettre au lit, fenêtres grandes ouvertes, et il humait avec délices l'air nocturne. Il s'endormait rafraîchi et reposé, et, le matin, se réveillait dispos dans sa chambre qui n'avait pas été close de toute la nuit.

Souvent, il disait à Justine :

— Quand on pense aux plombs [1] de la cité !

Justine avait acheté un collier-douche, pour quelques francs, et chaque matin Rémi s'aspergeait de la tête aux pieds. Au commencement, il avait trouvé l'eau un peu froide ; mais il fut vite endurci, au point de ne plus pouvoir se passer de sa douche quotidienne.

Et le dimanche ? Vous croyez peut-être que Rémi allait le passer au cabaret ou au café ?

Le dimanche, quand il faisait beau, on s'en allait déjeuner dans le bois. Quand il pleuvait, on restait sagement au logis. On causait, on arrangeait la maison, on « bricolait » ; dans les éclaircies, on allait donner une lessive de première classe au poulailler et un coup de bêche au jardin. On n'avait pas le temps de s'ennuyer, et l'on trouvait toujours un moment pour faire un bout de lecture.

— Tout ça, Justine, disait Rémi, ça vaut mieux que d'aller au café.

Cela valait si mieux qu'au bout de quelques mois, quand Justine reconduisit chez le docteur Biart son

---

1. *Plombs* : cuvettes en plomb où l'on jette les eaux sales d'une maison. Il s'en dégage souvent des odeurs insupportables et malsaines.

mari, le médecin lui dit après un examen minutieux :

— C'est parfait, Madame ; voilà un homme remis à neuf.

Puis, s'adressant à Rémi :

— Hé bien, maintenant que vous êtes guéri, avez-vous envie de retourner demeurer dans votre cité ?

— Plus souvent, Monsieur le docteur !

— Et regrettez-vous le mastroquet et ses apéritifs ?

— Par exemple !

— Enfin, qu'est-ce que vous pensez du régime que vous avez suivi ?

— Ce que j'en pense ? Mais que je le continuerai jusqu'à mon dernier jour.

— Vous le continuerez alors pendant de longues années, conclut le docteur en souriant.

RÉFLEXIONS. — *Dites comment Rémi et Justine ont suivi les prescriptions du médecin. — Où sont-ils allés se loger? Décrivez la maison louée par Justine. — Où Rémi prend-il des œufs bien frais? — Combien de temps Justine a-t-elle exigé qu'il se reposât complètement? — Quand il revint à l'atelier, où a-t-il pris ses repas de midi? — Pourquoi pas au restaurant? — Que répond Rémi aux amis qui veulent l'entraîner chez le marchand de vin? — Sa chambre reste-t-elle close pendant la nuit? — Comment nettoie-t-il son corps? — Quelles distractions prend-il le dimanche? — Approuvez-vous la conduite de Rémi? Pourquoi? — Mais tout le monde peut-il imiter Rémi et Justine? N'ont-ils pas fait des sacrifices d'argent? — Lesquels? — Distinguez, parmi les réformes accomplies par Rémi et Justine dans l'organisation de leur vie, celles qui coûtent de l'argent et celles qui ne coûtent rien.*

2. ❧ Malheureusement, il ne dépend pas toujours des individus d'avoir une bonne alimentation et une habitation saine, de vivre au milieu de gens bien portants. Mais tous les hommes peuvent être tempérants.

III. ❦ Le cabaretier Guenot et le boulanger Sablon

— Comment va le commerce, Monsieur Guenot ?

— Bien et mal, Monsieur Sablon ; nous avons trop de mauvais clients, trop d'ivrognes.

— Comment ! trop d'ivrognes ? J'ai toujours pensé que les ivrognes sont la providence des marchands de vin.

— Erreur, Monsieur Sablon ; les ivrognes consomment beaucoup et payent rarement ; ils viennent par intermittence [1], entassent les soucoupes, allongent l'addition, et il faut souvent les jeter dans la rue parce qu'ils n'ont pas d'argent pour payer. Nos bons clients, ce sont les *réguliers*.

— Qu'appelez-vous des « réguliers » ?

— Ceux qui viennent chaque jour, aux mêmes heures, prendre les mêmes consommations. Bon client, Philippe, du four à chaux, qui, deux fois par journée, vient ici prendre l'absinthe ; très bon client, Marsaud, le forgeron, qui tue le ver [2] le matin, prend l'apéritif à onze heures, le café et le pousse-café à une heure, le petit coup de vin à quatre heures et l'apéritif avant le dîner. S'il n'y avait que de bons clients comme Philippe et Marsaud, le commerce irait mieux.

— Sans doute ; le commerce irait bien pour vous, Monsieur Guenot ; pas si bien pour moi, car vos « bons clients » sont justement ceux dont la *taille* [3] est la plus garnie chez moi et qui payent le plus difficilement.

Leurs familles non plus, Monsieur Guenot, ne se réjouissent pas tant que vous ; un écu qu'ils vous donnent, c'est un écu pris au bien-être familial ; quand ils

---

1. *Par intermittence :* à intervalles plus ou moins éloignés.
2. *Tuer le ver :* boire à jeun du vin blanc, de l'alcool. (Langage populaire.)
3. *Taille :* pièce de bois sur laquelle on marque par une coche chaque pain vendu.

entrent chez vous, ils disent, en manière de plaisanterie, qu'ils vont « placer leur argent » ; et, de fait, l'argent qu'ils dépensent chez vous, c'est un revenu certain... *pour le médecin et le pharmacien.*

— Que voulez-vous, Monsieur Sablon : le mal de l'un fait le bonheur de l'autre ; je ne vais pas les mettre à la

L'argent qu'ils dépensent n'est-il pas indûment soustrait au bien-être familial ?

porte, bien sûr ; j'y trouve mon compte, et, ma foi, tant pis pour qui vient chez moi !

Vous avez raison, voisin : ceux qui vont chez vous régulièrement sont à plaindre ; ce sont des candidats à l'alcoolisme, et l'alcoolisme, comme on dit, *fait le lit de la tuberculose.*

— C'est bien un peu vrai, ce que vous dites, Monsieur Sablon ; parfois je suis navré de débiter tant d'apéritifs, absinthes, amers, etc., dont nous n'ignorons pas, dans le métier, les effets dangereux ; nous préférerions, bien sûr, vendre de bon vin naturel, mais ce sont les clients qui commandent, et ils ne sont pas toujours raisonnables.

— Vous avez dit le mot, voisin ; les hommes n'ont pas toujours autant de raison qu'ils le disent ; sans quoi, ils s'abstiendraient de boire quand ils n'ont pas soif, et surtout ils n'avaleraient pas des boissons qui, sans les désaltérer, ruinent leur santé.

RÉFLEXIONS. — *Tous les hommes peuvent-ils être tempérants ? — Tous les hommes le sont-ils ? — Qui le cabaretier Guenot désigne-t-il sous le nom de réguliers ? — Y a-t-il réellement des hommes qui s'adonnent régulièrement à la boisson ? — Montrez en quoi cette habitude est pernicieuse : 1° au point de vue de l'économie familiale, 2° au point de vue hygiénique. — Rappeler, à ce propos, ce qui a été étudié dans le cours de sciences. — L'animal boit quand il a soif : en est-il de même de l'homme ? — Concluez.*

---

3. ✣ Il y a peu d'hommes tempérants. Le nombre des cabarets, la nature des boissons qu'on y consomme sont une honte pour notre humanité, dite civilisée.

DIXIÈME LEÇON

LA CRÉDULITÉ

I. ❧ Une superstition : le nombre 13

Si je savais bâtir une comédie, il me semble qu'il y aurait de quoi faire bien rire, à représenter dans la vie ordinaire les tribulations [1] d'un pauvre diable atteint de la superstition du nombre 13. Il prend son journal, et soudain il le jette ; qu'a-t-il donc ? C'est le numéro 13 du mois. — Il va voir un ami, sonne et tout à coup se sauve à toutes jambes. Que lui arrive-t-il ? Il vient de s'apercevoir que son ami loge au numéro 13. — Un dimanche, il monte en wagon pour aller à la campagne, respirer l'air pur. Mais quoi, le voilà qui s'agite dans son compartiment, comme un écureuil en cage ; est-il pris d'un accès de folie ? Non, il vient de lire sous le vasistas : wagon numéro 13. C'est à peine s'il attend que le train arrête, pour échapper au numéro qui le poursuit, il saute sur la voie, au risque de se tuer. — Un autre jour, il sort pour aller à la banque, retirer de l'argent ; mais à peine au bas de l'escalier, le voilà qui remonte précipitamment. Pourquoi ? Il s'est rappelé que c'est aujourd'hui le 13, et pour sûr, on lui volerait son argent. — On vient le voir ; c'est un homme jeune, bien mis, charmant, qui lui demande la main de sa fille. Notre maniaque [2], songeant au quantième du mois, se lève, et sans plus de façon, éconduit le prétendant.

A. Vessiot.

(*Pour nos Enfants.* — Bibliothèque d'Éducation.)

RÉFLEXIONS. — *Notre maniaque a-t-il inventé cette superstition ? — D'où tient-il cette idée ? — Est-il prudent*

---

1. *Tribulations* : contrariétés, désagréments.
2. *Maniaque* : homme qui a une manie ou des manies.

d'accepter sans réflexion, sans vérification, tout ce qui se dit autour de nous ? — Comment vérifier les effets problématiques du nombre 13 ? — Un accident de chemin de fer est arrivé le 13 du mois dernier : qu'est-ce que cela prouve ? — Quand on n'a pas la possibilité de vérifier soi-même la véracité d'une affirmation, à qui doit-on s'adresser pour obtenir un renseignement utile ?

> 1. ✾ **Certains hommes acceptent sans discuter toutes les croyances des hommes avec lesquels ils vivent. Ils s'exposent ainsi à croire des absurdités.**

II. �֎ Comment naissent les superstitions : la Montagne du spectre

Nous étions tous réunis autour de l'âtre qui répandait dans la salle commune une chaleur douce et bienfaisante.

— Papa, une histoire ! demanda l'un de nous.

— Une histoire qui fasse bien peur ! ajouta Henriette, qui a le goût du merveilleux [1].

Et nous approchâmes nos chaises autour du père, qui annonça l'histoire de *la Montagne du spectre* [2].

— Je ne sais plus en quel pays, dit-il, existe une montagne très curieuse ; les brouillards y sont parfois très épais le long des pentes arides, ce qui n'empêche pas le soleil de jeter quelques rayons pâles dans la plaine.

Or il arrive fréquemment que les montagnards, en grimpant de rocher en rocher, aperçoivent devant eux une sorte de grande ombre qui, dans ses lignes principales, rappelle la forme de leurs corps et qui reproduit

---

1. *Le merveilleux* : ce qui est extraordinaire, comme l'intervention d'êtres surnaturels dans un conte, dans un poème.

2. *Spectre* : fantôme, être imaginaire, apparition.

tous leurs gestes en les amplifiant [1] et en les déformant.

On raconte qu'autrefois ces hommes simples avaient fort peur. Ils s'imaginaient voir leur « spectre », leur « double », et ils se persuadaient aisément que cette vision était le signe de leur mort prochaine.

— Je serais morte de frayeur, interrompit Henriette.

— C'est en effet ce qui arriva à plusieurs. Et pourtant il était bien simple de s'expliquer l'origine du prétendu spectre : le brouillard devient opaque quand il a une certaine épaisseur ; il forme sur les flancs de la montagne une sorte d'écran blanc, sur lequel les rayons lumineux, arrivant horizontalement quand le soleil se couche, projettent l'ombre des promeneurs.

— C'est simple ! approuva Henriette, rassurée par cette explication.

— Très simple, à condition qu'on se donne la peine d'observer et de réfléchir.

RÉFLEXIONS. — A quel moment de la journée votre ombre est-elle le plus longue ? — Si vous faites un mouvement, que fait votre ombre ? — Expliquer le phénomène décrit ci-dessus. — L'ombre portée sur le brouillard pouvait-elle être aussi nette que l'ombre portée sur le sol ou sur un mur blanc ? — Quel sens les montagnards donnaient-ils à cette « apparition » ? — Quelques instants de raisonnement basé sur de faciles observations n'auraient-ils pas suffi à rassurer ces pauvres gens ? — Raisonner sur l'exemple des feux follets.

> 2. ❦ Quand les hommes ne savent pas découvrir les causes des phénomènes qui se produisent devant eux, ils ont tendance à inventer des êtres imaginaires à qui ils prêtent des intentions, bonnes ou mauvaises.

---

1. *En les amplifiant :* en les grandissant.

III. ❧ Les murs qui bougent

Aujourd'hui c'est le grand jour du déménagement : les parents de Bébé ont décidé de quitter le logis sombre aux recoins obscurs pour un appartement clair aux boiseries blanches, aux papiers pâles, où de larges fenêtres déversent à flots la lumière.

Bébé, radieuse de ce changement, passe cette grande journée de branle-bas chez une parente. Le soir elle arrive tout ensommeillée dans l'appartement nouveau. Elle dîne bien vite et bientôt elle est au lit. Maman l'embrasse selon la coutume et, lorsque la veilleuse est allumée, on laisse l'enfant à moitié endormie.

Mais Bébé, qui s'assoupit, n'est pas encore entrée dans le domaine des songes. Avant de s'abandonner tout à fait, elle rouvre les yeux tout grands.

A la faveur de la faible lumière qui se répand dans la pièce claire, elle promène ses regards étonnés sur ce qui l'entoure. Soudain, Bébé se dresse dans son lit : quelque chose a bougé là, sur le mur blanc.

Une forme longue et mince se profile en silhouette noire et oscille comme bercée sous un souffle léger.

Bébé, oppressée, respire bruyamment. Est-ce ce soupir qui a doucement agité la veilleuse proche de l'enfant? Peut-être, mais Bébé ne le sait pas et son petit cœur se serre à l'idée du danger qui la menace sans doute.

Bébé se raidit, Bébé veut être brave; elle avance

timidement la main, puis le bras, pour essayer de saisir cette chose fuyante qui se meut sur le mur. Bébé n'a jamais rien vu de pareil dans l'ancien logis tendu de papiers sombres. Horreur ! elle se rejette en arrière épouvantée. Sur l'écran clair que fait la boiserie blanche, la forme noire a agité en avant deux grands bras déformés. Bébé ne sait pas que c'est sa propre silhouette qui se projette ainsi sous ses yeux ; elle s'enfouit dans ses draps et pousse des cris déchirants.

Bébé a peur de son ombre.

Maman, qui se précipite dans la chambre, trouve l'enfant le visage inondé de larmes, toute secouée de gros sanglots.

— Qu'y a-t-il ? demanda-t-elle à Bébé terrifiée, qui se blottit dans ses bras. Ce n'est qu'un grand moment après, que Bébé, rassurée par la présence maternelle, peut balbutier qu'elle a peur, si peur ! *du mur qui bouge*. Maman promène ses regards autour d'elle, cherchant ce qui motive cette crainte soudaine, car l'enfant n'est point peureuse d'ordinaire.

La même plainte obstinée se formule toujours : *le mur qui bouge, le mur qui bouge!* Et maman, désolée, ne comprend pas. C'est en vain que l'on essaie de rassurer le petit être affolé. Il ne veut plus être laissé au lit et ne s'endort que dans les bras de sa mère.

Cette peur inexpliquée fut mise sur le compte du changement de lieux. Mais le lendemain et les jours qui suivirent, l'événement se renouvela.

Vous comprenez bien pourquoi. La nuit tombée, la lampe allumée reproduit sur les murs clairs les objets et les gens, projetant de noires silhouettes qui s'animent aux gestes de chacun. Aussi, dès que le jour s'éteint et que la lampe s'éclaire, Bébé, peureuse, grimpe sur les genoux maternels ; elle se blottit dans les bras protecteurs, et si l'on essaie de la poser à terre, elle pousse les mêmes cris d'épouvante.

Or, un soir que l'enfant se blottissait à son ordinaire, maman, à un sursaut de la petite nerveuse, leva machinalement les yeux. Elle vit, se profilant sur le mur blanc, en face d'elle, la silhouette agrandie et déformée de Mariette entrée sans bruit.

Dans un éclair elle entrevit la vérité qu'un hasard lui faisait découvrir. D'un geste prompt, joignant les mains au-dessus de Bébé toujours serrée contre elle, elle projette sur cet écran clair l'ombre d'une silhouette d'oiseau, en disant :

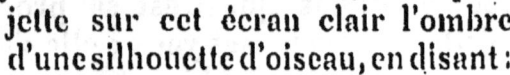

— Bébé ! Regarde le moineau qui s'envole sur le mur !

Cette rapide diversion [1] fit plus que toutes les tendresses impuissantes à calmer l'enfant.

La curiosité de Bébé en éveil, la maman sans répit fit se succéder le cygne du Bois, le nez crochu de Guignol, le lapin qui remue ses longues oreilles, le chien qui ouvre et referme sa gueule. A ce défilé impromptu, oublieuse de ses craintes vaines, Bébé reconnaît les ombres qui passent et que, pour la faire rire, maman affuble de noms grotesques [2]. Elle rit, elle s'amuse, et toutes ses terreurs sont à jamais envolées. Bébé est guérie de sa peur d'enfant.

Depuis ce jour, Bébé attend tous les soirs la lumière avec impatience, et c'est elle maintenant qui essaie ses menottes malhabiles à faire sur le mur blanc des ombres chinoises.

RÉFLEXIONS. — *Comment étaient les murs de l'ancien logement ? — Comment sont ceux du nouvel appartement ? — Qu'en résulte-t-il ? — Pourquoi Bébé a-t-elle peur ? — Comment sa maman calme-t-elle son effroi ? — Comment expliqueriez-vous à un camarade qu'il n'y a pas lieu d'avoir peur du tonnerre ? — Que savez-vous des feux-follets ?*

> 3. ❦ **L'expérience et le raisonnement ruinent aisément les superstitions.**

---

1. *Diversion*, action qui détourne l'esprit de son occupation actuelle.
2. *Grotesque*, qui prête à rire.

ONZIÈME LEÇON

LA CRÉDULITÉ. (Suite)

I. L'origine de l'homme selon les Quichés [1]

Il n'y avait au commencement que l'eau et le Serpent emplumé (c'était un de leurs principaux dieux). Mais il existait aussi quelque part « Ceux qui donnèrent la vie »...

Ils dirent : « Terre » et la terre fut, ainsi que les plantes qui y poussent. Les animaux vinrent ensuite; et Ceux qui donnent la vie dirent : « Dites nos noms »; mais les animaux ne savaient que glousser [2] et croasser [3]; alors les Créateurs prononcèrent ces paroles : « Puisque vous ne pouvez nous glorifier, vous serez tous tués et mangés. » Ils firent alors des hommes avec de l'argile, mais ces hommes étaient faibles et aqueux [4] et ils furent détruits par les eaux. Alors ils firent des hommes avec du bois, et des femmes avec la moelle des arbres. Ces poupées... peuplèrent la terre de nains de bois. Cette race peu satisfaisante fut détruite par une pluie de résine et par les bêtes sauvages. Ceux qui survécurent devinrent des singes... En dernier lieu, des hommes furent faits de maïs blanc et jaune; ils étaient plus réussis, mais leur vue était mauvaise. Ils survécurent cependant et devinrent les ancêtres de la présente race humaine.

A. LANG, *Mythes, cultes et religions.*
Trad. Marillier et Dirr, p. 182. (Alcan, édit.)

RÉFLEXIONS. — Quelqu'un a-t-il jamais vu « le Serpent emplumé » et « Ceux qui donnent la vie » ? — Pourquoi les

---

1. *Quichés* : Indiens de l'Amérique centrale.
2. *Glousser* : crier comme la poule.
3. *Croasser* : crier comme le corbeau.
4. *Aqueux* : qui contient de l'eau.

sauvages Quichés croient-ils à l'existence de ces dieux ? — Avez-vous lu des fables de La Fontaine où les animaux agissent et parlent comme s'ils avaient une intelligence et une volonté semblables à l'intelligence et à la volonté des hommes ? Citez-en. — Ces histoires sont-elles vraies ? — Si quelqu'un vous affirmait qu'elles sont vraies, que répondriez-vous ? — Citez quelques-uns des contes dont on amusa vos premières années. — Les fées qui y jouent un rôle si important ont-elles jamais existé ? — Pourquoi ne croyez-vous pas à leur existence ? — Quelles sont les choses dont personne ne peut contester l'existence ou la vérité ? — Quelles choses a-t-on le droit de ne pas croire ?

---

1. ❦ Il faut tenir pour vrai ce que nous voyons, touchons, entendons : une couleur, une forme, un bruit.
Ce que nos sens n'atteignent pas, il est également permis d'y croire ou de ne pas y croire.

II. ❦ Un prophète

La religion musulmane a été fondée, au vii⁰ siècle de l'ère actuelle, par Mahomet [1], que les mahométans considèrent comme un prophète ou homme inspiré de Dieu.

Selon les musulmans, Mahomet aurait été marqué tout jeune pour sa mission. Il n'avait pas encore cinq ans, dit la tradition, lorsque deux anges vinrent le trouver, lui fendirent la poitrine et « lui remplirent le cœur de courage et de foi ». Plus tard, un moine chrétien découvrit dans le jeune Mahomet les signes auxquels se reconnaît, paraît-il, un prophète.

Une nuit, l'ange Gabriel apparaît à Mahomet et lui tend un parchemin, en lui disant : « Lis. » Mahomet répond : « Je ne lis pas. » Mais l'ange insiste : « Lis,

---

1. Mahomet : 571-632.

au nom de ton Seigneur qui a créé l'homme. » C'est ainsi que le Coran [1] raconte la première « révélation » donnée à Mahomet, qui avait alors quarante ans et qui, d'après une tradition [2], souffrait d'une maladie nerveuse.

Les « révélations » se succédèrent jusqu'à la mort de Mahomet. Il disait : « Un ange m'apparaît souvent sous forme humaine, et cause avec moi. Quand l'ange me quitte, je recueille ce qu'il vient de me révéler. »

Un jour, l'ange Gabriel lui présente un cheval magique. Le « prophète » monte sur le cheval et vole jusqu'à Jérusalem en suivant l'ange Gabriel. Il trouve Abraham [3], Moïse [4] et Jésus [5], et fait sa prière avec eux, puis repart avec Gabriel et visite avec lui tous les cieux. Il arrive à une barrière qui sépare du ciel la demeure de Dieu : au pied du trône divin, soixante-dix mille anges chantent les louanges du Seigneur. Dieu ordonne à Mahomet de faire la prière cinquante fois par jour. Mais Mahomet fait des observations et, de réduction en réduction, Dieu se contente d'exiger la prière cinq fois par jour. C'est pourquoi les mahométans prient aujourd'hui encore cinq fois par journée.

De même, toutes les autres prescriptions de la religion musulmane ont été « révélées par Dieu » à Mahomet.

Persuadés que leur prophète avait dit la vérité, les musulmans voulurent convertir par la force les peuples au mahométisme et ensanglantèrent l'Afrique, l'Asie et l'Europe pendant plusieurs siècles.

RÉFLEXIONS. — Quelqu'un a-t-il vu l'ange Gabriel parler à Mahomet ? — Existe-t-il des chevaux magiques capables de voler ? — Quelqu'un a-t-il vu Mahomet s'entretenir avec Abra-

---

1. *Coran :* livre saint des musulmans.
2. *Tradition :* récit vrai ou faux oralement transmis d'âge en âge.
3. *Abraham :* patriarche hébreu qui, d'après la Bible, est le père de la nation juive.
4. *Moïse :* législateur des Hébreux qui vivait au xve siècle avant Jésus-Christ.
5. *Jésus :* Jésus-Christ, fondateur du christianisme.

ham, Moïse et Jésus, morts depuis des siècles ? — Qui a raconté ces événements et ces entretiens ? — Y a-t-il des hommes qui croient à la parole de Mahomet ? — Quelle est l'opinion des autres hommes ?

> 2. ❦ Personne n'a jamais assisté aux apparitions divines, aux « révélations » qui sont la base des religions. Nous ne connaissons à ce sujet que les affirmations contradictoires des divers prophètes. C'est pourquoi on a le droit de ne pas croire aux religions.

III. ❦ Comment les savants expliquent l'origine du monde solaire

Les savants ne se bornent pas à nous décrire ce qu'ils voient ; pour contenter la curiosité bien naturelle des hommes, ils cherchent à expliquer l'origine du monde, dont nous pouvons, grâce à eux, nous former une idée d'ensemble. Et voici ce qu'ils disent à ce propos :

On suppose que notre monde solaire, c'est-à-dire le soleil et les astres qui circulent autour de lui, fut autrefois, il y a des milliards d'années, une sorte d'immense nuage de feu errant dans l'infini et tournant sur lui-même avec une rapidité vertigineuse ; les savants observent d'ailleurs dans l'espace des *nébuleuses* qui donnent dans les lunettes astronomiques l'impression d'un tourbillon de matière excessivement fine et vaporeuse.

Au cours de millions et de millions d'années, un refroidissement s'opéra, amenant la condensation de la matière en une sorte de vaste sphère semi-liquide, semi-gazeuse, animée, comme le nuage primitif, d'un mouvement rapide de rotation ; cette sphère de feu constitua un soleil. Nous dirons *le* soleil, puisqu'il s'agit de l'histoire de notre système solaire en particulier.

On suppose que, dans son mouvement giratoire [1], le soleil forma sur son équateur une sorte de bourrelet semblable aux anneaux qu'on observe autour de Saturne [2], puis que le bourrelet se rompit, que sa matière se rassembla en une sorte de boule, lancée loin de la masse du soleil en raison de la force centrifuge [3], et tournant désormais autour de la masse mère. C'est ainsi qu'auraient été formées les diverses planètes qui circulent autour du soleil ; c'est ainsi que ces planètes elles-mêmes auraient formé leurs lunes, alors qu'elles n'étaient pas encore arrivées à un degré de refroidissement trop grand.

Vous comprendrez, en effet, que plus une planète est âgée, plus elle a perdu de chaleur ; il arrive même un moment où sa surface se solidifie et forme une croûte autour du feu central ; au-dessus de cette croûte, la température est bientôt assez basse pour que certains gaz de l'atmosphère puissent se combiner et former une masse liquide qui occupe les creux de la croûte solide. Tant que cette dernière n'est pas suffisamment épaisse, la poussée des gaz emprisonnés dans l'écorce solide cause des cataclysmes [4] épouvantables, sur l'existence desquels la géologie nous renseigne. Puis la croûte s'épaissit, et la planète ressemble alors à notre terre, où il n'y a plus qu'un petit nombre de lignes moins épaisses, moins solides par conséquent, où les poussées de la masse en fusion puissent occasionner des éruptions volcaniques et des tremblements de terre.

Enfin, le refroidissement s'accentuant de plus en plus, il arrive un moment où les eaux répandues à la surface

---

1. *Mouvement giratoire* : mouvement de rotation.
2. *Saturne* : l'une des planètes du système solaire.
3. Tout corps qui tourne autour d'un centre tend à s'échapper, à fuir dans la direction de la tangente. La force en vertu de laquelle ce corps tend à s'éloigner s'appelle la force centrifuge (lat. *centrum*, centre; *fugio*, je fuis). Ex. : les étincelles d'une meule d'émeri pour polir les métaux ; les pierres de la fronde.
4. *Cataclysme* : grand bouleversement.

du sol ainsi que les gaz formant l'atmosphère se condensent et se solidifient ; alors toute vie disparaît à la surface de l'astre, qui est, pour ainsi dire, mort ; c'est l'état actuel de notre lune, qui s'est refroidie beaucoup plus vite que la terre parce que sa masse est beaucoup moins grande.

RÉFLEXIONS. — Quelqu'un a-t-il jamais vu la nébuleuse solaire ? — Existe-t-il des nébuleuses ? — Où les voit-on ? — Comment ? — Les savants affirment-ils que notre soleil a été d'abord une nébuleuse ? — Au lieu de dire nous affirmons, comment s'expriment-ils ? — Est-on obligé d'adopter leurs explications ou leurs théories ? — Pourquoi beaucoup d'hommes les adoptent-ils ? — Pourquoi admettent-ils, par exemple, que la terre a été formée d'un bourrelet équatorial du soleil ? — Pourquoi sommes-nous tous persuadés de l'existence du feu central ?

> 3. ✣ **Personne n'a assisté à la formation du monde solaire. Mais les observations et les calculs des savants nous permettent d'imaginer d'une manière raisonnable l'histoire de l'univers que nous habitons.**

DOUZIÈME LEÇON

L'INTOLÉRANCE

I. �֍ Le jugement de Galilée

Le 21 juin 1632, le pape Urbain VIII, furieux de voir un savant contester les « vérités » du Saint-Esprit, ordonna, *sous peine de mort*, à Galilée, vieillard de 70 ans, de s'agenouiller devant les Évangiles [1], d'abjurer [2] ses hérésies [3] et de promettre de croire à l'avenir tout ce que prêchait et enseignait la sainte Église catholique, apostolique et romaine. L'abjuration solennelle [4] eut lieu dans l'église du couvent de la Minerve, devant une assemblée nombreuse de prélats [5], les juges de Galilée en tête.

L'illustre vieillard, agenouillé, les mains étendues sur l'Évangile, le front incliné, prononça la formule d'abjuration que lui avaient imposée ses bourreaux, et dont voici la traduction :

« Moi, Galileo Galilei, Florentin [6], âgé de soixante-dix ans, personnellement en état de jugement, prosterné [7] devant vous, éminentissimes et révérendissimes [8] cardinaux de la République chrétienne universelle, inquisiteurs généraux contre les crimes d'hérésie [9] ; ayant sous les yeux les saints et sacrés Évangiles que je touche

---

1. *Évangiles :* livres qui contiennent la doctrine de Jésus-Christ.
2. *Abjurer :* renoncer publiquement à une opinion.
3. *Hérésie :* croyance contraire à la foi catholique. D'un mot grec qui signifie : je choisis.
4. *Solennelle :* qui se fait avec des cérémonies imposantes.
5. *Prélats :* prêtres occupant un rang élevé dans la hiérarchie ecclésiastique.
6. *Florentin :* habitant de Florence.
7. *Prosterné :* agenouillé, incliné jusqu'à terre.
8. *Éminentissimes et révérendissimes :* qui occupent une situation élevée, éminente entre toutes ; qui méritent d'être révérés, respectés au plus haut point.
9. *Inquisiteurs... :* ceux qui étaient chargés de rechercher et de juger les hérétiques.

des mains, je jure que j'ai toujours cru, que je crois actuellement et croirai toujours à l'avenir, — Dieu aidant, — tout ce que soutient, prêche et enseigne la sainte Église catholique, apostolique et romaine.

« Mais, attendu qu'après avoir reçu du Saint-Office l'injonction [1] d'abandonner la fausse opinion que le soleil est le centre du monde et ne se meut pas, et de m'abstenir

Condamnation de Galilée.

d'admettre, de défendre et d'enseigner, même par écrit, cette susdite fausse doctrine, et attendu qu'après avoir reçu notification que cette doctrine est contraire à la

---

1. *L'injonction* : l'ordre formel.

sainte Écriture ¹, j'ai écrit et fait imprimer un livre dans lequel j'expose cette même doctrine, déjà condamnée, et j'invoque en sa faveur des preuves très efficaces ², sans toutefois donner une solution : par ces motifs, *j'ai été jugé véhémentement* ³ *suspect d'hérésie pour avoir cru et soutenu que le soleil est le centre du monde et immobile, et que la terre n'en est pas le centre et se meut.*

« C'est pourquoi, voulant effacer dans l'esprit de Vos Éminences et de tout chrétien catholique cette suspicion ⁴ véhémente, justement conçue contre moi, d'un cœur sincère et d'une foi non feinte, *j'abjure, maudis et déteste les susdites erreurs et hérésies*, et aussi toute autre erreur quelconque, et je jure que, jamais, à l'avenir, je ne dirai ou affirmerai, verbalement ou par écrit, rien qui puisse motiver contre moi un pareil soupçon ; et que, si j'arrive à connaître quelqu'un qu'on puisse accuser ou soupçonner d'hérésie, je le dénoncerai à ce Saint-Office ou à l'Inquisition et à l'ordinaire ⁵ du lieu où je me trouverai... »

Galilée, comprenant tout l'odieux de cette abjuration, certain que la Vérité en marche donnerait raison à la science, prêta le serment pour retourner à ses études chercher des preuves nouvelles, non sans avoir murmuré, en se relevant, la phrase, devenue célèbre :

E pur si muove ⁶,
ET POURTANT ELLE TOURNE !

HENRI ARNOULD.
(*L'Évolution des mondes.* — *Bibliothèque d'Éducation.*)

RÉFLEXIONS. — *Rappelez le nom du savant qui avait montré, avant Galilée, que ce n'est pas le soleil qui tourne au-*

---

1. *Sainte Écriture :* la Bible, livre fondamental des religions hébraïque et chrétienne.
2. *Des preuves efficaces :* des preuves convaincantes.
3. *Véhémentement suspect :* très fortement suspect.
4. *Cette suspicion :* ce soupçon.
5. *Ordinaire :* tribunal ecclésiastique.
6. *E pur si muove :* et pourtant elle se meut.

tour de la terre, mais la terre qui tourne autour du soleil. — Pourquoi le pape Urbain VIII ne voulait-il pas tolérer que Galilée répandît les idées de Copernic ? — De quelle peine menace-t-il Galilée s'il n'abjure pas son « erreur » ? — Que fait Galilée ? Dans quel but ? — Quelle parole prononce-t-il après son abjuration ? — Est-il au pouvoir de quelqu'un d'empêcher une autre personne de penser ce qu'elle veut ? — Approuvez-vous la conduite d'Urbain VIII ? — Citez dans l'histoire d'autres faits d'intolérance religieuse.

---

1. ✢ **Etre intolérant, c'est refuser aux autres hommes le droit de choisir leur religion, leurs idées philosophiques, politiques, morales.**
L'histoire montre que toutes les religions ont été intolérantes quand elles en ont eu le pouvoir.

II. ✣ Les protestants aux galères

Louis XIV avait résolu d'extirper [1] de son royaume la religion protestante. Par divers procédés, ses ministres forcèrent beaucoup de huguenots [2] à se faire catholiques, par exemple en les contraignant à héberger des dragons qui se livraient à tous les excès communs à la soldatesque du temps. Plusieurs centaines de milliers de protestants préférèrent l'exil à toutes les souffrances dont on les abreuvait : ils quittèrent le royaume de Louis XIV et s'établirent en Hollande, en Prusse et en Angleterre.

Ceux qui ne partirent pas et résistèrent aux persécutions furent sévèrement châtiés. Plus de 1.800 d'entre eux furent condamnés aux galères.

Les galères étaient des navires de guerre mus par des

---

1. *Extirper* : déraciner.
2. *Huguenots* : nom donné aux protestants. Les historiens ne sont pas d'accord sur l'origine de ce mot.

rameurs. La peine des galères était terrible : elle venait immédiatement au-dessous de la peine de mort. Nu jusqu'à la ceinture, le galérien était enchaîné sur le banc où il se plaçait pour ramer. Il mangeait et dormait sur ce banc. Quand il ne ramait pas en cadence [1] ou avec assez de vigueur, le garde-chiourme [2] ou comite le frappait d'un long fouet. Pendant le combat, le galérien pouvait

Les galères.

être blessé : pour que ses cris de douleur ne troublassent point les officiers et les soldats, dès le branle-bas [3] on enfonçait un bâillon dans la bouche du misérable rameur.

Comme aujourd'hui les forçats, presque tous les galériens étaient d'abominables criminels. C'est parmi eux que Louis XIV incorpora les protestants qui ne voulaient pas changer de religion.

Les protestants étaient condamnés aux galères lors-

---

1. *En cadence* : en mesure.
2. *Garde-chiourme* : surveillant des forçats.
3. *Branle-bas* : préparatifs de combat à bord d'un navire.

qu'ils faisaient célébrer leur mariage par un pasteur[1], lorsqu'ils baptisaient leurs enfants selon le rite [2] protestant, lorsqu'ils recevaient dans leur maison un ministre huguenot, lorsqu'ils essayaient de quitter la France, lorsqu'ils gardaient une bible chez eux, lorsqu'ils avaient parlé mal de la religion catholique.

On eût dit que la peine des galères n'était pas assez sévère, car Louis XIV s'efforçait de l'aggraver pour les protestants. En 1688, Seignelay, ministre du « grand roi », écrivait au directeur des galères : « Comme rien ne peut tant contribuer à rendre traitables les forçats encore huguenots et qui n'ont point voulu se faire instruire dans la religion catholique, que les fatigues qu'ils auraient pendant une campagne, ne manquez point de les mettre sur les galères qui iront à Alger. »

Un protestant condamné aux galères y restait à perpétuité : Louis XIV fit rédiger à cet effet un règlement particulier.

Or, on envoyait aux galères les protestants de tout âge, des vieillards de quatre-vingts ans passés et des enfants de quinze ans. Aussi y eut-il des protestants qui demeurèrent galériens pendant un temps énorme. C'est en 1775 seulement, quatorze ans avant la prise de la Bastille, que les galères perdirent leurs derniers huguenots.

RÉFLEXIONS. — *Qu'est-ce que l'édit de Nantes ? — Qui a révoqué l'édit de Nantes ? — Qui considérez-vous comme un roi tolérant ? — Qui considérez-vous comme un roi intolérant ? — Lequel des deux approuvez-vous ? — Existe-t-il encore aujourd'hui des souverains intolérants ? des gouvernements intolérants ? — La tolérance a-t-elle fait des progrès considérables ? — En a-t-elle encore de grands à accomplir ?*

> **2. ✣ Les rois ont souvent persécuté ceux de leurs sujets qui ne partageaient pas leurs idées religieuses ou politiques.**

---

1. *Pasteur :* ministre du culte protestant.
2. *Rite :* ordre prescrit pour les cérémonies d'une religion.

III. 🟎 L'intolérance divise les familles

Cette scène se passe sous la Restauration, en 1827.

M. Gillenormand est un royaliste convaincu, mais il a le grave défaut d'être intolérant. Il ne peut admettre qu'un honnête homme se dise républicain ou parle de Bonaparte sans flétrir l'usurpateur.

Par haine de la République et de l'Empire, il avait voué une aversion profonde à son gendre, le colonel Pontmercy, qui avait gagné ses galons dans les armées de la République et sous les aigles impériales, et que Napoléon avait fait baron sur le champ de bataille de Waterloo.

Sous menace de déshériter son petit-fils, Marius Pontmercy, il avait exigé que le colonel — le « sabreur » comme il l'appelait — se séparât pour toujours de Marius ; ainsi, l'éducation de celui-ci pourrait être surveillée étroitement par le grand-père.

Après la mort du colonel, Marius est instruit par un inconnu des mérites de son père. Il étudie avec piété la vie de celui-ci, et il devient rapidement un adepte des idées que son père avait défendues.

Un jour M. Gillenormand fouille dans la redingote de Marius. Il y trouve un billet dans lequel M. Pontmercy, mourant, adjure son fils de porter le titre de *baron* que la Restauration lui conteste. Marius a fait imprimer des cartes de visite avec cette mention : *Le baron Marius Pontmercy.*

Cette découverte fortuite éclaire M. Gillenormand sur la *conversion* de son petit-fils. M. Gillenormand entre dans une grande colère ; et, lorsque Marius paraît devant lui, une scène violente éclate entre les deux hommes.

Quelques instants après, Marius parut. Il rentrait. Avant même d'avoir franchi le seuil du salon, il aperçut son grand-père qui tenait à la main une de ses cartes et qui, en le voyant, s'écria avec son air de supériorité bourgeoise et ricanante qui était quelque chose d'écrasant :

« Tiens ! tiens ! tiens ! tiens ! tiens ! tu es baron à présent. Je te fais mon compliment. Qu'est-ce que cela veut dire ? »

Marius rougit légèrement, et répondit :

« Cela veut dire que je suis le fils de mon père. »

M. Gillenormand cessa de rire et dit durement :

« Ton père, c'est moi.

— Mon père, reprit Marius les yeux baissés et l'air

sévère, c'était un homme humble et héroïque qui a glorieusement servi la République et la France, qui a été grand dans la plus grande histoire que les hommes aient jamais faite, qui a vécu un quart de siècle au bivouac[1], le jour sous la mitraille et sous les balles, la nuit dans la neige, dans la boue, sous la pluie, qui a pris deux drapeaux, qui a reçu vingt blessures, qui est mort dans l'oubli et dans l'abandon, et qui n'a jamais eu qu'un tort, c'est de trop aimer deux ingrats, son pays et moi. »

C'était plus que M. Gillenormand n'en pouvait entendre. A ce mot, *la République*, il s'était levé, ou, pour mieux dire, dressé debout. Chacune des paroles que Marius venait de prononcer avait fait sur le visage du vieux royaliste l'effet des bouffées d'un soufflet de forge sur un tison ardent. De sombre il était devenu rouge, de rouge, pourpre, et de pourpre, flamboyant[2].

« Marius ! s'écria-t-il, abominable enfant ! je ne sais pas ce qu'était ton père ! je ne veux pas le savoir ! je n'en sais rien et je ne le sais pas ! mais ce que je sais, c'est qu'il n'y a jamais eu que des misérables parmi tous ces gens-là ! c'est que c'étaient tous des gueux[3], des assassins, des bonnets rouges[4], des voleurs ! je dis tous ! je dis tous ! je ne connais personne ! je dis tous ! entends-tu, Marius ! Vois-tu bien, tu es baron comme ma pantoufle ! C'étaient tous des bandits qui ont servi Robespierre ! tous des brigands qui ont servi Bu-o-na-parté[5] ! tous des traîtres qui ont trahi, trahi, trahi ! leur roi légi-

---

1. *Bivouac* : campement de soldats.
2. *Flamboyant* : brillant comme la flamme.
3. *Gueux* : miséreux réduit à mendier ; par extension : coquin, fripon.
4. *Des bonnets rouges* : le bonnet rouge fut porté pendant la révolution par les partisans de la liberté. Il était si bien devenu le symbole des aspirations nouvelles qu'il figurait sur tous les papiers publics.
5. *Bu-o-na-parté* : vrai nom de Bonaparte prononcé à l'italienne. Le vieillard y met en plus un accent de haine qui n'échappe pas à Marius.

time [1] ! tous des lâches qui se sont sauvés devant les Prussiens et les Anglais à Waterloo ! Voilà ce que je sais. Si monsieur votre père est là-dessous, je l'ignore, j'en suis fâché, tant pis ; votre serviteur ! »

À son tour, c'était Marius qui était le tison, et M. Gillenormand qui était le soufflet. Marius frissonnait dans tous ses membres, il ne savait que devenir, sa tête flambait [2]. Il était le prêtre qui regarde jeter au vent toutes ses hosties [3], le fakir [4] qui voit un passant cracher sur son idole [5]. Il ne se pouvait que de telles choses eussent été dites impunément devant lui. Mais que faire ? Son père venait d'être foulé aux pieds et trépigné en sa présence, mais par qui ? par son grand-père. Comment venger l'un sans outrager l'autre ? Il était impossible qu'il insultât son grand-père, et il était également impossible qu'il ne vengeât point son père. D'un côté une tombe sacrée, de l'autre des cheveux blancs. Il fut quelques instants ivre [6] et chancelant, ayant tout ce tourbillon dans la tête ; puis il leva les yeux, regarda fixement son aïeul, et cria d'une voix tonnante :

« A bas les Bourbons, et ce gros cochon de Louis XVIII ! »

Louis XVIII était mort depuis quatre ans, mais cela lui était bien égal.

Le vieillard, d'écarlate qu'il était, devint subitement plus blanc que ses cheveux. Il se tourna vers un buste

---

1. *Roi légitime* : celui qui, d'après les royalistes, a des droits à la royauté de par sa naissance.
2. *Flambait* : était brûlante comme si elle avait été en flammes.
3. *Hostie* : l'hostie est un morceau de pain sans levain qui, d'après la religion catholique, après la consécration du prêtre, « contient réellement et substantiellement le corps, le sang, l'âme et la divinité » de Jésus-Christ. On a le droit de ne pas accepter la croyance des catholiques. On n'a pas le droit de « profaner » les hosties, puisque c'est insulter à la croyance d'autrui.
4. *Fakir* : nom donné dans l'Inde à des religieux mendiants.
5. *Idole* : statue, image représentant une divinité et qui est l'objet d'un culte.
6. *Ivre* de colère.

de M. le duc de Berry [1] qui était sur la cheminée et le salua profondément avec une sorte de majesté singulière. Puis il alla deux fois, lentement et en silence, de la cheminée à la fenêtre et de la fenêtre à la cheminée, traversant toute la salle et faisant craquer le parquet comme une figure de pierre qui marche. A la seconde fois, il se pencha vers sa fille [2], qui assistait à ce choc avec la stu-

« Va-t'en !... »

peur d'une vieille brebis, et lui dit, en souriant d'un sourire presque calme :

« Un baron comme monsieur et un bourgeois comme moi ne peuvent rester sous le même toit. »

Et tout à coup se redressant, blême, tremblant, terrible, le front agrandi par l'effrayant rayonnement de la colère, il étendit le bras vers Marius et lui cria :

« Va-t'en. »

Marius quitta la maison.

---

1. *Le duc de Berry.* — Fils du comte d'Artois (Charles X), assassiné en 1820 par un fanatique nommé Louvel.
2. La tante de Marius.

Le lendemain, M. Gillenormand dit à sa fille :

« Vous enverrez tous les six mois soixante pistoles à ce buveur de sang, et vous ne m'en parlerez jamais. »

Victor Hugo (*Les Misérables*).

RÉFLEXIONS. — *Pourquoi M. Gillenormand ne voulait-il pas voir le colonel Pontmercy ? — Pourquoi a-t-il séparé Marius de son père ? — Pour quelle raison le père a-t-il consenti à cette séparation ? — Pourquoi M. Gillenormand entre-t-il dans une grande colère contre son petit-fils ? — Quel est le mot qui attise son ressentiment ? — Comment considère-t-il les hommes qui ont servi la République, puis Bonaparte ? — Fait-il des exceptions ? — A-t-il raison ? — Comment lui répond son petit-fils : 1° un désir, 2° une injure. Appréciez. — Quel est le dénouement de cette scène ? — La conformité des opinions ou des croyances est-elle indispensable pour que les membres d'une même famille s'accordent et s'entr'aident ?*

---

3. ❦ **L'intolérance en matière religieuse ou en matière politique est une cause de désaccord et même de haine entre les membres d'une même famille.**

IV. ❦ Quelques scènes

Le boulanger Lherbier fait sa tournée. Il saute de voiture et frappe à la porte de ses vieux clients, les Chamoir.

« Combien de pain aujourd'hui, Madame Chamoir ? demande-t-il avec confiance.

— Il n'en faut plus, Monsieur Lherbier ; à présent, nous nous servirons ailleurs.

— Mon pain est-il donc moins bon qu'autrefois ?

— Il est toujours excellent ; mais le mariage de votre fille avec ce libre penseur [1] est une trahison que nous

---

1. *Libre penseur* : homme qui revendique la liberté de penser et qui n'accorde pas sa confiance aux dogmes religieux. Un dogme est une

ne pouvons pas vous pardonner. Nous ne sommes pas les seuls, Monsieur Lherbier, à penser de cette façon : avant peu, vous regretterez ce que vous avez fait, car vous perdrez un grand nombre de clients.

— Je ne regretterai rien, Madame Chamoir ; ma fille a agi comme il lui plaisait ; mes autres enfants, dans la même circonstance, agiront comme il leur plaira ; je vends du pain et non la conscience de mes enfants. »

M. Duchesne, directeur d'une grande usine, vient d'arriver à son bureau. Il fait mander l'un de ses contremaîtres.

« Vous avez dans votre équipe, lui dit-il, deux ouvriers nommés Leclerc et Bourdier.

— Oui, Monsieur ; deux garçons bien courageux et bien consciencieux.

— Il n'importe, continue M. Duchesne : ces hommes me sont signalés comme ayant entendu et applaudi bruyamment une conférence de ce propagandiste[1] qui a parcouru dernièrement le canton. Je ne veux pas nourrir ainsi des adversaires. Vous trouverez un prétexte, et vous les congédierez dans le plus bref délai. Qu'ils aillent demander du travail à ceux qui partagent leurs opinions ! »

Comme le domaine du père Gaulier était trop restreint pour occuper les quatre fils, Jean, le plus jeune, qui venait d'achever son service militaire, résolut de demander au gouvernement une place de facteur.

— Il vous faut des protections, conseilla quelqu'un.

— J'irai voir M. Maugrabin, notre député, répondit Jean.

Le lendemain il écrivit une belle lettre pour solli-

---

doctrine, une théorie qu'une religion impose à ses adeptes sans leur reconnaître le droit de raisonner, de discuter.

1. *Propagandiste* : homme qui répand, qui propage, par la parole ou par la plume, une doctrine, une opinion quelconque.

citer une audience. Quelques jours après, le secrétaire du député le convoqua pour le dimanche qui suivait.

Au jour dit, Jean Gaulier, confiant, se rendit à la ville. C'était, hélas! une déception qui l'attendait. Quand on l'introduisit dans le bureau sévère où se tenait M. Maugrabin, celui-ci achevait de parcourir une lettre sur le coin de laquelle Jean aperçut distinctement son nom écrit au crayon rouge. Et M. Maugrabin parla :

« Vous m'avez écrit, jeune homme, pour me demander d'appuyer votre demande. Je l'aurais fait avec plaisir si les renseignements sur votre compte avaient été favorables. Malheureusement votre famille est bien connue pour ses opinions hostiles au gouvernement ; vous-même, m'affirme-t-on, vous ne manquez pas une occasion de parler contre le régime actuel. Je réserve donc mon appui pour ceux qui nous défendent, et je me vois obligé, par conséquent, de vous refuser mon aide. »

Jean Gaulier s'en alla bien triste.

Quelque temps après, on apprit dans le pays la nomination de Jules Roubeau, le fils unique d'un commerçant aisé, réputé pour ses opinions conformes à celles de la majorité du Parlement.

RÉFLEXIONS. — *Je vais chez un commerçant : que dois-je considérer ? son opinion, ou la qualité de ses marchandises ? — Que pensez-vous du boycottage ?*

J'embauche un ouvrier : qu'est-ce qui importe ? son opinion ou son habileté professionnelle ? — Appréciez l'acte de M. Duchesne.

Qui méritait le mieux d'être nommé facteur : Jean Gaulier ou Jules Roubeau ? — Justifiez votre choix. — La conscience professionnelle n'appartient-elle qu'à un parti ? — Comment les candidats aux divers emplois publics doivent-ils être choisis ? — La pratique des recommandations est-elle morale ?

---

4. ❡ **Les faits d'intolérance religieuse et politique sont encore très fréquents ; les intolérants ne parlent plus, certes, d'exterminer leurs adversaires, mais ils les affameraient volontiers.**

TREIZIÈME LEÇON

LA LACHETÉ

I. ❧ Scène de la vie scolaire

Lorsque j'entrai en classe (un peu en retard), notre maître, M. Perboni, n'était pas encore là ; et trois ou quatre garçons tourmentaient le pauvre Crossi — l'enfant aux cheveux roux, qui a le bras paralysé [1] et dont la mère est fruitière. — On le frappait avec des règles ; on lui jetait à la tête des écorces de châtaignes ; on l'appelait *monstre estropié*, et on le contrefaisait [2]. Tout seul, au bout de son banc, il restait atterré [3], écoutant, regardant tantôt l'un, tantôt l'autre, avec des yeux suppliants, afin qu'on le laissât tranquille. Mais les écoliers le tourmentaient toujours de plus en plus, si bien qu'il commença à trembler et à devenir rouge de colère. Tout à coup, Franti — celui qui a une si mauvaise figure — monta sur un banc, et, faisant semblant de porter un panier sur chaque bras, singea la mère de Crossi quand elle vient attendre son fils à la porte. (Depuis quelques jours on ne la voit plus, parce qu'elle est malade.) En voyant cette

Une triste scène.

---

1. *Paralysé* : privé de mouvement.
2. *Contrefaire* : imiter quelqu'un pour le tourner en ridicule.
3. *Atterré* : accablé, attristé.

LA LÂCHETÉ

pantomime [1], les élèves se mirent à rire. A ce moment, Crossi, perdant la tête, saisit l'encrier qui était devant lui et le jeta de toutes ses forces à Franti. Mais Franti para le coup, et l'encrier alla frapper en pleine poitrine M. Perboni, qui entrait.

Tous les élèves se sauvèrent, effrayés, à leur place, et se turent comme par enchantement.

Le professeur, très pâle, monta à son bureau et demanda d'une voix altérée : « Qui a lancé l'encrier ? »

Personne ne répondit.

« Qui ? » répéta M. Perboni d'une voix plus forte.

Alors, notre camarade Garrone, ému de pitié pour le pauvre Crossi, se leva et dit résolument : « C'est moi. » Le maître, après l'avoir regardé, regarda les écoliers surpris :

« Ce n'est pas vous, » dit-il d'une voix tranquille. Puis, après un moment :

« Le coupable ne sera pas puni, dit-il ; qu'il se lève ! »

Crossi se leva et dit en pleurant :

« On me taquinait, on m'insultait, j'ai perdu la tête... j'ai lancé...

— Asseyez-vous, dit le maître ; que ceux qui l'ont provoqué [2] se lèvent..., » ajouta-t-il.

Quatre d'entre les provocateurs se levèrent, la tête basse.

« Vous avez insulté un camarade qui ne vous avait pas provoqués, dit M. Perboni ; vous vous êtes moqués d'un infirme, vous avez attaqué un faible enfant qui ne peut se défendre. Vous avez commis l'action la plus basse et la plus honteuse qui puisse ternir l'âme humaine ; vous êtes des lâches ! »

Cela dit, le professeur descendit au milieu de nous et se dirigea vers Garrone, qui baissa la tête à son approche. M. Perboni lui passa la main sous le menton pour lui relever la tête et le regarder dans les yeux :

---

1. *Pantomime* : pièce qui se joue par gestes sans le secours de la parole ; ici : imitation des gestes habituels de quelqu'un.
2. *Provoquer* : exciter.

LECTURES MORALES

« Tu es un noble cœur, » dit-il.

Garrone, profitant de l'occasion, se pencha à l'oreille du professeur et murmura deux mots. Celui-ci aussitôt, se tournant vers les quatre coupables, leur dit brusquement : « Je vous pardonne ! »

DE AMICIS. (*Grands Cœurs*, Delagrave édit.)

RÉFLEXIONS. — *Approuvez-vous la conduite des enfants qui tourmentaient Crossi ? — Pour quelles raisons ? — Que pensez-vous de Franti ? — En quoi son action est-elle lâche ? — Approuvez-vous la conduite de Garrone ? — A qui voudriez-vous ressembler : à Franti ou à Garrone ?*

> 1. **Lâche, celui qui est brutal ou cruel à l'égard des faibles, des infirmes, de tous ceux qui sont incapables de se défendre.**

II. La mort du cheval

Le pesant chariot porte une énorme pierre ;
Le limonier [1], suant du mors à la croupière [2],
Tire, et le roulier fouette, et le pavé glissant
Monte, et le cheval triste a le poitrail en sang.
Il tire, traîne, geint [3], tire encore et s'arrête ;
Le fouet noir tourbillonne au-dessus de sa tête ;
C'est lundi ; l'homme, hier, buvait aux Porcherons [4]
Un vin plein de fureur, de cris et de jurons ;
Oh ! quelle est donc la loi formidable qui livre
L'être à l'être, et la bête effarée à l'homme ivre ?
L'animal éperdu ne peut plus faire un pas ;

---

1. *Limonier* : cheval qu'on met aux limons.
2. *Croupière* : longe de cuir qui passe sous la queue du cheval.
3. *Geint* : se plaint, gémit.
4. *Aux Porcherons* : enseigne de l'auberge où fréquentait le charretier.

Il sent l'ombre sur lui peser ; il ne sait pas,
Sous le bloc qui l'écrase et le fouet qui l'assomme,
Ce que lui veut la pierre et ce que lui veut l'homme.
Et le roulier n'est plus qu'un orage de coups
Tombant sur ce forçat qui traîne des licous,
Qui souffre et ne connaît ni repos ni dimanche.
Si la corde se casse, il frappe avec le manche,
Et si le fouet se casse, il frappe avec le pied.
Et le cheval tremblant, hagard[1], estropié,
Baisse son cou lugubre et sa tête égarée ;
On entend sous les coups de la botte ferrée
Sonner le ventre nu du pauvre être muet !
Il râle ; tout à l'heure, encore, il remuait ;
Mais il ne bouge plus, et sa force est finie ;
Et les coups furieux pleuvent. Son agonie
Tente un dernier effort ; son pied fait un écart,
Il tombe, et le voilà brisé sous le brancard.

VICTOR HUGO.

---

1. *Hagard* : farouche, effaré.

RÉFLEXIONS. — La charge imposée au cheval est-elle normale ? — Quelles précautions un bon charretier doit-il prendre dans ce cas ? — N'y a-t-il rien à faire, quand le pavé est glissant, pour diminuer la peine de l'animal au moment où il démarre ? — Le charretier ivre prend-il ces précautions ? — Dépeignez sa brutalité. — Pourquoi ces faits de brutalité constituent-ils un acte de lâcheté ?

Dans quels cas est-il permis de tuer un animal ? — Quelles précautions doit-on prendre ? — Appréciez les courses de taureaux, les combats de coqs, etc. — Approuvez-vous les hommes qui ont formé une Société protectrice des animaux ? — Comment appelez-vous la loi qui punit la brutalité envers les animaux ?

> 2. ✞ Lâche, celui qui maltraite les animaux, celui qui leur impose des tâches exagérées, ou des souffrances inutiles sous prétexte de science.

III. ❧ L'innocent puni

Antoine Lourmier, cultivateur de son métier, était depuis bientôt trois mois au régiment. C'était un fantassin modèle : personne n'entretenait mieux que lui ses armes et ses effets ; et personne ne mettait autant de bonne volonté que lui à se pénétrer de l'instruction donnée aux jeunes soldats, et qui a pour but, comme vous savez, de donner à la République de bons défenseurs pour le jour où une monarchie voisine l'attaquerait. Antoine Lourmier supportait avec vaillance les ennuis de la vie militaire et contentait ses chefs parce qu'il était consciencieux et aimait, en toutes choses, l'ouvrage bien fait. Jamais Antoine Lourmier n'avait encouru la moindre punition. Aussi, à l'approche du 1ᵉʳ janvier, il se félicitait d'obtenir sous peu une permission, afin de se rendre dans son village, où l'attendaient ses parents, ses frères et ses sœurs. Huit jours à passer en famille ! Huit jours à se faire gâter par la maman !

Le soir, en s'endormant après la sonnerie de l'extinction des feux, Antoine rêvait déjà de ces journées délicieuses.

C'est qu'il y avait loin, de la petite ville de l'Est où son régiment tenait garnison, jusqu'au « patelin » de Sologne où s'élevait la ferme paternelle ! Une permission de quarante-huit heures ne valait pas le voyage. Si Lourmier manquait le congé du premier de l'an, il devrait attendre, à coup sûr, jusqu'à Pâques... « Bon sang ! se disait-il, cela serait trop dur... Mais ma permission est sûre et certaine ; le « chef »[1] me l'a dit. Après-demain, je prends le train... »

Le lendemain matin, l'exercice ne parut pas trop pénible à Lourmier ; mais il eut des distractions ; il s'embrouilla dans un « A droite par quatre », ce qui lui valut une verte réprimande du sergent Bouchut, qui était juste, mais qui l'était avec sévérité.

— Si vous recommencez, cria le sergent, vous irez demain en permission sur la semelle de mes godillots.

Antoine frémit. Il comprenait trop bien le sens de cette apostrophe militaire, et il tenait à aller en permission sur la semelle de ses godillots, à lui Antoine, parce que c'est la seule façon connue jusqu'ici d'aller en permission.

L'après-midi, il y avait tir. Là, pas de danger. Une vraie promenade, pour aller aux cibles devant lesquelles les soldats brûlaient leurs huit cartouches chacun. Justement, il n'y avait pas de vent, et même un joli soleil se montrait. On ne serait pas mal sur le plateau de Largeville, où s'étalait le champ de tir, et, avant de reprendre le chemin du quartier, on achèterait un « chausson » et un « petit noir » à la mère Tapon, qui vient toujours avec sa petite voiture traînée par un bourricot.

— Et puis, se disait Antoine, pour ce qui est de tirer, je ne crains personne ; j'ai l'œil fin, ma main ne tremble pas ; si je ne fais pas mes six ou sept rigodons, c'est que je ne suis plus Antoine Lourmier, de la 7e compagnie.

---

1. *Chef :* le chef, ici, c'est le sergent-major.

Le lieutenant Cointe, qui est un bon type, me fera compliment.

De fait, le fantassin Lourmier tira très bien ; toutes ses balles touchèrent la cible et même furent « groupées » aussi serrées que si un officier de l'école normale de tir avait tenu le fusil.

Le lieutenant Cointe était derrière Lourmier, qu'il tenait pour un bon soldat et pour le meilleur tireur de la compagnie. Lorsqu'Antoine se retourna pour annoncer son tir, le lieutenant lui dit :

— C'est bien, Lourmier ; si vous continuez, vous aurez le prix du régiment.

Antoine rougit de plaisir. Puis il se baissa pour ramasser les huit étuis des huit cartouches qu'il avait brûlées. Mais, malgré tout le soin de ses recherches, il ne put en retrouver que sept. Et alors une grande souleur [1] le prit : il savait que s'il ne rapportait pas les huit étuis, il serait puni et privé de permission.

— Dépêchons-nous, Lourmier !

C'était la voix redoutable du sergent Bouchut. Antoine ne se le fit pas dire deux fois. Il abandonna la place, et porta son fusil aux faisceaux. Il recompta ses cartouches ; il n'en avait décidément que sept ; c'était terrible.

— Je n'irai pas chez nous, se répétait le pauvre garçon ; je n'irai pas chez nous..

Soudain, il vit arriver Bonjour, et il eut une idée.

Bonjour était un brave garçon, un peu niais, facile à tromper. Il n'avait pas de parents, étant un pauvre enfant trouvé à qui l'état civil avait donné le nom de Bonjour, au petit bonheur de l'imagination d'un employé.

Il s'approcha de Lourmier, qui lui demanda :

— As-tu tes étuis ?

— Oui, répondit Bonjour ; voilà mes huit.

— Fais voir ; je vais les recompter.

---

1. *Souleur* : saisissement, étonnement mêlé d'effroi (vieux mot).

Et en les comptant, il en escamota un qu'il glissa dans sa poche.

— Tu t'es trompé, Bonjour ; tu n'en as que sept.

Et voilà l'infortuné Bonjour qui perd la tête ; il jure qu'il en avait huit.

— Tu en auras laissé tomber un par terre ; cherche-le, dit Lourmier.

Il faut dire que Lourmier espérait un peu, mais très peu, que son camarade aurait la chance de retrouver un étui derrière une touffe ou un caillou, ce qui arrangerait tout. En attendant, Antoine alla porter « ses » huit étuis au sergent Bouchut.

— Le compte y est ; c'est bien.

Deux minutes plus tard, Bonjour arrivait tout penaud

— Sergent, il m'en manque un.

— Hé bien ! mon garçon, je vous réserve une place au Casino pour ce soir.

Le Casino, c'est la salle de police ; l'endroit n'a rien de plaisant l'été, parce qu'il y fait trop chaud et que l'odeur en est diantrement[1] mauvaise. Mais l'hiver c'est différent : on y gèle.

Le soir, Bonjour descendit à la salle de police, pour huit jours, d'ordre du capitaine.

Le lendemain, Lourmier prit le train avec toute une bande de permissionnaires qui criaient, chantaient et s'interpellaient joyeusement.

Mais Antoine avait beau se répéter qu'il allait oublier la caserne pendant une grande semaine, embrasser sa mère et étonner ses jeunes frères en se montrant dans son uniforme ; — malgré tout cela, il ne criait pas, il ne chantait pas, il n'était pas joyeux.

Il revoyait sans cesse Bonjour au moment où le sergent lui avait annoncé sa punition, et aussi quand le malheureux avait chargé sa couverture pour aller coucher au « Casino ».

---

1. *Diantrement :* pour *diablement.*

Et à cause de ces deux spectacles qu'il ne pouvait pas chasser, Antoine Lourmier n'était plus du tout pressé d'arriver à destination.

Tout son plaisir était fini avant d'avoir commencé.

⁂

Jamais permission n'avait été plus espérée ; jamais permissionnaire ne désira plus ardemment retourner à la caserne ; jamais retour au régiment ne fut plus lamentable.

Lorsque Lourmier pénétra dans la chambrée, il était minuit : tout le monde dormait. Il se coucha, et, malgré son énervement, s'endormit, mais d'un sommeil agité.

Il fut levé le premier, et se mit aussitôt à la recherche de Bonjour.

— Bonjour ? lui dit un camarade ; il n'est plus à la salle de police. Il est « à la grosse ».

Cela voulait dire : « en prison ». Qu'était-il donc arrivé ? Oh ! quelque chose de bien simple : Bonjour avait fait du bruit à la salle de police ; le sergent de garde était arrivé et avait sévi. Impitoyable à ceux qu'il appelait de « mauvais soldats », le colonel avait infligé quinze jours de prison au soldat de 2e classe Bonjour.

Désormais, le malheureux garçon était noté comme un indiscipliné, une forte tête, une sorte de révolté qu'il fallait mater. D'abord étonné du nouveau rôle qu'on lui faisait jouer malgré lui, Bonjour finit par s'y accoutumer et par se croire une sorte de forban[1] de caserne, pareil à ceux qu'il avait connus dans le demi-jour lugubre de la prison et qu'il retrouvait périodiquement à « la grosse ». Car le soldat Bonjour y retournait, comme on dit, plus souvent qu'à son tour. Tous les gradés le soupçonnaient à chaque instant des pires intentions ; et les gradés n'avaient pas toujours tort ; Bonjour se faisait

---

1. *Forban* : pirate, corsaire ; par extension : malfaiteur.

une gloire d'être le soldat le plus mal tenu et le plus grognon des douze compagnies.

Lourmier assistait à cette chute, moins en témoin que comme un complice que sa propre conscience transformait en accusé.

Un soir, Bonjour qui, par extraordinaire, n'avait été puni que de « consigne », fila en ville au lieu de rester à la caserne pour répondre aux innombrables appels de l'adjudant de semaine. Il fut porté manquant, comme il le prévoyait, rentra seulement au petit jour, et, comme il etait réellement devenu un mauvais troupier, il ne remit les pieds au quartier que pour entrer en cellule.

Quelques jours plus tard, le conseil de discipline s'assemblait à son intention. La délibération ne fut pas très longue. On fit le compte de ses jours de punition ; le total en parut énorme. Bonjour fut envoyé en Afrique, dans une compagnie de discipline : le bagne n'est pas beaucoup plus pénible...

Lorsque Lourmier connut ce dénouement, il sentit, dans un malaise confus et pénible, qu'en laissant lâchement punir son camarade, le jour du tir, il avait peut-être commis un crime.

RÉFLEXIONS. — Racontez l'histoire de Lourmier. — Que serait-il arrivé si Lourmier avait avoué sa faute ? — Comment s'est-il disculpé ? — Appréciez son acte. — Quelles en furent les conséquences ?

3. ❦ **Lâche, celui qui, pour éviter une réprimande ou une punition, laisse accuser un innocent.**

QUATORZIÈME LEÇON

CEUX QUI NE SAVENT PAS VOULOIR

1. Georges et Médor

— Georges, n'oublie pas tes devoirs, mon chéri.
— Non, maman ; mais, si tu le permets, j'irai d'abord faire un tour avec Médor ; je travaillerai bien mieux ensuite !
— A ton aise, mon ami ; prends ton goûter et va-t'en courir un peu dans le pré ; mais surtout, sois revenu dans une demi-heure !

Georges a pris sa casquette, et Médor n'a pas eu besoin qu'on l'appelle ; il est déjà sur les talons de son jeune maître ; bientôt les deux amis galopent à qui mieux mieux.

C'est si amusant de jouer avec Médor !

Voyez-le courir après les pierres que Georges lance au loin ; il saute les barrières, traverse les haies, revient haletant, et aboie pour demander qu'on lui jette une autre pierre.

Georges s'anime ; du geste et de la voix, il excite le chien ; il applaudit quand Médor a fait un bond plus vif que les précédents ; il caresse la bête ; il la lance à nouveau, puis se couche derrière un buisson, attendant que Médor découvre sa cachette.

Tout à coup, l'horloge sonne. Georges pense à son travail ; il est grand temps de rentrer à la maison ; la demi-heure accordée est de beaucoup dépassée.

Mais comment résister à l'entraînement du jeu ! Médor, justement, s'acharne sur un trou de rats : il gratte la terre, il enfonce son museau dans l'orifice, il souffle et renifle, ses pattes de devant fouillent le sol avec une rapidité extrême.

Georges l'encourage : « Cherche, Médor, cherche ! » Le trou s'élargit à vue d'œil ; la bête s'acharne, ses pattes se meuvent avec frénésie, elle plonge son museau dans la terre remuée, et souffle violemment pour se débarrasser des grains de sable qui ont pénétré dans ses narines.

Georges est rayonnant de plaisir.

Et ses devoirs ? Sans doute, il y songe... de quart d'heure en quart d'heure : chaque fois que l'horloge retentit. Et chaque fois il se dit : « Un instant encore, le temps de faire avec Médor quelques culbutes, et je cours me mettre au travail. »

Mais, une idée : Médor s'est sali, un bain dans la rivière ne serait pas inutile.

Un piquet vermoulu, tiré de la haie, est aussitôt jeté à l'eau. Médor suit, il nage, lutte contre le

« *Cherche, Médor, cherche !* »

courant, atteint le morceau de bois flottant et le rapporte bientôt à son jeune maître. — « Plus loin, Médor ! encore plus loin ! » Le nouveau jeu est si captivant, que Georges remet de minute en minute son travail : « Dans un instant, je partirai, » se dit-il. Et le morceau de bois vole encore une fois. « Plus qu'un tour et je rentre à la maison, » s'affirme-t-il de nouveau. Et de nouveau voilà Médor à la nage.

La nuit est proche quand les deux amis rentrent à la maison. Déjà on se met à table. Georges ne sait que dire pour s'excuser. Le nez baissé sur son assiette, il mange avec un appétit glouton, et, sournoisement, il glisse de temps en temps un bon morceau à son complice.

— Médor et toi, vous vous valez, dit sévèrement le père ; vous partagez le manger comme vous avez partagé l'amusement. Qui se ressemble s'assemble.

— Oh ! papa, je ne suis tout de même pas un chien.

— Mais tu te conduis comme un chien. Tu joues, tu

manges, tu dors ; voilà ta journée ; et demain, tu recommenceras.

Georges se met à pleurer et dit :

— Je ne veux pas ressembler à *une bête*.

— Alors, sois un homme, laisse les animaux obéir à leurs instincts, à leurs désirs ; aie le courage de *vouloir*.

RÉFLEXIONS. — *Quand la demi-heure permise fut écoulée, Georges devait-il s'attarder dans le pré ? — Pourquoi n'est-il pas rentré aussitôt ? — Peut-on reprocher à Médor de vivre suivant ses penchants naturels ? — Georges a-t-il la même excuse ? — Comment appelez-vous la faculté qu'ont les hommes de s'imposer librement certains actes ? — Au bout de la demi-heure autorisée, Georges aurait dû se dire : « ..... ».*

---

1. ⚜ **Pour résister à l'attrait du jeu, il faut que les enfants aient** *de la volonté.* **La faculté de s'imposer librement certains actes est une des supériorités de l'homme sur l'animal.**

II. ❦ Sur la pente

Un samedi soir, à la sortie de l'atelier, dans une cité industrielle.
Petit Louis, 15 ans, en 2ᵉ année d'apprentissage ; il serre dans sa poche le petit salaire qu'on donne ordinairement aux apprentis quand ils commencent à rendre des services.
Jacques Lhomme, 19 ans, jeune ouvrier.
Le père André, « un vieux de l'usine ».

Jacques Lhomme. — Un verre, père André ?

Le père André. — Tout de même : ça va débrouiller les idées.

Jacques Lhomme. — Et toi, petiot ? Allons : une petite absinthe !

Petit Louis (*timidement*). — Merci, Jacques ; je ne peux pas m'attarder ce soir : maman m'attend.

Jacques Lhomme (*se moquant*). — Sa « maman » l'attend ! Elle lui donne encore le biberon, ma parole ! Entre donc, morveux : tu es un homme à présent ; montre-le, que diable !

« *Allons, viens, Petit Louis* ».

Le père André (*bonhomme*). — Une petite absinthe, Louis, ça ne fait pas de mal.

Petit Louis. — Peut-être bien, père André... Pourtant, à l'école, le maître nous disait...

Jacques Lhomme (*s'esclaffant*). — Le maître, parlons-en ! Est-ce que tu crois à tout ce qu'il t'a raconté, celui-là ? Il est payé pour faire la classe et prêcher un tas de choses !... Est-ce que ça l'empêche d'aller au café ? Est-ce qu'il ne boit pas son apéritif, lui ?

Le père André. — Pardi ! c'est un homme comme nous. Allons, viens, Petit Louis ; c'est vilain, vois-tu, de ne pas faire comme tout le monde.

Petit Louis. — Sans doute, père André ; mais si vous voulez, ce sera pour un autre soir ; aujourd'hui, il faut que je porte ma paye à la maison.

Jacques Lhomme. — Ta paye ! Mais n'est-ce pas toi qui l'as gagnée, ta paye ? Ta paye est à toi. A toi, par conséquent, de t'en servir comme tu veux ; tu serais bien sot de te gêner quand tu as soif et qu'il s'agit de faire plaisir aux amis.

Ils sont arrivés devant le café, les lustres resplendissent ; un phonographe joue une marche militaire ; Petit Louis se laisse enfin tenter : il entre.

Jacques Lhomme, *s'adressant à plusieurs camarades d'atelier déjà installés devant les tables de marbre.* — Bonsoir, les amis ; je vous amène Petit Louis ; c'est un brave garçon ; il veut payer sa bienvenue.

Les Autres. — Bravo, Petit Louis ! — A la bonne heure ! — Voilà ce qu'on appelle un homme ! — Celui-là au moins n'est pas un empoté ! etc. etc.

Petit Louis s'est assis ; il fait un effort pour vaincre sa timidité, pour rire avec les autres ; il est déjà plus à l'aise au bout d'un instant.

Une heure se passe... Petit Louis sent la tête lui tourner quand il rentre chez sa mère inquiète. Il vacille sur ses jambes. Elle l'embrasse, et, s'apercevant qu'il sent l'absinthe, elle pleure.

RÉFLEXIONS. — *Combien de temps dure cette scène ? — Petit Louis n'a donc pas su résister pendant dix minutes aux sollicitations du père André et aux sarcasmes de Jacques. — Montrer les conséquences possibles de ces dix minutes de faiblesse. — Si Petit Louis avait su résister, une fois, deux fois, trois fois, Jacques aurait-il insisté à nouveau ? — Quand on s'efforce de prendre une bonne habitude, il n'y a, dit-on, « que le premier....* » ; de même quand on a su résister une première fois à une mauvaise inspiration, il est plus facile de résister une seconde.

> 2. ❦ **Pour résister aux mauvais exemples, aux mauvais conseils, aux sarcasmes des méchants, il suffit d'un peu de volonté.**

III. ❦ Les achats de Mme Linot

Mme Linot vient de recevoir le catalogue illustré des grands magasins du *Tout pour Rien*.

Elle le feuillette attentivement et s'écrie : « Quelle merveilleuse occasion ! Ces jupons sont donnés ; 6 fr. 90... tout en laine ! C'est l'affaire de Léontine, qui, justement, en a besoin. J'irai demain au *Tout pour Rien*. »

Le jour suivant, Mme Linot et son amie, Mme Pichon, sont allées au grand magasin et chacune d'elles y a acheté un de ces jupons si avantageux.

Elles s'apprêtaient à gagner la sortie lorsque, en quittant la caisse où elles venaient de solder leurs achats, elles furent brusquement repoussées en arrière par un flot d'acheteuses déversé par le grand portail.

— Quelle cohue ! dit Mme Pichon essoufflée ; respirons un peu, près de ce comptoir.

Docile, Mme Linot se range aussi, en jetant machinalement un regard autour d'elle.

— Regardez donc, dit soudain Mme Linot ; ces coupons de soie ne sont vraiment pas chers. Voyez ce joli damier gris et rose. Et ce bel écossais ! juste le métrage d'une blouse.

— Il est avantageux, c'est vrai, dit Mme Pichon ; mais je n'en ai pas besoin, et je le laisse.

— Moi, il me tente vraiment ; mon corsage n'est plus de la première fraîcheur ; avant deux mois il lui faudra un remplaçant.

— Alors, vous pouvez attendre encore.

— Qui sait si je retrouverai une occasion pareille ! Ma foi, tant pis, je me décide, je prends cet écossais.

Bousculées par la foule, les deux femmes vont à la caisse solder l'achat et prendre le paquet.

Elles repartent lentement et avancent avec peine dans la presse des acheteuses. Brusquement, Mme Linot s'arrête encore pour contempler des écharpes de mousseline. Il y en a de toutes couleurs. Les étoffes légères chatoient [1] sous les lumières, harmonisant, pour la joie des yeux, leurs teintes pâles ou crues [2]. Mme Linot saisit le bras de son amie, et, désignant l'une des écharpes :

— Celle-ci, la mauve, dit-elle, serait bien jolie sur ma robe grise et la rajeunirait à peu de frais. Si je me laissais tenter ?

Un employé intervient aussitôt ; il n'a pas besoin de vanter longtemps la marchandise ; Mme Linot, séduite d'avance, a bientôt conclu le marché.

En allant à la caisse, les deux amies frôlent une table réclame de jarretières à si bon marché que Mme Linot en prend une paire pour Léontine.

— Quelques sous seulement, ce n'est pas une folie, prononce-t-elle ; les jarretières, cela sert toujours.

Et plus loin, malgré les protestations de son amie, Mme Linot, sollicitée par un vendeur faisant l'article, achète pour son fils, qui n'en a pas besoin, une douzaine de mouchoirs d'un prix extraordinaire.

Mme Pichon saisit enfin le bras de son amie et l'entraîne dans la rue presque malgré elle. En regagnant leur domicile, comme Mme Linot se plaint d'avoir le bras fatigué par tous ces paquets encombrants, elle s'attire cette réflexion de Mme Pichon :

— Voyons, chère amie, c'est votre faute, aussi. Vous entrez au *Tout pour Rien* pour acheter un jupon, et vous

---

1. *Chatoient* : jettent des rayons, ont des reflets (comme l'œil d'un chat).
2. *Crues* : vives.

en ressortez avec l'étoffe d'un corsage, une écharpe, des mouchoirs, des jarretières! Que voulez-vous? Vous n'êtes pas raisonnable. Vous serez bien plus ennuyée encore lorsque vous déballerez chez vous vos achats et que votre mari vous fera les gros yeux.

— Je crois que vous avez raison, répliqua Mme Linot en soupirant.

RÉFLEXIONS. — *Pourquoi Mme Linot est-elle allée au magasin? — Mme Linot avait-elle besoin immédiatement d'un corsage? — d'une écharpe? — L'achat des jarretières et des mouchoirs était-il nécessaire? — Pourquoi a-t-elle fait ces achats inutiles ou prématurés? — Mme Pichon ne lui a-t-elle pas donné de bons avis? — Qu'est-ce qui a prévalu dans l'esprit de Mme Linot: les bonnes raisons de son amie, ou la tentation? — Quelle qualité manque à Mme Linot? — Montrer que certains commerçants s'entendent merveilleusement à multiplier les tentations autour des personnes sans caractère; les étalages, les « facilités de paiement ».*

> 3. ❦ Il faut encore de la volonté pour résister aux occasions de dépense inutile, si nombreuses autour de nous.

QUINZIEME LEÇON

LE COURAGE

I. Lettre de M. Moreau à son fils, collégien

Je souhaite, mon cher Félix, que tu trouves dans cette lettre, moins une réprimande que les conseils d'un père affectueux à un jeune homme capable déjà de raisonner sur tous ses actes.

Je t'ai grondé quand ton bulletin trimestriel nous apporta, l'autre jour, à ta mère et à moi, une grande déception. Nous espérions, je te l'ai dit, de meilleurs résultats pour tes études et aussi des renseignements plus satisfaisants sur ta conduite.

Ta lettre d'aujourd'hui est loin de me rassurer par les explications qu'elle me donne. J'ajoute même que l'état d'esprit qu'elle révèle m'inspire plus de chagrin que les faits qui ont provoqué mon inquiétude.

Ton travail aurait été négligé pour ces trois raisons : 1º des maux de dents t'auraient fait souffrir à mainte reprise ; 2º tu as éprouvé, dis-tu, un grand chagrin à te voir séparé de nous, et ces premiers mois d'internat t'ont pesé lourdement ; 3º des insuccès au début de cette année scolaire t'ont donné du dépit et du découragement.

Quant à ta conduite, tu crois naïvement justifier tes défaillances en disant que ta note a été diminuée par des punitions générales. « Il faut bien faire comme les autres, » affirmes-tu pour expliquer ta dissipation. Et tu prétends que tu risquerais de te faire *mal voir* de tes camarades si tu ne suivais pas le *courant commun*.

Le courant commun ! Sais-tu, mon cher Félix, quel rêve nous avons toujours fait, ta mère et moi, en te voyant grandir près de nous, honnête, travailleur, persévérant ?

Nous aimions à nous représenter le grand jeune homme que tu seras bientôt, comme un beau caractère, un être de volonté ferme et raisonnable, sachant et voulant se conduire d'après ce qu'il sent et pense, et non sur le modèle du premier venu.

Or, dans ce lycée, privé de notre surveillance active et de nos conseils si souvent renouvelés, tu es à présent davantage livré à toi-même ; les décisions que nous assumions[1] pour toi, tu es obligé aujourd'hui de les prendre seul. C'est le moment où tu pourras, par conséquent, nous donner cette joie d'être un jeune homme réfléchi et énergique.

Et te voici désemparé[2] à propos d'une légère souffrance, en raison d'une séparation dont le désagrément s'impose à nous aussi bien qu'à toi, à cause de quelques froissements d'amour-propre !

Enfin tu avoues suivre « le courant commun », même quand ce courant t'entraîne dans une mauvaise voie ; tu hurles avec les loups, et tu brais avec les ânes ; tu n'oses plus avoir de pensées personnelles, d'opinion à toi, de volonté propre, parce que tu crains d'être « mal vu » ; tu abdiques, en un mot, par crainte de sarcasmes ou de représailles, devant un groupe de garnements qui sont loin de te valoir !

Ta mère et moi, mon cher Félix, nous te disons bien affectueusement qu'il faut prendre garde. Dans la vie, il faut *de la volonté* et souvent même *du courage*, qui n'est autre que l'exercice vigoureux de la volonté.

Sans doute, nous désirons que les difficultés de l'existence ne soient pas nombreuses sous tes pas ; tout notre effort a pour but de les écarter de ta route. Mais notre affection, hélas ! est impuissante à t'assurer pour toujours contre les malheurs de la vie.

Qui sait si la maladie, la souffrance physique, ne t'accableront pas ; si les peines morales, non moins redoutables, ne viendront pas te tourmenter ? Tu te destines au

---

1. *Assumer*, prendre la responsabilité de...
2. *Désemparé*, privé de tes moyens d'action, hors d'état d'affirmer ta volonté. (Par analogie à *navire désemparé*.)

commerce : le hasard y joue un rôle important, et tu auras à redouter et les effets de la concurrence et le contrecoup de mille événements imprévus. Combien de commerçants ont été ruinés, malgré leur activité, leur intelligence et leur probité !

Que feras-tu donc, enfant sans volonté, si, malgré nos sacrifices présents et l'aide que nous te prodiguerons¹ tant que nous serons à tes côtés, tu viens à te trouver un jour dans une pénible situation ?

Il te faudra, mon fils, faire face *courageusement* aux difficultés de l'heure ; tu n'en triompheras qu'en sachant garder à ce moment toute la lucidité de ton esprit et un courage inépuisable. Sache-le : la volonté et le courage ne s'improvisent pas ; le lâche devient plus lâche dans le malheur ; prépare-toi dès maintenant à accepter virilement la part de lutte qui t'est réservée ; l'apprentissage de la volonté et du courage, c'est en définitive l'apprentissage de la vie. Veux-tu être un homme ?

RÉFLEXIONS. — Quelle est la meilleure distraction contre la souffrance et l'ennui ? — Félix ne travaille pas parce que ses premiers efforts n'ont pas été couronnés de succès : est-ce le moyen d'obtenir un meilleur résultat ? — Ces petites souffrances, ces petits ennuis sont-ils comparables à ceux que la vie réserve parfois aux hommes ? — Si Félix est si facilement en proie au découragement, quelle sera sa conduite plus tard ?

> 1. ❦ Il y a des circonstances difficiles dans la vie. Les lâches se laissent abattre par la souffrance physique, la souffrance morale, la misère ; il en résulte un accroissement de leurs maux. Les hommes courageux luttent et augmentent ainsi leurs chances de salut.

---

1. *Prodiguer*, donner sans compter, donner avec profusion.

II. ✿ Trait de courage

Dans la dernière semaine du blocus[1], le chloroforme[2] commençait à s'épuiser. Nous en devenions avares et nous cherchions à réserver le peu qui nous en restait pour les opérations graves.

On m'amène un homme, un grenadier de la garde. Il avait eu la main droite fracassée par un éclat d'obus. Il fallait lui désarticuler et lui enlever le petit doigt. L'opération ne présentait ni difficulté ni danger ; mais elle devait être très douloureuse et assez longue. Je dis au grenadier :

— Il faut que je vous enlève le petit doigt.
— C'est bien, me répondit-il tranquillement ; faites.
— Est-ce que vous voulez que je vous endorme ?
— Ce sera dur, l'opération ?
— Oui, vous souffrirez ; mais il n'y a aucun danger.
— Cela ne fait rien ; si ce doit être très douloureux, j'aimerais autant...
— C'est que nous n'avons plus beaucoup de chloroforme.
— Le chloroforme, c'est ce qui sert à endormir ?
— Oui.
— Ah ! bien ! je comprends... Vous voulez garder votre chloroforme pour quelque chose de plus sérieux que mon petit doigt, pour la jambe ou pour la cuisse d'un camarade ?
— Oui, c'est cela...
— Eh bien ! vous avez raison. Ne m'endormez pas, mais faites vite, faites vite.

Et il se tamponna son mouchoir dans la bouche, entre

---

1. *Blocus* : investissement d'une ville.
2. *Chloroforme* : substance liquide qui a la propriété d'endormir un patient avant une opération chirurgicale et qui lui épargne ainsi de grandes souffrances.

les dents. Je fis l'opération. Il était horriblement pâle. L'eau lui coulait du front à grosses gouttes ; mais pas un mouvement, pas une plainte, pas un cri. Quand ce fut fini, je le félicitai de son courage.

— Oh ! me répondit-il, il faut bien que les pauvres gens s'entr'aident.

Ludovic HALÉVY.

(Récits de l'Invasion. — Calmann Lévy, édit.)

RÉFLEXIONS. — *Le chirurgien refuse-t-il du chloroforme au soldat ? — Celui-ci ignore-t-il que l'opération sera très douloureuse ? — Pourquoi refuse-t-il d'être endormi ? — N'admirons-nous pas en même temps l'acte courageux et le but poursuivi ? Il en est ainsi dans l'appréciation de tous les actes courageux.*

❦ *Pendant une épidémie, le médecin qui va de chevet en chevet ignore-t-il qu'il risque lui-même d'être atteint ? Pour accomplir sa tâche, ne lui faut-il pas du courage ?*

❦ *Raisonner sur le cas du pompier et du sauveteur.*

❦ *Un enfant tombe sur la voie du chemin de fer ; le train arrive : dois-je m'élancer sans réflexion ? Différence entre témérité et courage.*

❦ *Quel nom donnez-vous au courage qui nous porte à risquer notre vie pour sauver celle d'autrui ?*

---

2. ❦ **Nous aimons les hommes qui savent s'imposer une souffrance ou un risque pour éviter à autrui une souffrance ou un risque plus grands.**

III. ❦ Courage civique

Helvidius Priscus[1] savait bien en quoi consiste le devoir, et il en mit noblement la maxime en pratique.

---

1. *Helvidius Priscus* : un de ceux qui ont lutté le plus énergiquement contre le despotisme des empereurs romains. Il refusait de reconnaître Vespasien comme empereur ; il le saluait de son nom privé. Vespasien le fit bannir, puis exécuter.

L'empereur Vespasien lui ayant un jour demandé de ne pas siéger au Sénat : « Retirez-moi ma charge de sénateur, vous le pouvez ; mais tant que je serai sénateur, j'irai au Sénat. — Mais alors, lui repartit l'empereur, si tu y vas, tais-toi. — Ne me demandez pas mon avis, et je me tairai. — Mais si tu es présent, je dois te demander ton avis. — Et moi, je dois vous dire ce qui me paraît juste. — Alors je te ferai mourir ! — Quand vous ai-je dit que je fusse immortel ? Nous ferons l'un et l'autre ce qui dépendra de nous : vous me tuerez, moi je mourrai sans me plaindre. »

Alors, je te ferai mourir !

(*Entretiens*, livre I, ch. II.) ÉPICTÈTE.

RÉFLEXIONS. — *Pourquoi l'empereur Vespasien ne veut-il pas qu'Helvidius Priscus aille au Sénat ? — Pourquoi Helvidius Priscus veut-il y aller ? — Que risque-t-il en disant sa pensée ? — Sait-il qu'il court un tel risque ? — Pourquoi persiste-t-il dans son attitude hostile à Vespasien ?*

✲ *Quand Victor Hugo protesta contre le coup d'État de Louis-Napoléon Bonaparte, le moins qu'il risquât, c'était l'exil et toutes les tristesses qu'il comporte. Pourquoi, délibérément, sacrifie-t-il ainsi ses intérêts, son bien-être, sa santé, sa vie peut-être ? Que pensez-vous de sa conduite ?*

✲ *Rappeler les événements de 1830 et de 1848. Imaginer le raisonnement d'un ouvrier allant à la barricade. A-t-il notion du danger qu'il affronte ? Appréciez sa conduite.*

✝ *Dans une assemblée, une foule fanatique moleste un spectateur qui a manifesté une opinion contraire à celle de la majorité ; elle va lui faire un mauvais parti. Quelqu'un se dresse, proteste contre l'attitude de la foule et détourne sur lui les colères déchaînées. Appréciez sa conduite.*

> 3. ✝ **Pour soutenir son opinion, son idéal contre les fanatiques ou les malhonnêtes gens, il faut du courage.**

IV. ❦ Courage militaire

On raconte que, dans la dernière insurrection de la Pologne [1], un chef polonais sauva la petite troupe qu'il commandait, par un acte de sublime dévouement. Il venait de faire traverser une rivière à ses soldats, et avait voulu rester le dernier sur la rive par où pouvait venir l'ennemi. Tout à coup en effet, au moment où les derniers de ses hommes disparaissaient dans les roseaux de la rive opposée, il voit accourir sur lui un bataillon russe. Immobile, il attend. On le saisit, on l'interroge, on veut lui faire dire que les Polonais ont passé par là. « Je n'en sais rien, répond-il. — La rivière est-elle guéable ? — Je l'ignore. » Alors on lui ordonne d'entrer dans l'eau ; on veut s'assurer par lui-même que le passage est praticable. Sa résolution est bientôt prise. A tout prix, il faut faire croire à l'ennemi que la traversée est dangereuse, impossible : il faut gagner du temps. S'il passe, les Russes le suivent, et les Polonais, rejoints par une troupe deux fois plus forte, sont perdus sans

---

1. *Pologne.* Au XVIIe siècle la Pologne était un État important qui comprenait tout le pays arrosé par la Duna, le Niémen, la Vistule (sur la Baltique) et par le Dnieper, le Dniester (sur la mer Noire). En 1772, la Pologne fut partagée par la Russie, l'Autriche et la Prusse. En 1793 et 1795 le partage fut remanié. La Pologne ne se reconstitua jamais, malgré les révoltes de 1830 et de 1863.

ressource. Il avance donc dans l'eau, et feint d'enfoncer brusquement jusqu'à la ceinture, puis jusqu'aux épaules, enfin de perdre pied comme dans une eau profonde. Entraîné, roulé par le courant, il pousse jusqu'au bout sa généreuse ruse et son sacrifice ; il se laisse noyer sous les yeux des Russes, persuadés que la rivière était un gouffre. Quand on découvrit ensuite la vérité, il était trop tard : la troupe polonaise était hors d'atteinte : elle était sauvée.
MARION.

(*La Solidarité morale.* — Alcan édit.)

RÉFLEXIONS. — *Qu'arrivera-t-il si le chef polonais ne parvient pas à tromper les Russes ? — Pourquoi les Polonais se sont-ils révoltés ? Le vieux chef désire-t-il le succès de la révolte ? — A quoi fait-il donc le sacrifice de sa vie ?*
❦ *Raisonner sur le cas du soldat qui a accepté une mission dangereuse : quel sentiment lui fait affronter la mort ?*

---

4. ❦ Quand on défend un pays libre contre les entreprises ambitieuses d'un despote étranger, le souci du salut commun inspire aux hommes de cœur des actes de courageux dévouement.

V. ❦ Le plus sublime et le plus répandu des courages

... Après plusieurs mois de maladie et une douloureuse agonie, le père Béchet mourut.

Maman Béchet essuya ses larmes : les malheureux n'ont pas le temps de pleurer. Ses trois petits criaient la faim et, d'une collecte faite par les voisins émus de cette détresse, il ne restait plus que quelques francs.

Dès le lendemain des obsèques, maman Béchet chercha du travail. Elle eut la chance de trouver un *ménage*, que lui indiqua un commerçant. C'était pour elle un gain mensuel d'une quarantaine de francs : juste de quoi se procurer du pain et payer le loyer d'une bien pauvre chambre.

Au bout de quelque temps, maman Béchet ambitionna un gain plus élevé qui lui permît d'apporter un peu plus de bien-être à ses chers petits.

Une voisine compatissante [1] la recommanda à un gros entrepreneur de lingerie qui lui procurait à elle-même du travail à domicile. Bientôt maman Béchet tricota de petits chaussons d'enfant ; elle acquit une grande habileté et parvint ainsi à doubler son maigre budget.

Mais au prix de quels efforts et de quelle peine ! Debout dès cinq heures du matin, maman Béchet taillait, raccommodait les vêtements et le linge des enfants, blanchissait, repassait sans perdre une minute. Vers six heures et demie, elle réveillait les trois bambins, veillait à leur toilette, préparait le panier des petits écoliers, faisait relire les leçons et servait à chacun d'eux une assiettée de bonne soupe fumante.

A midi, maman Béchet revenait de son travail, qui consistait à faire le ménage et à préparer le repas dans une maison bourgeoise ; alors elle songeait à son propre déjeuner, qui d'ailleurs était rapidement pris ; un morceau de pain, un peu de fromage, un verre d'eau pure : tel était le plus souvent le menu de la pauvre mère.

Remettre ensuite un peu d'ordre dans la maison, c'était l'affaire de quelques instants. Puis la courageuse femme, assise près de la fenêtre, reprenait la besogne interrompue la veille. Jusqu'au retour des enfants, rien ne remuait plus dans la maison muette, sinon les doigts agiles de l'ouvrière, qui faisaient prestement courir le crochet dans la laine.

Vers six heures, le visage de maman Béchet s'éclairait : le retour des enfants était proche. Maman Béchet réalisait ce prodige d'avoir chaque soir un véritable repas : la soupe, un peu de viande, des légumes et quel-

---

1. *Compatissant* : qui est sensible aux malheurs d'autrui.

quefois même du dessert. Faut-il dire que les longues veillées payaient tout cela ?

Parfois, maman Béchet était bien lasse, parfois la fièvre lançait dans ses veines un sang brûlant ; mais maman Béchet ne s'arrêtait pas ; il aurait fallu que la maladie la terrassât pour qu'elle consentît à abandonner son travail.

Quinze années ont passé depuis la mort du père Béchet. André Béchet est maintenant un jeune homme de vingt-cinq ans ; Louise Béchet, une gracieuse jeune femme, vient d'épouser un compagnon de travail d'André ; Mariette, qui a passé ses dix-huit ans, est considérée comme une très habile couturière. Quant aux cinquante ans de maman Béchet, il semble qu'ils aient été bien longs et bien pesants pour elle ; sa taille voûtée, les rides accentuées de son visage, la faiblesse générale de son être, rappellent assez sa souffrance et ses peines d'autrefois : maman Béchet est maintenant une vieille femme. Sa figure fanée s'éclaire pourtant d'un sourire, car elle est heureuse d'avoir accompli l'œuvre qu'elle s'était proposée.

— Maintenant, dit-elle, je puis partir.

---

5. ❧ L'amour des parents pour leurs enfants décuple leur courage. Pour beaucoup de pauvres gens, la vie n'est qu'une suite de sacrifices.

SEIZIÈME LEÇON

L'AMÉLIORATION MORALE

I. L'amélioration morale dans le passé

On discutait ferme autour de la grande table, sur laquelle Mme Benoît renouvelait constamment les bols de cidre mousseux.

— Dirait-on pas qu'on se bat chez nous ? pensait Mme Benoît ; les hommes sont insupportables quand ils parlent politique.

De fait, la conversation s'animait : inconsciemment Jean Revot s'était levé ; le buste penché sur la table, il accompagnait son discours de gestes saccadés de la main droite.

— Je vous dis, affirmait-il, que les hommes ne changeront jamais ! Les hommes sont les hommes ; leurs vices et leurs défauts sont éternels. De tout temps il y a eu des paresseux et des voleurs, des coléreux et des assassins, des menteurs et des vaniteux, des avares et des prodigues, des joueurs et des spéculateurs, des intolérants et des lâches ! Il y en a toujours eu, il y en aura toujours. Et ce ne sont pas les beaux sermons de M. Landry qui en diminueront beaucoup le nombre !

Plus calme que son interlocuteur, M. Landry, l'instituteur de la commune, parut réfléchir un instant.

— Sans doute, déclara-t-il enfin, mes *sermons*[1], comme vous dites, ne produiront pas tout le bien que je voudrais. Ce n'est pas que les hommes soient aussi mauvais que vous paraissez le croire. Mais ils quittent si tôt l'école, et ils ont tant de mauvais exemples sous les yeux !

« Et pourtant, mon brave Jean, l'humanité a déjà fait

---

1. *Sermon*, discours prononcé en chaire sur un sujet religieux ou moral. Par extension, remontrance ennuyeuse et sévère.

des progrès considérables. Jadis, le père avait droit de vie et de mort sur ses enfants, le maître sur ses esclaves. Vous vous récriez ? J'en suis heureux, car cela prouve que nous sommes plus justes et moins cruels qu'autrefois.

« Autrefois la justice torturait les coupables et les innocents ; cela s'appelait « donner la question » ; aujourd'hui à peine osons-nous tuer les coupables ; la peine de mort est elle-même condamnée à mort.

« Et le mensonge ? Les écrits antiques nous montrent qu'on admirait un individu parce qu'il mentait habilement ; aujourd'hui un maquignon [1] n'oserait plus se vanter, auprès d'un homme dont il recherche l'estime, de savoir bien mentir sur le champ de foire. C'est donc que de plus en plus nous avons horreur des menteurs et des trompeurs.

« Et l'intolérance ? Le XVIe siècle et le XVIIe ont été dévorés par les guerres de religion. Aujourd'hui toutes les opinions, toutes les religions vivent côte à côte dans un même pays, sans que les hommes, s'ils se disputent encore, songent du moins à s'entre-tuer.

« La cruauté, elle aussi, n'a-t-elle pas diminué ? Un philosophe du XVIIe siècle a pu dire, sans révolter ses contemporains, que les animaux maltraités ne souffrent pas. Aujourd'hui des sociétés se fondent pour protéger les bêtes contre la violence des hommes inintelligents et brutaux, et l'on s'ingénie à inventer des appareils destinés à diminuer la souffrance des animaux qui travaillent pour nous. De telles préoccupations ne marquent-elles pas un progrès ?

« Quant aux guerres, elles deviennent de plus en plus rares : les progrès du pacifisme s'opposent de plus en plus aux tueries internationales.

« Faut-il constater enfin que les hommes ont aujourd'hui une idée de la justice plus haute qu'au temps de

---

1. *Maquignon* : marchand de chevaux.

l'esclavage et du servage ? Pas un philosophe grec n'a élevé la voix contre cet odieux asservissement. Aujourd'hui, mon cher Jean, il serait bien reçu, n'est-il pas vrai ? celui qui prétendrait vous imposer arbitrairement sa volonté.

« On ne peut donc pas dire que les hommes sont incapables de changer et de se perfectionner. Puisque l'humanité a pu gagner, elle peut gagner encore.

« Cela dépend de nous, Jean Revot ; vous savez bien que les plantes s'améliorent quand elles sont cultivées dans de bonnes terres et par de bons agriculteurs ; de même les hommes deviennent meilleurs quand ils sont élevés dans un milieu honnête par de bons éducateurs[1]. »

RÉFLEXIONS. — Que prétend Jean Revot ? — Que répond M. Landry ? — Puisque les hommes sont plus moraux qu'autrefois, est-il impossible qu'ils augmentent encore leur moralité ? — Cette amélioration morale est-elle fatale ? — Se fera-t-elle toute seule ? — Ne convient-il pas de rechercher les conditions sociales les plus favorables à l'amélioration morale ?

> 1. ❦ **Rendre les hommes, sinon parfaits, du moins meilleurs, n'est pas impossible. L'histoire montre que déjà les hommes sont moins cruels, moins menteurs, moins intolérants, moins injustes qu'autrefois.**

---

1. L'*éducation* est l'art de développer les qualités physiques, intellectuelles et morales des enfants. Les *éducateurs* sont ceux qui sont chargés de donner l'éducation. Les parents, l'instituteur, sont des éducateurs.

II. ✽ La défense de Jean Buriau

La foule devint très attentive lorsque l'avocat, Mᵉ Coursier, commença sa plaidoirie.

« Messieurs les jurés, dit-il, il est trop vrai que cet homme a tué. Vous pouvez, par votre verdict, attirer sur lui tout à l'heure un châtiment sévère. Mais prenez garde d'être injustes ! Rendez-vous un compte exact de sa responsabilité[1] propre, et demandez-vous si la société que vous représentez, n'a pas une plus grande responsabilité dans l'acte qui amène aujourd'hui cet accusé devant vous.

« Jean Buriau a tué dans un moment de colère un homme qu'il haïssait, — vous savez pour quels motifs futiles. La haine n'est pas un sentiment de notre temps : l'homme du vingtième siècle ne hait point ; Jean Buriau n'est pas un de nos contemporains.

« On vous a décrit tout à l'heure la scène du meurtre ; on vous a montré Jean Buriau les yeux injectés de sang, les dents serrées, les muscles contractés. Avez-vous vu dans cette image les traits d'un homme de notre époque ? N'est-ce pas plutôt la brute d'autrefois qui a reparu soudain dans cet être, moins digne aujourd'hui de notre vengeance que de notre pitié.

« Vous savez, Messieurs, combien il est difficile à chacun de nous de vaincre une mauvaise habitude ; nous croyons en avoir triomphé ; nous nous félicitons de nos

---

1. *Responsabilité.* — Un accident arrive par ma faute, j'en porte la responsabilité. La responsabilité est facilement constatée dans le cas du mécanicien qui conduit sa machine à une vitesse trop grande. Elle est moins apparente lorsque les effets sont produits par des causes nombreuses et lointaines : Ex. : Un drame de la misère se produit ; tous ceux qui ont connu la détresse des victimes et qui n'ont rien fait pour y remédier ont une part de responsabilité. Il en est de même de tous ceux qui ne font rien pour que le retour de pareils malheurs soit impossible.

efforts et de notre opiniâtreté[1]. Soudain nous la retrouvons en nous : elle s'est réinstallée sournoisement; et il nous faut renouveler nos efforts, il nous faut recommencer la lutte.

« Or notre humanité a derrière elle des siècles de barbarie. Elle a conservé de son état primitif des habitudes de brutalité dont elle ne s'est pas encore entièrement délivrée.

« Parfois, les vieux instincts de violence et de cruauté ressuscitent. Ce sont des « revenants » qui s'installent en nous comme chez eux, et provoquent une folie momentanée, mais qui a le temps d'être funeste.

« Contre ces ennemis, que peut un homme livré à ses propres forces ?

« Jean Buriau, hélas ! fut un délaissé. On vous a conté sa vie. Quelques semestres d'école ; des parents ignorants ; puis des patrons indifférents et égoïstes ; des cabarets qui lui ouvrirent largement leurs portes ; des journaux qui lui apportèrent leur littérature démoralisante ; des camarades de débauche : pas d'amis.

« Tel fut le lot de Jean Buriau.

« Où est celui qui a surveillé sérieusement son instruction et son éducation, qui a pris pitié de lui, qui lui a tendu une main secourable, qui lui a donné avec sollicitude les conseils dont il avait besoin ?

« Est-il si surprenant que Jean Buriau, mal doué, abandonné de tous, soit devenu ce qu'il est aujourd'hui ? Si vous avez à déplorer l'acte qu'il a commis, ô vous qui représentez ici la société, ne vous en prenez pas uniquement à lui, mais aussi, mais surtout à vous-mêmes, à votre indifférence, à votre égoïsme. »

RÉFLEXIONS. — N'est-il pas des enfants qui, dès leurs premières années, manifestent de mauvais penchants ? — Tel est sournois, tel autre voleur, tel autre particulièrement menteur ;

---

1. *Opiniâtreté* : persévérance ; qualité de celui qui fait des efforts répétés pour arriver à un résultat déterminé.

L'AMÉLIORATION MORALE

tel se fait remarquer par sa brutalité, par sa cruauté. — Faut-il en conclure que ces enfants conserveront pendant toute leur vie ces défauts et ces vices ? — Qui s'évertue à les corriger ? — Par quels moyens ? — Quand un enfant est privé de ces secours, quand il est abandonné à lui-même, est-il entièrement responsable s'il commet des actes répréhensibles? — Raisonnez sur le cas de Jean Buriau; a-t-il reçu une sérieuse éducation, capable de corriger ses mauvais instincts et de fortifier ses heureuses tendances ?

> 2. ❦ **La nature humaine comporte de bons et de mauvais instincts. Une éducation soignée et complète fortifie les premiers et corrige les autres.**

III. ❦ L'Esprit du Mal choisit son premier ministre
(Fable).

Un jour, l'Esprit du Mal voulut prendre un premier ministre. Il décida que ses sujets les plus fidèles défileraient devant lui, et pour qu'il pût mieux juger quel était le plus digne de cette haute charge, chacun d'eux, tour à tour, dut énumérer ses titres.

D'abord parut la Paresse. Sa démarche et ses gestes étaient nonchalants et mous, et ses vêtements salis étaient en désordre. « J'inspire aux hommes, dit-elle, le dégoût du travail ; je les rends incapables de tout effort physique, de tout désir sincère et courageux ; je leur enlève toute volonté ; j'en fais des êtres faibles devant le labeur, lâches devant les obstacles ; je les condamne à la honte et au malheur ! »

— « Moi, dit l'Ivrognerie entre deux hoquets, j'en fais des brutes immondes. Je leur donne l'amour de la boisson qui semble leur faire oublier leurs peines, mais qui excite en eux toutes les pensées mauvaises. Je les rends batailleurs et hargneux ; ou bien je leur prends toute leur force musculaire et j'en fais des loques de chair qui se vautrent dans les ruisseaux et ne retrouvent une vigueur éphémère[1] que pour devenir des fous furieux ; nul mieux que moi ne détruit leur santé, leur esprit : je suis la grande pourvoyeuse des hôpitaux et des prisons. »

— « Moi, dit l'Envie aux yeux inquiets, je verse dans leur esprit le fiel[2] qui empoisonne leur existence. Je dis aux hommes : « Regarde ton frère ; il est plus beau que « toi ; il est plus riche ; il réussit mieux dans la vie ; « il est plus heureux. » Alors la jalousie leur ronge le cœur ; ils deviennent durs et méchants ; je fausse leur jugement, et je les asservis aux désirs cupides[3]... »

— « C'est alors que j'interviens, interrompit la Haine au visage contracté par la rage, et que je fais germer dans leurs cerveaux les desseins perfides[4]. Je leur inocule[5] le venin terrible qui leur rend odieux leurs parents et leurs amis. J'abolis en eux le sentiment de la justice ; abus de la force, violence, oppression, intolérance, iniquité : voilà les germes vénéneux que je sème en leur esprit pour y faire épanouir la fleur monstrueuse de la haine. »

— « Quant à moi, dit le Vol aux doigts crochus, je leur murmure : « A quoi bon travailler ? la peine est « trop dure ! Vois ces richesses autour de toi ; vois cet « or. Cache-toi et prends-les ! Tu pourras rivaliser avec « les puissants en luxe et en dépense. Et tu auras, toi « aussi, ta part de joie et de bonheur. » C'est ainsi que j'avilis[6] leurs âmes ; je les voue au culte de l'or, à la

---

1. *Éphémère* : de courte durée.
2. *Fiel* : bile, liquide d'une grande amertume. Au figuré, sentiments haineux.
3. *Désirs cupides* : désirs immodérés des richesses.
4. *Desseins perfides* : résolutions qui ont pour but de nuire à autrui.
5. *Je leur inocule* : j'introduis dans leur esprit. (Inoculer un liquide, c'est l'introduire dans l'organisme.)
6. *Avilir* : rendre vil, méprisable.

pratique des moyens suspects, à la fraude, à la ruse, au mensonge, à l'escroquerie. »

— « Fadaises que tout cela, repartit le Crime aux mains sanglantes. Je dis à l'homme : « Pille et tue ! A « quoi bon ruser pour prendre ? Cet homme est riche, « il est faible : tue-le et dépouille-le ! Cet autre a de « l'or : attaque-le par derrière, vole cet or ! » J'anéantis en lui le respect de la vie humaine, et, d'un être doué de raison, je fais une bête féroce, ivre de sang, et qui n'inspire que de l'horreur ! »

Alors une femme s'avança, hâve[1], décharnée, en haillons, les yeux injectés de fiel[2], les mains crispées en un geste cupide, la bouche contractée en un rictus[3] de souffrance : « De tous ces maux, dit-elle, dont chacun de ceux qui ont parlé avant moi s'est flatté d'être le fauteur[4], plus que tout autre je suis la cause. Au travailleur je dis : « Ton salaire est trop faible et ton labeur est trop « rude : jette tes outils ! A quoi bon résister ? à quoi te « sert d'être propre, de prendre soin de ton corps, de « cultiver ton esprit, puisqu'il faudra demain te salir à « nouveau à la tâche et te courber sur elle comme une « bête de somme ? Tu veux t'instruire ? Je t'en refuse et « le temps et les moyens ; du soleil levant à la nuit tom-« bante, tu t'échineras pour donner aux tiens la maigre « bouchée de pain ; pour toi, point de sourire, point « d'espérance ! Allons ! viens boire, viens oublier tes « tourments ! Prends cet alcool... Il te brûle ? Non, il te « grise, il te rend joyeux, il te fait oublier ta souffrance ; « tu ne penses plus, tu n'as plus de soucis ; bois donc, « bois encore !... Quoi ? tu entends des passants rire aux « éclats ? Les voici : regarde comme ils sont propres,

---

1. *Hâve* : pâle, maigre.
2. *Injectés de fiel* : haineux, méchants, brillants d'un mauvais éclat.
3. *Rictus* : pli de la bouche, sorte de rire nerveux.
4. *Fauteur* : celui qui favorise une faute, un mal.

« comme ils sont joyeux, comme ils sont heureux !... Ils
« sont trop heureux ! pourquoi donc, pauvre hère, n'as-
« tu pas, toi aussi, de joie, de bonheur dans ta vie ? Bois,
« pour oublier ! Que dis-tu ? il y a de l'or dans cette
« caisse ? personne ne regarde ? Attention... silence...
« Allons ! saisis-le, c'est du bonheur que tu emportes !
« Hein ? cet homme t'a vu ? Eh bien ! supprime le témoin
« de ton vol ! Tue-le ! mais tue donc !... Oh ! qu'as-tu
« fait, misérable ! assassin ! tu as tué ton frère !... »
Voilà ce que je fais de l'homme ! »
— « Qui es-tu donc ! s'écria l'Esprit du Mal. »
— « Je suis la Misère. »

E. F.

RÉFLEXIONS. — *Que se propose l'Esprit du Mal ? — Quels sont les candidats à cette haute charge ? — Quels arguments la Paresse emploie-t-elle pour faire ressortir son mérite ? — Et l'Ivrognerie ? — Et l'Envie ? — Et la Haine ? — Et le Vol ? — Et le Crime ? — Ces personnages ne méritent-ils pas en effet toute la reconnaissance de l'Esprit du Mal ? — Quel personnage s'avance à ce moment ? Décrivez-le. — Relisez le discours de la Misère et constatez qu'elle est capable d'inspirer aux hommes toutes les fautes dont se sont vantés les malfaisants génies qui ont parlé avant elle. — Qui pensez-vous que l'Esprit du Mal ait choisi comme premier Ministre ?*

> 3. ⚜ **La misère est une mauvaise conseillère ; elle est la cause d'un grand nombre de mauvaises actions ; c'est un grand obstacle à l'amélioration morale.**

DIX-SEPTIÈME LEÇON

UN GRAND OBSTACLE A L'AMÉLIORATION MORALE : LA MISÈRE

I. Les dix commandements du bonheur

Dans tout Belleville on aurait peut-être trouvé plus d'une mère de famille aussi ennuyée que Ma'me Bélu ; mais assurément il eût fallu chercher dans tous les re-

coins du quartier pour trouver un intérieur où il y eût plus de misère que dans le logis occupé par Ma'me Bélu, son mari, leurs trois filles et leurs deux garçons.

Deux pièces, dans une maison pourrie d'humidité, au fond d'une impasse sombre et sale. L'une servait de salle à manger et aussi de chambre à coucher aux parents ; les deux garçons, deux jumeaux de trois ans, dormaient sur une paillasse, dans le coin le plus éloigné de la fenêtre. Quant aux trois filles, des gaillardes de sept, huit et neuf ans, elles allaient s'entasser, la nuit, dans un cabinet qui avait une porte pour toute ouverture.

Les enfants allaient qui à l'école, qui à l'asile. La mère, parfois, gagnait quelques sous à faire des ménages ou des lessives. Le père était ouvrier dans une raffinerie et se faisait environ quatre francs par jour. Telles étaient les ressources du ménage Bélu.

A Paris la vie est chère : on ne va pas loin, à sept, avec cent dix ou cent vingt francs par mois. Aussi la mère Bélu avait-elle demandé à une voisine de parler d'elle à certaine dame charitable qui venait distribuer des bons de pain, de charbon, des vêtements et des chaussures, sans compter les bons conseils dont les dames charitables emportent toujours une ample provision.

Un beau jour, la jolie voiture de la dame charitable s'arrêta devant l'entrée de l'impasse. Impossible d'aller plus à l'avant : le cheval n'eût pu tourner pour repartir.

Courageuse, retroussant ses jupes élégantes, la dame longea le ruisseau qui marquait le milieu de l'allée puante ; elle contourna les ordures amoncelées çà et là ; elle pénétra enfin dans le couloir obscur et suintant de la maison. Renseignée par une locataire, elle atteignit la porte des Bélu et frappa.

Ma'me Bélu vint ouvrir ; un de ses jumeaux, toussant à fendre le cœur, se cramponnait à sa robe.

Pensez si la dame charitable fut bien accueillie ! Dans le misérable taudis, cette personne bien habillée et parfumée apparut comme une fée bienfaisante.

— Prenez place, Madame, dit maman Bélu en s'empressant, et en essuyant une chaise sale avec son tablier plus sale encore.

La dame charitable fit une légère grimace et demeura debout :

— Je ne reste qu'un instant, dit-elle.

Et elle se fit raconter l'existence miséreuse des sept Bélu. Tout en écoutant, elle examinait le petit Pierre Bélu, dont la toux déchirait l'air empesté de la pièce ; elle regardait les meubles boiteux, le carrelage crasseux, et les loques qui séchaient sur une corde, devant la fenêtre.

Son inspection terminée, la dame charitable dit à Ma'me Bélu :

— Je vois que vous avez besoin d'être aidée, ma pauvre femme. Voici des bons pour chercher du pain gratuitement, et en voici d'autres pour avoir du charbon. Je vous enverrai des jupons chauds pour vos filles et des tricots pour vos garçons. Et maintenant, prenez ce petit livre et lisez-le bien. *Si vous faites tout ce qu'il ordonne, vous deviendrez heureuse.*

Vivement, la « fée » s'en alla. A toutes les fenêtres de l'impasse, des têtes curieuses et chuchotantes la considéraient. Elle monta en voiture et s'en fut vers les quartiers de Paris où la misère n'existe que dans les conversations des dames charitables.

Encore tout émue de cette visite, Ma'me Bélu dut en conter vingt fois tous les détails à ses voisines. Enfin, délivrée de ces commères, elle put considérer le petit livre que lui avait remis la dame et dont les conseils devaient infailliblement la rendre heureuse.

En effet, le cher petit livre s'appelait : *Les dix Commandements du bonheur*. Il était protégé par une couverture d'un bleu tendre, sur laquelle un dessin représentait une mère de famille entourée d'enfants joufflus. Oui, c'était bien l'image du bonheur. Ma'me Bélu ouvrit avidement le petit livre, et sur la première page lut ces dix phrases, imprimées en gros caractères :

I. — *Sois propre.*
II. — *Que ton logis brille de propreté.*

III. — *Mange sobrement, mais choisis des aliments parfaitement sains.*
IV. — *Ne bois pas d'alcool ; empêche ton mari d'en boire.*
V. — *Veille avec soin sur la santé de tes enfants.*
VI. — *Préserve-les de toutes mauvaises fréquentations.*
VII. — *Défends-leur d'employer des mots grossiers.*
VIII. — *Ne mens pas.*
IX. — *Fais aux autres ce que tu voudrais qu'on te fît.*
X. — *Travaille.*

RÉFLEXIONS. — *Pourquoi le petit livre est-il intitulé : « Les dix commandements du bonheur » ? — Pour mettre de son côté les chances de bonheur, est-il utile, en effet, d'être propre ? d'habiter une maison bien tenue ? de manger sobrement ? de choisir des aliments sains ? de ne pas boire d'alcool ? d'éviter les mauvaises fréquentations ? de travailler avec courage ? — « Fais aux autres ce que tu voudrais qu'on te fît » : que faut-il entendre par là ? — Les hommes peuvent-ils être heureux s'ils ne s'aident pas mutuellement ?*

---

1. ✿ **Les hommes ne seront jamais heureux s'ils ne s'appliquent pas à suivre les conseils de la morale.**

II. ✿ Les dix commandements du bonheur

(Suite).

Quand la mère des cinq enfants Bélu, péniblement, eut achevé cette lecture, elle fut épouvantée :

— Jamais, se dit-elle, jamais je n'arriverai à être heureuse.

« *Sois propre* », dit le petit livre bleu. Mais le moyen de se tenir propre quand on passe son temps à faire le ménage des autres, quand on n'a pas le temps de faire tout ce qu'on a à faire, et qu'il faut descendre cinq étages et sortir de l'impasse pour chercher un seau d'eau ?

« *Que ton logis brille de propreté...* » Malheur ! Bien sûr que c'est sale chez nous. Mais comment nettoyer deux chambres si petites qu'on ne peut pas en remuer les quatre meubles et dont les murs dégringolent à force de pourriture ?

« *Mange sobrement, mais choisis des aliments parfaitement sains.* » Pour ça, on ne mange pas trop ici ; mais, pour choisir, il faudrait être plus riche.

« *Ne bois pas d'alcool ; empêche ton mari d'en boire.* » Moi, je n'en bois pas. Quant à Auguste, il est ivre chaque soir de paye. Il dit que c'est son seul agrément dans la vie. Sans doute, il y a des distractions plus profitables et plus intelligentes ; mais les unes coûtent cher, comme les sports, et les autres, comme la lecture, ne sont à la portée que des gens instruits ; les pauvres ne vont pas longtemps à l'école.

« *Veille avec soin sur la santé de tes enfants.* » Voilà, par exemple, qui est bientôt dit, mais qui est plus difficile à faire. Il leur faudrait de l'air, dit le docteur : ils n'en ont pas. Il leur faudrait de l'huile de foie de morue : elle est trop chère. Il leur faudrait peut-être les bains de mer, comme aux enfants des riches. Le médecin m'a dit, à la clinique, que si un seul d'entre eux est malade, les quatre autres attraperont la maladie, à cause de la contagion.

« *Préserve-les de toutes mauvaises fréquentations.* » Je ne peux pas suivre mes filles dans la rue quand elles vont jouer avec les gamins du quartier, et je ne peux pas les garder ici, où l'air et la place manquent.

« *Défends-leur d'employer des mots grossiers.* » Ma foi, les enfants parlent comme ils entendent, et ils entendent plus souvent, par chez nous, des ivrognes que des duchesses.

« *Fais aux autres ce que tu voudrais qu'on te fît.* » Je ne peux pas, parce que je voudrais que les autres nous donnent du pain, de la santé, du bien-être, de l'argent, et que de tout cela je n'ai rien du tout à leur offrir.

« *Travaille.* » Je ne fais que cela du matin au soir.

Et la maman des cinq Bélu, qui ne manquait pas de bon sens, fit en elle-même cette réflexion :

— Si le travail de mon homme et le mien étaient payés comme il faudrait, nous pourrions être propres et bien portants. Auguste ne boirait pas d'absinthe ; les enfants ne courraient pas dans les ruisseaux, et la belle dame qui est venue nous trouverait les plus braves gens du monde. Seulement, nous gagnons chaque jour juste de quoi vivre le lendemain. Nous n'avons pas de quoi suivre les commandements du bonheur.

*RÉFLEXIONS. — M*me *Bélu et ses enfants sont-ils dans de bonnes conditions pour se tenir parfaitement propres ? — Pourquoi M*me *Bélu ne fait-elle pas convenablement son ménage ? — Où fait-elle ses provisions et quelles marchandises prend-elle ? — Pourquoi Auguste Bélu s'enivre-t-il ? A-t-il raison ? Est-il excusable ? — Que faudrait-il pour que les enfants de M*me *Bélu se portent bien ? — M*me *Bélu peut-elle faire ce qu'elle voudrait ? — Où les enfants Bélu jouent-ils ? Quels exemples ont-ils sous les yeux ? — Qu'en résulte-t-il ?*

*En résumé, M*me *Bélu suit-elle les « commandements du bonheur » ? — Avons-nous le droit de lui en faire un grief ? — Si elle se trouvait dans une situation aisée, lui serait-il plus facile ou moins facile de suivre ces commandements ? — Conclusion.*

---

2. ✣ **Une certaine aisance est nécessaire pour qu'on puisse suivre complètement les conseils de la morale.**

Supprimer les causes de misère, c'est contribuer puissamment à l'amélioration morale des hommes.

DIX-HUITIÈME LEÇON

LES CAUSES DE MISÈRE

I. Malheureux par sa faute

M. Guillerot fils avait trente ans quand la mort de son père lui laissa la propriété et la direction des fours à chaux de Chavilly. Sa part d'héritage comprenait en outre une jolie maison de campagne que les paysans et les ouvriers du village nommaient « le château », de belles prairies que baignait la Solte, quelques arpents de vigne en plein rapport, et, à quelques kilomètres de Chavilly, un petit domaine dont l'affermage lui rapportait plus d'un millier de francs chaque année.

M. Guillerot fils dirigeait son établissement depuis moins d'un an, et déjà les vieux ouvriers hochaient la tête. Ils critiquaient tout bas les dépenses exagérées de leur nouveau patron.

— Un monte-charge à la carrière, des machines perfectionnées dans l'usine, cela vaudrait mieux, disait le père Charles, que tous ces embellissements du château, qui doivent coûter des sommes folles.

Il rappelait à ses amis le temps où le père Guillerot, celui qui avait fait ouvrir la carrière et construire les fours, visitait assidûment ses chantiers, ne craignant pas, quand il le fallait, de mettre la main à l'ouvrage. Et il comparait à l'énergie, à l'activité du père, la négligence et la mollesse du fils.

Celui-ci ne faisait que de rares apparitions à l'usine ; il abandonnait aux contremaîtres et aux comptables toute l'initiative et l'autorité.

Bientôt, tout alla à vau-l'eau[1] dans l'entreprise ; des ouvriers peu consciencieux flânèrent des heures entières ;

---

1. *A vau-l'eau :* à la dérive, au courant de l'eau. Cette expression s'emploie pour indiquer qu'une affaire est mal conduite, qu'elle est condamnée à un échec.

on surveilla moins attentivement la cuisson ; la qualité de la chaux diminua, tandis que le prix de revient augmentait.

Voyant péricliter sa maison, M. Guillerot entreprit de grandes tournées pour s'enquérir des besoins de ses clients et s'efforcer d'en recruter de nouveaux.

L'idée était bonne ; malheureusement, M. Guillerot dut traverser des villes où les tentations abondent autour des hommes sans volonté. Liant facilement connaissance, il eut des amis de rencontre ; en leur compagnie, il fréquenta théâtres, cafés, casinos, salles de jeu.

Devant le tapis vert où l'on risque son argent, l'imprudent fit quelques gains qui l'enthousiasmèrent ; il eut bientôt la déplorable passion du jeu, qui précipita sa ruine.

Un soir qu'il s'entêtait à vaincre la malchance, il fit une si grosse perte qu'il dut quelque temps après vendre son domaine des Fondettes.

Ce fut le commencement de la débâcle. Ses arpents de vigne, ses prés, furent dévorés à leur tour. La roulette des casinos faisait merveille ! Il y eut bientôt des hypothèques sur son usine ; et, au bout de quelques années, ce que le jeu avait épargné fut enfin emporté par la faillite commerciale.

M. Guillerot fils, l'héritier envié du père Guillerot, est aujourd'hui à la grand'ville. Avant d'y trouver le modeste emploi qu'il y occupe, il a connu pendant de longs mois les affres [1] du dénuement [2] et de la faim.

RÉFLEXIONS. — Faut-il envier le fils qui hérite de son père une grosse fortune ? une large aisance ? — Suffit-il d'hériter pour savoir se conduire dans la vie ? — Le père Guillerot a-t-il bien préparé son fils à le remplacer ? — Qu'aurait-il dû faire ? — Et le fils, après la mort du père, qu'aurait-il dû essayer ? — Quelle différence devinez-vous entre la jeunesse du père et celle du fils ? — Le fils a-t-il raison de s'amuser ? de jouer ? — Peut-on s'enrichir en jouant ? — Est-ce

---

1. *Affres :* angoisses, souffrances.
2. *Dénuement :* manque complet des choses nécessaires.

un bon moyen ? Est-ce que jouer dans un casino ressemble à une partie de cartes en famille ? et une partie de cartes à un jeu d'adresse ou aux échecs ? — M. Guillerot est ruiné : à qui doit-il s'en prendre ?

> 1. ❦ **Les hommes sont parfois les propres agents de leur malheur. Ce sont leurs vices (insouciance, paresse, vanité, amour du jeu, amour des plaisirs, etc.) qui les livrent alors à la misère.**

II. ❦ La Concurrence

On a vendu l'autre jour le moulin de maître Lureau, le jeune meunier du Présourd. Il y a beau temps déjà qu'on n'entendait plus son tic-tac joyeux. Tout le blé s'en va maintenant à la grande minoterie [1] de la ville, et seuls, dans les derniers temps, les paysans qui mangent leur récolte et la font moudre sac par sac, s'en venaient encore au moulin de maître Lureau.

On raconte que le soir de la vente le pauvre meunier pleurait amèrement.

— Ruiné ! murmurait-il. Que dirait mon pauvre père s'il voyait ce qu'est devenu le domaine dont il s'enorgueillissait ? « Garçon, me disait-il souvent, ces roues vous nourriront, toi, tes enfants, et les fils de tes enfants. Soyez laborieux et honnêtes, et je suis tranquille sur votre sort ; elle continuera, notre bonne rivière, à rouler dans notre bief des écus de bel argent bien blanc ! »

« Or, les écus d'argent sont allés à la ville ; mon brave moulin est moins vaillant que les grosses machines du minotier, et la farine qu'il fournit est, dit-on, moins blanche et moins fine. Résignons-nous [2], puisque le progrès favorise les entreprises des plus riches et amène fata-

---

1. *Minoterie* : grand établissement où l'on prépare les farines pour le commerce.
2. *Se résigner*, c'est se soumettre à un malheur sans récriminer.

lement la ruine et l'asservissement de ceux qui disposent de capitaux plus faibles. »

— Qu'allez-vous faire? lui demanda un ami apitoyé.

— Heureusement, je ne suis pas trop embarrassé, répondit-il ; M. Danchaux, le minotier, m'a promis un emploi dès qu'une vacance se produira chez lui.

Justement, ce dernier venait à ce moment prendre des nouvelles de la vente.

— Que voulez-vous, mon ami, dit-il, c'est la lutte !

Votre père a travaillé pour lui et pour vous, comme je travaille pour mes enfants et pour moi. Autrefois, sur ces collines, les moulins à vent agitaient leurs grands bras aujourd'hui décharnés. En s'établissant dans ce pays, l'un de vos prédécesseurs a ruiné leurs propriétaires : il était plus riche qu'eux, et son moulin, qui lui coûta beaucoup d'argent, a rapporté longtemps de beaux revenus. Aujourd'hui, c'est mon établissement qui a ruiné le vôtre ; je le regrette pour vous, car vous êtes un homme courageux et honnête ; mais les meuniers de la colline l'étaient-ils moins ? Résignez-vous : c'est le progrès, c'est la lutte pour le bonheur !

RÉFLEXIONS. — Connaissez vous des commerçants ou des industriels concurrents ? — Peut-on être concurrent de quelqu'un sans demeurer dans la même ville ? dans la même région ? dans le même pays ? — Montrer comment la concurrence peut ruiner un commerçant. — Montrer qu'elle abaisse les prix pour l'acheteur, mais aussi qu'elle diminue la qualité et favorise la fraude. — Y a-t-il une concurrence pour le tabac ? les allumettes ? les chemins de fer ? — Pourquoi ? — Peut-on penser que la concurrence disparaîtra un jour ?

2. ❦ La concurrence est la cause de bien des misères imméritées. Dans le commerce et dans l'industrie, nul n'est à l'abri de ses redoutables effets.

III. ❦ Histoire de la famille Pasquet

La ferme des Pasquet est petite ; mais elle est si bien entretenue qu'elle a bon renom à plusieurs lieues à la ronde.

Joseph Pasquet en fut le fermier jusqu'à soixante-dix ans ; maintenant il est très vieux et infirme ; c'est son fils Pierre qui a repris et dirige l'exploitation.

Pierre est un courageux travailleur qui continue les traditions[1] de vaillance et d'honnêteté de la famille. Il est

---

1. *Tradition :* façon d'agir qui se transmet de génération en génération dans une famille ou dans une nation.

aidé dans sa besogne quotidienne par son fils Jacques, qui vient d'atteindre sa quinzième année, et par sa femme Catherine. Celle-ci, active ménagère, s'occupe de tout ce qui touche à la maison. Elle donne ses soins aux deux derniers enfants, Marthe, âgée de six ans, Jean, qui compte quatre ans à peine. C'est elle qui distribue la nourriture au bétail, qui baratte le beurre et porte au marché les produits de la ferme. Elle a une basse-cour modèle.

Les Pasquet travaillaient beaucoup ; ils étaient heureux. Certes, ils n'étaient guère riches ; mais ils joignaient les deux bouts chaque année et l'on ne manquait de rien. Catherine et Pierre espéraient bien qu'avec le temps, du travail et de la santé, ils gagneraient une modeste aisance qui mettrait leurs vieux jours à l'abri de la gêne et permettrait jusque-là de bien élever leurs trois enfants.

Malheureusement la chance ne les a point favorisés.

Il y a quelques années une épizootie[1] a décimé les bêtes à cornes. Il fallut, le cœur bien gros, abattre quelques têtes suspectes pour tâcher de sauver le reste ; hélas ! ce fut en vain : malgré les soins vigilants[2] des fermiers, tout le troupeau succomba.

L'année suivante, les récoltes s'annonçaient belles ; les champs verdissaient à souhait. Un retour tardif de la mauvaise saison, le froid, puis la pluie, la grêle enfin, détruisirent en quelques semaines les espérances les plus légitimes. Pour payer leur bail, les Pasquet durent emprunter.

L'hiver suivant fut dur à la famille Pasquet. Pierre et Catherine redoublèrent de zèle pour conjurer[3] le mauvais sort[4]. La fermière engraissait quelques porcs, comptant sur l'argent de leur vente pour liquider la majeure partie des dettes.

---

1. *Épizootie* : se dit de toute maladie qui sévit à la fois sur un grand nombre d'animaux. Ex. : la clavelée des moutons, la morve des chevaux.
2. *Vigilants* : attentifs.
3. *Conjurer* : détourner.
4. *Le mauvais sort* : la malchance.

LES CAUSES DE MISÈRE

Au printemps qui vint ensuite, Pierre et son fils Jacques labouraient, fumaient, semaient les champs avec ardeur, et tout présageait enfin un retour vers les temps meilleurs. On allait commencer la moisson. Un jour, Catherine vit qu'on rapportait Pierre à la maison ; elle se précipita au-devant des porteurs ; le malheureux était tombé d'une charrette et s'était cassé la jambe. L'accident

Le vent, la pluie, la grêle faisaient rage...

arrivait juste au moment où tous les bras de la ferme allaient être requis[1].

Levée avant le jour, Catherine faisait de son mieux pour remplacer le maître absent ! Mais il y avait trop de dure besogne pour une femme et un tout jeune homme comme Jacques.

Pour finir la moisson et la rentrer, il leur fallut louer deux journaliers, et ce fut une lourde dépense. Ajoutez les visites du médecin et les médicaments pour le malade, et vous aurez idée de la maigreur où arrivait la pauvre bourse des Pasquet.

Pierre, couché, inactif, se désespérait en pensant à

---

1. *Requis :* réclamés.

tant d'ouvrage qui restait en souffrance. C'est que, malgré les soins de Catherine, il ne se remettait pas vite. Il se mangeait les sangs [1], comme on dit, et, à se tourmenter sans cesse, retardait sa guérison.

Il se releva un jour malgré les défenses du médecin et les supplications de sa femme. Quand il lui aurait fallu des ménagements et du repos, il travailla trop et trop fort. Il perdit sa gaîté, sa santé ; rongé de soucis de toute sorte, d'inquiétudes sans nombre, il dépérit et traîna jusqu'au jour où un refroidissement, tombant sur ce corps affaibli, le remit au lit avant de le coucher au cimetière.

La mort de Pasquet mit le comble à la détresse des siens. Leur situation devint bien vite lamentable. Les pauvres gens, criblés de dettes, ne trouvaient plus de crédit. Les créanciers firent vendre leurs meubles. Privés de ressources, désespérés, Mme Pasquet et son fils, le vieux père et les deux enfants, partirent pour demander à la ville les moyens d'existence qu'ils ne pouvaient plus trouver à la campagne, malgré leur vaillance.

RÉFLEXIONS. — *Quels sont les membres de la famille Pasquet ? — Estimez-vous Pierre et Catherine ? — Pourquoi ? — Désirez-vous qu'ils soient très heureux ? — Jacques se conduit-il comme un bon fils ? — Le considérez-vous comme un garçon méritant ? — Quant aux deux petits, Marthe et Jean, s'il dépendait de vous qu'ils soient heureux ou malheureux dans la vie, qu'ordonneriez-vous ? — Pourquoi ? — Et pourtant... (Contez l'histoire de la famille Pasquet.)*

---

3. ❡ En dépit de leurs courageux efforts, les pauvres gens ne sont jamais sûrs qu'un incendie, une épizootie, un grave accident, une longue maladie, la mort du soutien de famille, ne les réduiront pas à la plus noire des misères.

---

1. *Se manger les sangs :* se faire du mauvais sang, c'est-à-dire se donner une grosse inquiétude, éprouver une grande impatience.

IV. ❦ Histoire de la famille Pasquet
(*Suite*).

Les Pasquet avaient loué en ville, dans une de ces énormes maisons ouvrières où les logements multipliés s'entassent sans souci de la plus élémentaire hygiène.

On accédait chez eux après vingt détours d'un sombre et malpropre corridor sentant l'humidité. L'entrée servait de cuisine, une cuisine minuscule et obscure, où Mme Pasquet préparait hâtivement les repas. Ils possédaient en outre une grande chambre au plafond bas où couchaient la mère et les deux plus jeunes enfants ; dans un grand cabinet attenant étaient les deux lits de Jacques et du vieux grand-père.

Sitôt installés, Mme Pasquet et Jacques avaient cherché de l'ouvrage. Ils avaient eu la chance d'en trouver sans attendre longtemps.

Le fils était entré dans une usine où il faisait un apprentissage de spécialité. Après quelques semaines, comme il était un honnête et intelligent garçon, il avait obtenu d'être un peu payé. Son salaire était bien minime : deux francs par jour. Mais Jacques faisait son travail de façon si satisfaisante qu'il espérait voir son gain augmenter peu à peu. Il rapportait quelque chose à la maison, et, pour l'instant, c'était l'essentiel.

La mère avait mis les deux petits à l'école et avait obtenu pour eux l'usage gratuit de la cantine scolaire à midi ; c'était autant de gagné. Elle s'occupait du ménage et travaillait chez elle pour le compte d'une grosse maison d'exportation [1]. Adroite, elle avait vite attrapé le tour de main nécessaire pour confectionner des chapeaux d'enfants nommés capotes. C'était une marchandise à bon marché, faite à la grosse [2] et vendue de même. On lui

---

1. *Exportation* : vente à l'étranger des produits du sol ou de l'industrie ; contraire : *importer*.
2. *Grosse* : réunion de 12 douzaines ($12 \times 12 = 144$).

fournissait tous les matériaux, et elle gagnait vingt-cinq centimes par capote ; c'était peu, mais en travaillant beaucoup elle arrivait à en faire huit à dix dans sa journée.

Donc les Pasquet pouvaient vivre, bien à l'étroit, il est vrai, dans ce logement misérable où leurs solides poumons de campagnards cherchaient vainement l'air pur et vivifiant des larges horizons champêtres.

Quelques francs chaque jour au village, c'est autant qu'il en faut, car la vie n'y coûte pas cher : pour rien ou presque rien on a de bons œufs, du lait pur, des légumes frais et sains.

A la ville, c'est autre chose, il faut une nourriture plus substantielle[1] pour supporter l'air confiné[2] des logis insalubres, le travail pénible de l'usine ou de l'atelier.

Au bout de quelques mois il y eut du chômage à l'usine où travaillait Jacques. On le congédia ainsi que d'autres ouvriers habitués mieux que lui à subir le triste sort du travailleur moderne. Ce fut un rude coup pour la famille Pasquet, dont les gains étaient si réduits et les charges si lourdes.

Nombreuses furent les portes où Jacques alla frapper cherchant du travail. Il n'en trouva point, car beaucoup d'ateliers et d'usines renvoyaient leurs ouvriers pour la morte saison.

Alors, sans fausse honte, le brave garçon s'occupa du ménage, afin de laisser toute liberté à la mère, qui tirait l'aiguille sans relâche.

La malheureuse faisait de la couture du matin au soir, travaillant une partie de la nuit, faisant des journées de quatorze et de seize heures de travail pour gagner les quelques sous que coûtait le pain de la famille.

Avec ce pauvre argent, si péniblement gagné, il y avait tant de choses à acheter! On mangeait peu et mal,

---

1. *Substantielle* : contenant plus de substance nutritive.
2. *Confiné* : enfermé, qui se renouvelle difficilement.

on économisait sur tout, sur la nourriture de tous, sur le charbon du poêle, sur le pétrole de la lampe, et Mme Pasquet usait ses yeux à travailler jusqu'à la nuit, tôt venue dans l'obscur logement.

Le loyer était encore trop cher ; ils déménagèrent pour un autre logis encore plus petit, encore moins clair, encore moins aéré, encore plus malsain.

A ce régime de privations, la famille tout entière s'étiolait [1], la mère surtout qui succombait sous un travail forcené [2]. Et pourtant elle devait se réjouir en pensant que l'ouvrage ne manquait pas, se réconforter en espérant qu'il ne manquerait point.

Un jour, pourtant, il manqua.

Ce fut un désespoir, un affolement tragique [3].

Par bonheur, la semaine suivante, Mme Pasquet retrouva du travail : des pelisses d'enfants à faire pour l'exportation ; on donnait cinquante centimes par pelisse à monter, à coudre, boutons attachés, boutonnières bâclées.

On respira, chez les Pasquet, pendant les quelques semaines de répit [4] que leur donna cette dernière chance. Bientôt, en effet, la chute fut encore plus profonde : la mère revint, un triste soir, les mains vides de chez l'entrepreneur ; des larmes brûlaient ses yeux, rougis par les veilles laborieuses.

Ce fut dès lors la misère noire, car on ne trouvait plus d'ouvrage nulle part. De-ci, de-là, on bricolait [5] ; la mère faisait un ménage, le fils ouvrait des portières, vendait des journaux dans les rues. Les sous qu'il rapportait leur permettaient tout juste de ne pas mourir de faim.

---

1. *S'étiolait* : se dit d'une plante qui ne reçoit pas suffisamment l'action de l'air et de la lumière et qui dépérit. — Se dit aussi des personnes dont la santé s'altère peu à peu.
2. *Forcené* : furieux, hors de sens.
3. *Tragique* : propre à exciter la terreur ou la pitié.
4. *Répit* : délai, tranquillité momentanée.
5. *Bricoler* : faire toute sorte de métiers.

On leur promettait du travail, — pour plus tard. « C'est la morte saison, » leur disait-on partout.

— Plus tard, murmuraient-ils, comment ferons-nous pour vivre jusque-là ?

Ils furent expulsés de leur logement et roulèrent désormais de plus en plus bas, de taudis en taudis.

Ils ont des mines hâves, décharnées, pâles ; leurs tailles sont voûtées, ils sont vieux avant l'âge ; on ne reconnaîtrait plus en eux les campagnards hâlés et robustes qu'ils étaient, il y a encore si peu de temps.

Du matin au soir la faim les tenaille [1], le froid humide les pénètre et les glace. La peur du lendemain leur serre la gorge ; et plus que tout ils craignent de perdre le refuge, si infect qu'il soit, qui les préserve encore de l'abandon définitif à la rue.

Hélas ! ils étaient trop faibles pour soutenir la lutte, et, malgré leur vaillance, leur honnêteté, leur courage, ils n'ont pu gagner la terrible bataille de la vie quotidienne.

Que seront-ils, où seront-ils demain ?

RÉFLEXIONS. — *Que sont devenus les Pasquet ? — Décrivez leur logement. — Quel a été le premier soin de M*^{me} *Pasquet et de Jacques ? — Quel fut le résultat de leurs démarches ? — En quoi consiste le travail de M*^{me} *Pasquet ? — Quel est son gain ? — Combien d'heures travaille-t-elle chaque journée ? — La surveillance des inspecteurs du travail peut-elle s'exercer chez les « travailleurs à domicile » ? — Qu'en résulte-t-il ? — Appréciez la conduite des Pasquet. Les estimez-vous ? Désirez-vous qu'ils triomphent enfin de la malchance qui les poursuit ? — Qu'arrive-t-il pourtant ?... (Racontez la fin de cette triste mais véridique histoire.)*

> **4.** ✿ **Les chômages, la médiocrité des salaires dans certaines industries sont encore des sources de misère pour les travailleurs.**

---

1 *Tenailler :* tourmenter, causer une douleur aiguë.

DIX-NEUVIÈME LEÇON

LA CHARITÉ

I. ❦ Un homme charitable

[Il s'agit ici d'un personnage du beau roman de Victor Hugo, *les Misérables*. M. Myriel, évêque de Digne, savait que les hommes ne peuvent pas suivre les conseils de la morale s'ils ne sont pas dans une situation suffisamment aisée. Aussi s'efforçait-il de secourir toutes les infortunes.]

Le palais épiscopal de Digne était attenant à l'hôpital.

Le palais épiscopal était un vaste et bel hôtel bâti en pierre au commencement du siècle dernier par Mgr Henri Puget, lequel était évêque de Digne en 1712.

Ce palais était un vrai logis seigneurial. Tout y avait grand air, les appartements de l'évêque, les salons, les chambres, la cour d'honneur, fort large, avec promenoirs à arcades, selon l'ancienne mode florentine, les jardins plantés de magnifiques arbres...

L'hôpital était une maison étroite et basse, à un seul étage, avec un petit jardin.

Trois jours après son arrivée, l'évêque visita l'hôpital. La visite terminée, il fit prier le directeur de vouloir bien venir jusque chez lui.

— Monsieur le directeur de l'hôpital, lui dit-il, combien en ce moment avez-vous de malades ?

— Vingt-six, Monseigneur.

— C'est ce que j'avais compté, dit l'évêque.

— Les lits, reprit le directeur, sont bien serrés les uns contre les autres.

— C'est ce que j'avais remarqué.

— Les salles ne sont que des chambres, et l'air s'y renouvelle difficilement.

— C'est ce qui me semble.

— Et puis, quand il y a un rayon de soleil, le jardin est bien petit pour les convalescents.

— C'est ce que je me disais.

— Dans les épidémies, nous avons eu cette année le typhus, nous avons eu la suette miliaire [1] il y a deux ans, cent malades quelquefois, nous ne savons que faire.

— C'est la pensée qui m'est venue.

— Que voulez-vous, Monseigneur? dit le directeur, il faut se résigner.

Cette conversation avait lieu dans la salle à manger du rez-de-chaussée.

L'évêque garda un moment le silence, puis il se

Le lendemain, les vingt-six pauvres malades étaient installés dans le palais de l'évêque.

tourna brusquement vers le directeur de l'hôpital.

— Monsieur, dit-il, combien pensez-vous qu'il tiendrait de lits rien que dans cette salle?

— Dans la salle à manger de Monseigneur? s'écria le directeur stupéfait.

---

1. *Suette miliaire* : maladie contagieuse caractérisée par une sueur abondante et une éruption de petits boutons rouges.

L'évêque parcourait la salle du regard et semblait y faire avec les yeux des mesures et des calculs.

— Il y tiendrait bien vingt lits ! dit-il, comme se parlant à lui-même ; puis élevant la voix : — Tenez, Monsieur le directeur de l'hôpital, je vais vous dire. Il y a évidemment une erreur. Vous êtes vingt-six personnes dans cinq ou six petites chambres. Nous sommes trois ici, et nous avons place pour soixante. Il y a erreur, je vous dis. Vous avez mon logis et j'ai le vôtre. Rendez-moi ma maison. C'est ici chez vous.

Le lendemain, les vingt-six pauvres malades étaient installés dans le palais de l'évêque, et l'évêque était à l'hôpital.

(*Les Misérables.*)   Victor Hugo.

RÉFLEXIONS. — *Quelles constatations M. Myriel a-t-il faites en visitant l'hôpital ? — Quelle résolution prend-il en remarquant que son logis et son parc sont bien plus vastes que l'hôpital et ses dépendances ? — Approuvez-vous la conduite de M. Myriel ? — L'échange qu'il fait est-il logique ? — M. Myriel était-il obligé d'agir ainsi ?*

---

1. ❧ **La charité des riches peut soulager bien des infortunes.**

II. Un homme charitable
(Suite.)

[M. Myriel recevait de l'État comme évêque un traitement de quinze mille francs. Le jour même où il vint se loger dans la maison de l'hôpital, M. Myriel détermina l'emploi de cette somme une fois pour toutes, en réservant seulement mille francs pour les dépenses de sa maison ; le reste était distribué aux pauvres et aux œuvres charitables.]

Un jour, il était à Digne depuis environ trois mois, l'évêque dit :

— Avec tout cela je suis bien gêné !

— Je le crois bien, s'écria Mme Magloire [1], Monseigneur n'a seulement pas réclamé la rente que le département lui doit pour ses frais de carrosse en ville et de tournées dans le diocèse [2]. Pour les évêques d'autrefois, c'était l'usage.

— Tiens, dit l'évêque, vous avez raison, Madame Magloire.

Il fit sa réclamation.

Quelque temps après, le conseil général, prenant cette demande en considération, lui vota une somme annuelle de trois mille francs, sous cette rubrique [3] : *Allocation à M. l'évêque pour frais de carrosse, frais de poste, et frais de tournées pastorales.*

Cela fit beaucoup crier la bourgeoisie locale, et, à cette occasion, un sénateur de l'empire, ancien membre du conseil des Cinq cents, favorable au dix-huit brumaire et pourvu, près de la ville de Digne, d'une sénatorerie magnifique, écrivit au ministre des cultes, M. Bigot de Préameneu, un petit billet irrité et confidentiel dont nous extrayons ces lignes authentiques :

« Des frais de carrosse ? pourquoi faire dans une
« ville de moins de quatre mille habitants ? Des frais de
« tournées ? à quoi bon ces tournées d'abord ? ensuite
« comment courir la poste dans ces pays de montagnes ?
« Il n'y a pas de routes. On ne va qu'à cheval. Le pont
« même de la Durance à Château-Arnoux peut à peine
« porter des charrettes à bœufs. Ces prêtres sont tous
« ainsi. Avides et avares. Celui-ci a fait le bon apôtre [4]
« en arrivant. Maintenant il fait comme les autres. Il lui
« faut carrosse et chaise de poste. Il lui faut du luxe
« comme aux anciens évêques .. »

---

1. *Mme Magloire* : la femme de charge.
2. *Diocèse* : étendue de pays placée sous la juridiction d'un évêque.
3. *Sous cette rubrique* : sous ce titre.
4. *Faire le bon apôtre* : contrefaire l'homme plein d'honneur, de franchise, et, dans le cas présent, de charité.

La chose, en revanche, réjouit fort Mme Magloire.

— Bon, dit-elle à Mlle Baptistine [1], Monseigneur a commencé par les autres, mais il a bien fallu qu'il finît par lui-même. Il a réglé toutes ses charités. Voilà trois mille livres pour nous. Enfin !

Le soir même, l'évêque écrivit et remit à sa sœur une note ainsi conçue :

FRAIS DE CARROSSE ET DE TOURNÉES.

Pour donner du bouillon de viande aux malades de l'hôpital. . . .	quinze cents livres.
Pour la société de Charité maternelle d'Aix.	deux cent cinquante livres.
Pour la société de Charité maternelle de Draguignan.	deux cent cinquante livres.
Pour les enfants trouvés.	cinq cents livres.
Pour les orphelins.	cinq cents livres.
Total.	trois mille livres.

Tel était le budget de M. Myriel.

(*Les Misérables*.)   VICTOR HUGO.

RÉFLEXIONS. — M. Myriel ne pouvait-il pas garder pour lui les 3.000 fr. qui lui furent alloués ? — A quoi aurait-il employé cette somme ? — Quel emploi préfère-t-il en faire ? — Approuvez-vous sa conduite ? — M. Myriel était-il obligé d'agir ainsi ?

> 2. ⚜ Un homme charitable retranche de son superflu tant que les autres hommes n'ont pas le nécessaire.

---

1. *Mlle Baptistine* était la sœur de l'évêque.

III. ✿ La collecte

Le soir même de l'incendie, alors que d'âcres vapeurs sortaient encore des décombres fumants, André Thuriot s'en fut trouver son cousin Jean.

— Le pauvre Bulin est bien désespéré, dit-il ; un incendie est toujours une perte considérable ; mais cela devient un malheur irréparable quand cette épreuve doit être supportée par de pauvres gens. Bulin n'était pas assuré : les cotisations sont lourdes à payer quand on peut à peine nourrir sa famille.

« Dis-moi, Jean, il m'est venu une idée. Il y a cent cinquante feux dans le village et les hameaux ; les trois fermiers sont riches ; M. Roland, le châtelain, est un homme compatissant ; en demandant à chacun un don proportionné à ses ressources, nous recueillerons aisément de quoi subvenir aux premiers besoins des sinistrés [1].

— Ton idée est une bonne idée, André ; dès demain, si tu es libre, nous pourrons commencer notre tournée.

Ce fut chose convenue.

Le lendemain, les deux cousins, après une heure de quête, avaient déjà reçu une somme assez rondelette ; ils avaient si bien su plaider la cause de Bulin, que tout le monde avait donné, peu ou prou [2]. Telle ménagère avait tiré d'une cachette quelques francs amassés à grand'peine et destinés à l'achat de quelque fanfreluche [3]. Telle autre avait donné le prix des galettes du réveillon, en disant :

— Il serait honteux de faire bombance quand il y a tout près de soi des malheureux qui souffrent.

---

1. *Sinistrés* : victimes d'un sinistre (incendie, inondation).
2. *Peu ou prou* : peu ou beaucoup.
3. *Fanfreluche* : ornement, parure de peu de valeur.

Le fermier Briffaut avait déclaré :

— J'ai fait hier à la foire une bonne vente ; vos protégés en profiteront.

Et il avait remis une pièce d'or aux trésoriers enchantés.

— Nos affaires vont à merveille, dit André en se frottant les mains ; courons au château ; j'ai su par Pierre, le valet de chambre, que M. Roland part ce soir pour le Midi, où il doit passer l'hiver ; il serait regrettable de le manquer, car nous perdrions sans doute une bonne aubaine.

M. Roland achevait sa toilette quand ils arrivèrent ; il les fit attendre quelque peu.

Sans oser s'asseoir sur les fauteuils recouverts d'une riche étoffe, ils regardaient silencieusement les grands tableaux qui décoraient des panneaux entiers, les objets d'art disposés dans de superbes vitrines, les meubles enrichis de fines sculptures.

Jean, intimidé, hochait la tête en ouvrant des yeux étonnés.

— Faut-il qu'il soit riche, M. Roland ! semblait-il dire.

— Je crois que nous n'avons pas perdu notre temps, chuchota André.

A ce moment M. Roland entra.

En quelques mots embarrassés, nos deux amis le mirent au courant de la situation malheureuse de la famille Bulin.

— Messieurs, dit M. Roland, vous me voyez désolé ; je compatis, certes, à la détresse des pauvres gens que vous me signalez ; mais les conditions de l'existence ont tellement changé que, pour soutenir notre rang, nous devons nous interdire toute dépense imprévue. Les impôts augmentent continuellement ; on s'acharne sur le revenu des riches ; tout service se paye deux fois plus cher qu'il y a vingt ans ; et il s'en faut que les fermages augmentent en proportion.

« Autrefois on avait le moyen d'être généreux ; aujourd'hui la vie est devenue si difficile qu'on est obligé de réduire et ses plaisirs et ses charités.

— Si la vie est si difficile pour les riches, osa dire André Thuriot, jugez de ce qu'elle doit être pour les pauvres.

— Que voulez-vous? conclut M. Roland; ici-bas, il faut penser à soi avant de penser aux autres. Si je secourais tous les imbéciles qui oublient de s'assurer, je serais bientôt ruiné.

Et il profita de l'arrivée d'un domestique pour retourner à ses préparatifs de départ, laissant les deux visiteurs déconcertés et désappointés.

RÉFLEXIONS. — Connaissez-vous des occasions où s'organisent des quêtes, des collectes, en faveur de malheureux? — Que pensez-vous d'une personne aisée qui, dans ces circonstances, refuse systématiquement son obole? — Sur les listes de souscription, quels devraient être les plus généreux donateurs? — En est-il toujours ainsi? — Appliquez ces réflexions au cas de M. Roland. — M. Roland est resté dans son droit strict. L'approuvez-vous cependant?

---

3. **Tous les riches ne sont pas charitables. La charité étant facultative, beaucoup de riches emploient exclusivement leurs richesses à la satisfaction de leurs besoins personnels.**

IV. ❧ Insuffisance de la charité

(Il s'agit encore de M. Myriel, dont nous avons relaté ci-dessus les actes de charité.)

Quant au casuel[1] épiscopal, rachats de bans, dispenses, ondoiements, prédications, bénédictions d'églises ou de chapelles, mariages, etc., l'évêque le percevait sur les riches avec d'autant plus d'âpreté[2] qu'il le donnait aux pauvres.

Au bout de peu de temps, les offrandes d'argent

Il y a toujours plus de misère en bas que de fraternité en haut.

affluèrent. Ceux qui ont et ceux qui manquent frappaient à la porte de M. Myriel, les uns venant chercher l'aumône que les autres venaient y déposer.

L'évêque, en moins d'un an, devint le trésorier de tous les bienfaits et le caissier de toutes les détresses. Des sommes considérables passaient par ses mains ; mais

---

1. *Casuel* : profit variable que l'on retire d'un emploi en dehors du revenu fixe qui y est attaché.
2. *Âpreté* : pris ici au figuré dans le sens d'*avidité*.

rien ne put faire qu'il changeât quelque chose à son genre de vie et qu'il ajoutât le moindre superflu à son nécessaire.

Loin de là. Comme il y a toujours plus de misère en bas que de fraternité en haut, tout était donné, pour ainsi dire, avant d'être reçu ; c'était comme de l'eau sur une terre sèche ; il avait beau recevoir de l'argent, il n'en avait jamais. Alors il se dépouillait [1].

Victor Hugo.

(*Les Misérables.*)

RÉFLEXIONS. — Connaissez-vous des organisations de bienfaisance centralisant les cotisations ou les dons des hommes charitables et distribuant ensuite aux malheureux les aumônes recueillies ? — Ces œuvres parviennent-elles à supprimer la misère, comme cela serait désirable ? — Tous les riches sont-ils charitables ? — N'y en a-t-il pas qui sont totalement indifférents à la misère d'autrui ?

---

4. ❧ « Il y a toujours plus de misère en bas que de fraternité en haut. »

---

1. Nos jeunes lecteurs ont sans doute beaucoup de sympathie pour l'évêque charitable dont Victor Hugo nous a tracé ci-dessus un portrait bien séduisant. Nous ne voulons pas leur laisser ignorer quelle fut la récompense de M. Myriel.

« L'usage, dit Victor Hugo, étant que les évêques énoncent leurs noms de baptême en tête de leurs mandements et de leurs lettres pastorales, les pauvres gens du pays avaient choisi, avec une sorte d'instinct affectueux, dans les nom et prénoms de l'évêque, celui qui leur présentait un sens, et ils ne l'appelaient que Monseigneur Bienvenu. Nous ferons comme eux, et nous le nommerons ainsi dans l'occasion. Du reste, cette appellation lui plaisait. — J'aime ce nom-là, disait-il. Bienvenu corrige Monseigneur. »

Victor Hugo ajoute :

« Nous ne prétendons pas que le portrait que nous faisons ici soit vraisemblable ; nous nous bornons à dire qu'il est ressemblant. »

VINGTIÈME LEÇON

REMÈDES CONTRE LA MISÈRE :
LA MUTUALITÉ

I. ✼ La société de Montclair

Grande rumeur dans le gros bourg ouvrier de Montclair : de petites affiches rouges arrêtent les métallurgistes qui se rendent aux vastes aciéries dont les hautes cheminées fument au bord du rû des Blanches-Gouttes. Puddleurs [1] et mécaniciens se groupent et lisent... C'est une convocation ; tout le monde est invité à une grande réunion qui doit avoir lieu samedi, à huit heures et demie du soir, dans la salle municipale de gymnastique. A la place de la signature, on lit ces mots : *Un groupe de travailleurs.* Les affiches annoncent qu'il s'agit de fonder « une société de secours mutuels en cas de maladie ».

Devant l'affiche collée à la mairie, sur le mur de droite, le grand Jules pérore [2] au milieu de quelques camarades qu'il domine de la tête :

— Encore une invention pour encourager les paresseux ! s'écrie-t-il.

Et il hausse les épaules, en signe de mépris ; car il est l'ennemi juré des nouveautés.

— Savoir, riposte le petit Henriot, un malin qui a toujours le nez fourré dans les livres. Moi, j'irai samedi au gymnase ; je veux savoir ce que c'est.

— Moi aussi, j'irai, recommence le grand Jules, et je leur en dirai plus long qu'ils n'en voudraient.

---

1. *Puddleurs* : ouvriers occupés au puddlage. Le puddlage est une des opérations essentielles de la métallurgie. Il a pour but l'affinage de la fonte pour la transformer en fer. Cette opération se fait en chauffant la fonte dans des fours spéciaux dits fours à puddler. La fonte est portée à une très haute température. A plusieurs reprises, le puddleur brasse avec le ringard la fonte en fusion.
2. *Pérorer* : discourir en s'efforçant de faire de belles phrases.

Jules est très fier, parce que, dans les réunions, il n'a pas son pareil pour contredire et interrompre les orateurs, en lançant une remarque moqueuse pour démolir, comme il dit, les faiseurs de discours.

Aussi, le samedi soir, lorsqu'on le vit au premier rang des assistants, la casquette en bataille, avec son air querelleur, chacun, même les plus sages, de se dire : « Jules est là : on va s'amuser. »

De fait, ce disputeur se disputait déjà avec ses voisins lorsque la sonnette du président se fit entendre pour imposer le silence à l'auditoire.

— La parole est au camarade André Sivoire !

Sur l'estrade on vit alors s'avancer Sivoire, un forgeron de trente-cinq ans que tous les ouvriers de Montclair connaissent pour un brave et intelligent garçon. On écoute, et voici ce qu'on entend :

— Camarades, depuis trois mois nous avons dû faire beaucoup de collectes dans les ateliers pour venir en aide aux familles éprouvées par la grippe qui s'est abattue malheureusement sur Montclair...

— Mon porte-monnaie n'en est pas encore remis, crie le grand Jules, aux éclats de rire des assistants.

— Justement, continue Sivoire, nos porte-monnaie souffrent de cette épidémie de collectes. Et j'ai pensé qu'il y aurait un moyen de les guérir et de les préserver à jamais de cette maladie...

— Pardi ! s'écrie Jules, c'est de les tenir au chaud dans les poches ; on est sûr qu'ils n'attraperont plus rien.

Et les rires recommencent.

— C'est vrai, réplique Sivoire ; seulement les camarades, eux, ne peuvent pas se tenir au chaud, et ils risqueront toujours de pincer des maladies. Le remède de Jules n'est bon que pour les porte-monnaie des avares et des égoïstes.

Touché par la riposte, Jules ouvrit la bouche, mais, ne trouvant rien à dire, la referma, tandis que les applaudissements éclataient de différents côtés.

— Et vous savez ce qu'est la maladie pour l'ouvrier,

continua l'orateur ainsi encouragé : c'est le chômage, c'est la dépense qui augmente au moment où la recette disparaît ; c'est la fuite des économies, la mort du livret de caisse d'épargne ; c'est les privations, le manque de soins, de médecins, de médicaments ; c'est la santé quelquefois ruinée pour un rhume négligé. Pour l'ouvrier, camarades, la maladie est comme la guerre pour un peuple : une épouvantable catastrophe !

Cette fois, tout le monde applaudit ; Jules lui-même battait des mains, malgré lui, il est vrai, et un peu vexé.

André Sivoire comprit qu'il allait gagner la partie ; de plus belle il reprit cette peinture des souffrances trop connues de ceux qui l'écoutaient avec la plus vive attention. Jules sentit qu'il devait frapper un grand coup :

— Si c'est pour nous raconter tout cela qu'on nous a fait venir, s'écria-t-il en se levant et en promenant ses regards sur la foule, ce n'était pas la peine de nous déranger. Et puis, quoi ! Il y a les collectes ! Personne ne refuse de donner ! Alors, que veut-on de plus ? A quoi bon nous prêcher comme le curé ?

— Pardon, camarade, répliqua Sivoire, je ne fais pas concurrence au curé ; le curé parle surtout du ciel, et moi je vous parle exclusivement de la terre et des maladies qui tombent sur le dos de ses habitants. Pour en atténuer les conséquences, les collectes ne suffisent pas ! c'est cela que je suis venu vous dire. Mais justement, puisque personne ne refuse de donner sa part aux collectes, je puis faire appel à vos sentiments de solidarité, en espérant que mon idée vous permettra d'en tirer un meilleur parti.

« Les collectes, voyez-vous, c'est très bien ; malheureusement, elles arrivent toujours trop tard. Ce n'est pas pour un bobo que l'ouvrier lâche le travail ; il continue à se fatiguer tant qu'il peut aller à l'usine, et c'est lorsque son cas s'est aggravé, lorsque, terrassé par le mal, il ne peut plus se traîner, qu'il se couche pour quinze jours, un mois, trois mois. Alors seulement, la collecte arrive ; et, je le répète, elle arrive trop tard.

« Dernièrement, Guyard, le chaudronnier, a attrapé un panaris. Au lieu de se soigner, il est allé à l'usine. Le mal s'est envenimé. Guyard a eu tout le bras enflé ; il a dû se mettre au lit pour plusieurs semaines. Alors, on a fait une collecte ; on a ramassé deux cents francs. Je dis qu'il est regrettable que Guyard n'ait pu se soigner dès le premier jour.

« Que lui fallait-il ? Son salaire pour sa famille, le médecin et le pharmacien pour lui. Hé bien ! tout cela, la mutualité le lui aurait donné, la mutualité qui prévoit le mal, et qui l'arrête, la mutualité qui coûte moins cher que les collectes et rend plus de services. »

L'assemblée, très intéressée, donnait des signes visibles d'assentiment.

— Ce n'est pas tout, continua Sivoire, il y a une différence dans la façon de donner. Le secours par collecte ressemble trop à la vieille charité, qui *oblige* celui qui reçoit envers celui qui donne. Dans la société de secours mutuels, c'est *un droit* qu'on acquiert ; on n'est l'obligé de personne, étant l'obligé de tout le monde et de soi-même ; et l'on s'acquitte d'avance de la dette en versant régulièrement la cotisation, qui assure à chacun les garanties et les avantages dont on profitera.

— Mais alors, s'écrie le grand Jules, ce seront les bien portants qui paieront pour les malades ?

— Sans aucun doute. En est-il autrement quand nous nous cotisons en faveur d'un camarade malheureux ? D'ailleurs où est celui d'entre nous qui soit certain de n'être jamais malade ? Personne ne peut assurer son corps contre la maladie ; tout le monde a donc intérêt à assurer sa bourse contre les frais qui en résultent !

D'unanimes applaudissements se firent entendre. Et lorsque Sivoire eut expliqué le mécanisme de la société mutualiste ; quand il eut indiqué textes de loi et règlements ; quand il eut cité les résultats obtenus par plusieurs sociétés déjà existantes, il apparut que la Mutualité de Beauclair était désormais créée.

— J'en suis, affirma le grand Jules vaincu.

— En ce cas, tout le monde en sera, conclut Sivoire, au milieu des rires.

Jules ne riait pas d'un moins bon cœur que les autres, car il sentait bien qu'une grande chose venait de se faire.

RÉFLEXIONS. — *Pourquoi les ouvriers étaient-ils réunis à la salle de gymnastique ? — Pourquoi André Sivoire a-t-il eu l'idée de fonder une société de secours mutuels ? — Quels reproches adresse-t-il aux collectes ? — Montrez la supériorité de l'indemnité de maladie délivrée par une société de secours mutuels. — Est-il juste que les hommes bien portants versent pour les malades ? — Connaissez-vous des sociétés de secours mutuels ? — Montrez comment elles fonctionnent. — Approuvez-vous ceux qui font partie de ces sociétés ?*

> 1. ❧ Une « Mutualité » est une société qui assure ses membres contre un risque déterminé (maladie, incendie, etc.), moyennant une cotisation régulière proportionnée à l'importance du risque.

II. ❧ Les ressources de la mutualité

Mme Lauvergeon, la fermière de Baveroles, est une bonne et charitable personne. De son côté, M. Lauvergeon est un brave homme, certes, mais il n'a pas le cœur d'une femme, et il reste assez insensible à la misère d'autrui. Si on lui parle des malheurs de quelqu'un :

— C'est la vie, dit-il.

Et il vaque à ses occupations.

Quand Mme Lauvergeon veut exercer sa charité, elle ne demande pas l'avis de son mari ; elle a trop peur de se heurter à un refus formel[1].

Pour qui donc Mme Lauvergeon prépare-t-elle en cachette cette caisse dans laquelle elle dispose avec soin des

---

1. *Refus formel :* refus absolu.

œufs, un bon poulet, du beurre, des fruits superbes, tous produits de la ferme ?

Nous allons le savoir, car voici M. Lauvergeon qui revient inopinément[1] et qui surprend sa femme et l'interroge.

Dès les premiers mots d'explication que risque la bonne Mme Lauvergeon, le fermier fronce les sourcils.

— Ah ! c'est pour les Pasquet ? dit-il. Sont-ils si intéressants qui tu le crois ?.. Je sais ce que tu vas me dire : Mauvaises récoltes... Pertes de bétail... Grêle... Charges de famille... Maladie de celui-ci, mort de celui-là.

« Et nous, femme, n'avons-nous pas eu, comme les autres, nos mauvaises années, nos tracas, nos chagrins, nos deuils ?

« Pourtant, nous n'avons jamais eu besoin de demander l'aumône à personne.

« Je reconnais que les Pasquet étaient des gens courageux. Mais ils n'ont pas su s'arranger, voilà tout.

« Quand j'ai été malade, qui a envoyé le médecin, a payé les médicaments ? La société de secours mutuels, à laquelle je verse régulièrement un franc par mois.

« Quand ma grange a brûlé, l'autre hiver, est-ce que j'ai pris le bissac du mendiant ? L'assurance a payé, et j'ai fait construire une grange neuve.

« Quand la grêle a haché menu ma récolte, je n'ai pas perdu mon temps à larmoyer. J'ai fait constater le dégât

---

1. *Inopinément* : d'une manière inattendue, imprévue.

par l'inspecteur de la compagnie, et j'ai reçu une indemnité.

« Lorsque nous serons devenus des vieux et que nous ne pourrons plus travailler, nous ne serons pas pour cela forcés de tendre la main : j'ai fait ce qu'il fallait ; j'ai versé à la caisse des retraites, et j'aurai ma pension.

« Si je venais à manquer, enfin, avant d'avoir gagné de quoi établir les enfants, une bonne prime d'assurance sur la vie te permettrait de suffire à la tâche.

« Tu le vois, ma femme, avec de la prévoyance on peut éviter bien des dangers. La sécurité n'existe ici-bas que pour les hommes prévoyants. Personne n'ignore plus à présent les ressources de la mutualité ; on se protège contre les causes de misère comme on protège les édifices contre la foudre. Tant pis pour qui n'a pas planté un paratonnerre sur sa maison. Tant pis pour qui n'a pas su faire les sacrifices capables de balancer la mauvaise chance.

« Je ne me plains pas de ce que les règlements de ma « Mutualité » m'obligent à payer, bien portant, pour ceux qui sont malades.

« Je ne demande qu'à verser le plus longtemps possible ma prime d'assurances sur la vie, et à en laisser profiter les familles privées de leur soutien.

« Ceux qui bénéficient de ces sacrifices les ont mérités, puisqu'ils ont été prévoyants, puisqu'ils ont fait ce qui dépendait d'eux-mêmes pour m'assurer, à moi, des avantages égaux à ceux dont ils jouissent.

« Mais, par exemple ! je reste indifférent au sort de ceux qui, d'avance, ont consenti au malheur dont ils étaient menacés. »

(*A suivre, 3ᵉ lecture.*)

RÉFLEXIONS. — *En quoi M. Lauvergeon est-il prévoyant ? — Rappeler le but et le fonctionnement d'une société de secours mutuels en cas de maladie ? — Qu'est-ce qu'une assurance-incendie ? — J'assure 5.000 francs de mobilier moyennant une prime annuelle de 7 francs. Combien ai-je payé en 40 ans ? — — Qu'est-ce qu'une assurance contre la grêle ? — Qu'est-ce que la Caisse de retraites ? — Qu'est-ce qu'une assurance sur la vie ?*

— M. Lauvergeon a-t-il eu raison d'adhérer à toutes ces sociétés ? — Apprécier son degré de sécurité.

> 2. ☙ Par la mutualité, nous pouvons nous assurer contre les principales causes de misère : maladie, incendie, grêle, vieillesse, mort des soutiens de famille.

III. ❧ Insuffisance de la mutualité
(Suite de la précédente lecture).

Mme Lauvergeon a écouté son mari sans l'interrompre ; à présent elle lui répond doucement :

— C'est vrai, Lauvergeon, tu as été un excellent guide pour ta famille ; tu as conduit notre barque en homme prudent et avisé, et tu as su mettre de notre côté des chances sérieuses de sécurité.

« Mais ne proclame pas si haut tes mérites. Si ton esprit d'économie et de prévoyance doit être loué, il faut convenir aussi que les circonstances nous ont favorisés.

« Crois-tu donc qu'il y ait beaucoup de ménages où il soit possible de prendre chaque année l'argent nécessaire pour payer les primes de tes assurances ?

« Il n'en manque pas, de petits paysans, des ouvriers des villes, de modestes employés, de petits commerçants, des ouvriers agricoles, qui ne peuvent rien garder de leurs gains ; tout passe en vêtements, en manger, en logement ; il faut se procurer d'abord du pain, des habits, un logis, avant de songer aux sacrifices qui donnent la sécurité que tu prônes.

« La sécurité, vois-tu, c'est une marchandise de riche ; ceux dont le sort est le moins sûr n'ont pas le moyen de l'acheter. La vie, pour eux, est une ornière dont ils ne peuvent pas se dépêtrer tout seuls. Tu leur prêches l'économie, la prévoyance : autant enseigner l'agriculture à un malheureux qui n'a pas de champ ; autant indiquer de bons médicaments à un malade qui manque d'argent pour les acheter.

« Réfléchis, Lauvergeon ; tu t'apercevras que *courage, honnêteté, persévérance, économie, prévoyance*, ne sont pas des remèdes suffisants contre la misère.

« Il faut donc bien que les femmes s'emploient un peu à réparer par la charité les injustices du sort, puisque les hommes n'ont pas été capables encore d'organiser une société où le bien-être soit assuré à tous les travailleurs honnêtes et courageux. »

RÉFLEXIONS. — Faire le compte approximatif des sommes payées chaque année par M. Lauvergeon aux mutualités ou aux compagnies d'assurances. — N'y a-t-il pas des hommes qui donnent une somme au moins égale au marchand de vins qui vend de l'alcool, ou à l'État qui vend du tabac ? — N'existe-t-il pas d'autre part des gens à qui il est absolument impossible de faire de si gros sacrifices ? — Que dit à cet égard Mme Lauvergeon ? — La mutualité est-elle un remède suffisant contre la misère ?

---

3. ❧ Il y a des hommes qui n'ont pas le moyen d'être prévoyants ; tout leur salaire est absorbé par les dépenses de première utilité (nourriture, vêtement, logement, chauffage).

La mutualité est donc un remède insuffisant contre la misère.

VINGT ET UNIÈME LEÇON

LA SOLIDARITÉ SOCIALE

I. ❋ Un enfant assisté

Nous sommes au hameau de Lhopiteau, dans le domaine des Linard.

— M'an Nette, crie un gros gars joufflu dont les sabots sonnent sur les dalles de la grande salle, M'an Nette, il y a des gars dans *nout'* verger, des gars qui abattent *nous* noix.

— Je vais les chasser, mon gros Albert. Pendant ce temps, appelle Médor et va-t'en quérir[1] les vaches avant que la nuit tombe. Fais bien attention aux bêtes : tu sais que la grande rousse est capricieuse et que la noiraude n'est pas patiente.

Albert a déjà sifflé Médor et il s'en va en chantonnant par le chemin creux qui mène au pré.

Au ton familier dont s'entretiennent la bonne vieille et le petit garçon, vous avez pensé sans doute qu'Albert est le petit-fils de la bonne M'an Nette.

Vous vous trompez.

Entre eux il n'y a pas le moindre lien de parenté : d'un côté, maman Annette Linard, la mère du propriétaire actuel de la ferme ; de l'autre, Albert Nectou, enfant abandonné par une mère trop pauvre pour le nourrir, et recueilli par l'Assistance publique de la Seine. Dans les villes on connaît de ces misères atroces qui réduisent les parents, surtout les pauvres veuves, à cette triste extrémité.

Voilà six ans qu'Albert Nectou a quitté la rue étroite, la chambre exiguë où se sont écoulées ses quatre premières années. Dans sa petite cervelle il n'y a plus sou-

---

1. *Quérir* : chercher.

venir de sa vie passée ; ces champs, ces prés, ces collines boisées, ce joli village qui groupe ses maisons autour d'une antique église, les petits voisins avec lesquels on se réunit pour garder le bétail, les paysans qui devisent entre eux sur la promesse des récoltes : toutes ces choses, tous ces êtres, lui sont devenus familiers au point qu'il ne doute pas d'avoir toujours vécu dans ce milieu à la fois paisible et laborieux.

Ces champs, ces prés, ce joli village : tout cela lui est devenu familier ; il est ici chez lui.

Il est ici chez lui ; il dit « nos champs », « nout'blé », « nos pommes », « nos vaches » ; il n'y a pas jusqu'à l'accent qu'il a contracté qui ne le rattache plus étroitement encore au pays ; il parle enfin de sa M'an Nette, et il a raison, car un véritable lien existe désormais entre lui et ses parents nourriciers.

Quelqu'un veille d'ailleurs à ce que ce lien se resserre de plus en plus. Chaque mois, un « monsieur » vient de la ville pour visiter les enfants assistés placés dans le village ; il interroge, il visite la chambre, les effets des petits, il consulte les livrets scolaires, il donne des conseils, il admoneste les mauvais sujets, donne une tape amicale aux enfants studieux et obéissants ; il retirerait impitoyablement à des nourriciers égoïstes ou méchants la garde d'un enfant maltraité ou médiocrement soigné. Ils y perdraient non seulement la modique indemnité qui leur est allouée pour l'entretien de leur pensionnaire, non seulement les petits services que celui-ci peut rendre, mais encore une solide affection et une reconnaissance vivace.

Jusqu'à treize ans, Albert Nectou fréquentera l'école du village ; s'il obtient son certificat d'études, cinquante francs seront aussitôt inscrits à son nom sur un livret de Caisse d'épargne, et ses nourriciers recevront eux-mêmes une gratification : cela les engage à ne pas détourner l'enfant de ses études.

A treize ans, Albert Nectou sera placé, par les soins de M. l'Inspecteur, soit dans le domaine de ses nourriciers, soit dans un domaine voisin. Nourri et logé par ses maîtres, il gagnera en outre 150 ou 160 francs par an. Puis il deviendra plus fort et plus habile ; son salaire augmentera proportionnellement et atteindra 200, 300, 400 francs même.

Comment sera employé cet argent ? Une bonne moitié ira grossir le livret d'Albert. Voici que le total des économies et des intérêts atteint déjà deux cents, puis trois cents, quatre cents, sept cents francs : une petite fortune. Le reste du salaire est employé à l'achat et à l'entretien des vêtements. M. l'Inspecteur désire, autant que possible, que cet achat et cet entretien soient confiés aux parents nourriciers : ainsi, chaque dimanche, Albert Nectou viendra se changer chez ses nourriciers, vers sa M'an Nette d'autrefois ; s'il est resté un bon sujet, s'il est devenu un garçon travailleur et probe, il trouvera toujours chez elle un accueil sympathique et les bons conseils qui ne nuisent jamais aux jeunes gens.

Puis Albert Nectou fera son service militaire.

Au retour, l'Inspecteur lui remettra son livret de caisse

d'épargne. Et Albert sera désormais le maître de sa destinée.

Un jour il rencontrera quelque bonne fille, peut-être une enfant assistée comme lui. Ils réuniront leur pécule¹ et se marieront. Et il ne faudra pas vous étonner si vous les retrouvez bientôt bons fermiers dans une bonne ferme, demandant au rude labeur des champs de leur procurer l'aisance et le bonheur.

RÉFLEXIONS. — *Qu'est Albert Nectou par rapport à M'an Nette ? — Racontez l'histoire d'Albert. — Qui l'a recueilli ? — Qui a payé son entretien depuis l'âge de 4 ans jusqu'à l'âge de 13 ans ? — Où l'Assistance publique prend-elle l'argent dont elle a besoin ? — Qui donc paye pour l'entretien, l'éducation et l'apprentissage des orphelins, des enfants abandonnés, des enfants trouvés du département ? — Que deviendraient-ils si la société se désintéressait de leur sort ? — Ont-ils mérité la misère qui les atteindrait ainsi ?*

> 1. ❦ En faveur des orphelins, des enfants abandonnés, des enfants trouvés, l'Etat, les départements, les communes ont organisé des œuvres d'assistance.

---

1. *Pécule :* bien qu'on acquiert par l'économie.

II. ✣ Un malade hospitalisé

Cadet Potier était un des plus pauvres du village. Il acceptait courageusement et même allègrement sa misère. Quand il conduisait à travers le pays sa vieille petite voiture et son vieux petit âne pour aller vendre ses articles de mercerie, de sa vieille petite voix il criait gaîment : « Voilà Cadet, Cadet Potier, Cadet-sans-le-sou. » Et les ménagères se précipitaient vers sa boutique ambulante [1], car elles savaient y trouver à bon compte les aiguilles, le fil, les boutons, les rubans, tout ce qui est nécessaire pour l'entretien des vêtements.

A ce négoce, Cadet gagnait tout juste de quoi vivre chichement. Mais, bah ! il y avait toujours à la maison une bonne miche ; et quelques pommes de terre cuites sous la cendre de la cheminée régalaient chaque jour notre ami Cadet.

Un jour, les clientes habituelles de Cadet Potier attendirent vainement son passage. Elles furent grandement surprises, car elles connaissaient sa régularité. — Si Cadet ne vient pas, disaient-elles, c'est sûrement qu'il est malade.

En effet, Cadet avait dû s'aliter au retour d'une tournée trop fatigante. Une voisine, qui le chargeait souvent de commissions pour le bourg prochain et qui lui rendait en retour quelques services, le soigna de son mieux pendant plusieurs jours. Elle lui fit quelques tisanes, pensant que cela suffirait à le remettre debout.

Mais une semaine passa sans amener d'amélioration. Un matin, Cadet se plaignit de fortes douleurs dans le ventre, et il paraissait souffrir si cruellement que la voisine compatissante décida d'envoyer chercher le médecin. Cadet y consentit, bien que le prix de la visite l'effrayât quelque peu, car il devait être prélevé sur la petite réserve destinée à l'achat des marchandises.

---

1. *Ambulant* : qui n'a pas de résidence fixe, qui se déplace de pays en pays, de village en village.

La voiture du médecin s'arrêta enfin devant la porte de Cadet Potier.

— C'est grave, dit le docteur, après avoir minutieusement examiné le malade. Vous avez bien tardé à m'appeler.

Il prononça le nom baroque d'une maladie dont Cadet ni sa voisine n'avaient jamais entendu parler. Et il assura qu'une opération chirurgicale était nécessaire.

— Il faut dès ce soir que vous soyez conduit à l'hôpital, dit-il.

Le soir même, grâce à l'obligeance de Claude Boucaud, qui avait prêté cheval et voiture, Cadet Potier était couché dans l'une des salles de l'hôpital départemental.

Le lendemain, Cadet, effrayé, se vit transporter dans la salle d'opération ; on le coucha sur une table de marbre.

— Respirez fort, lui dit un médecin en lui plaçant sous le nez un tampon d'ouate humide.

Là s'arrêtent les souvenirs de Cadet Potier, que le chloroforme venait d'insensibiliser.

Quelques jours après, l'opération ayant parfaitement réussi, le patient, dont l'état général s'améliorait d'heure en heure, put échanger quelques paroles avec ses voisins.

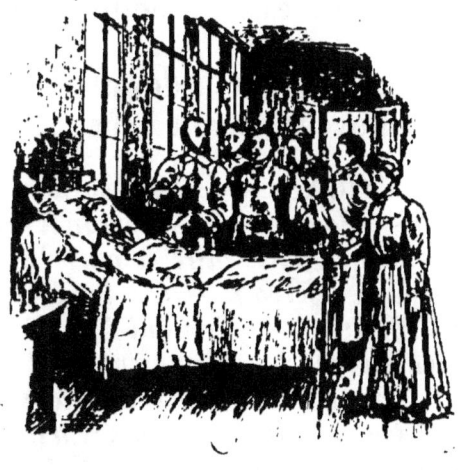

— Vous pouvez être tranquille, lui dit l'un d'eux, vous êtes entre les mains d'un homme très fort. A la visite de ce matin, il a affirmé qu'il répondait de vous.

Cadet reprit en effet rapidement ses forces. Le chirurgien passait chaque jour à son chevet, assisté des internes et des infirmières ; il consultait la fiche des températures qui indique l'état plus ou moins fébrile du malade ; il s'informait des pansements régulièrement effectués par les internes en vertu de ses ordres. Conformément aux indications qu'il donnait, l'alimentation de Cadet devint de plus en plus complète ; Cadet ne s'était jamais vu à pareil régime, et il eût désiré pour un peu — tant il était bien traité — que son séjour se prolongeât.

Bientôt il put se lever et se promener avec d'autres convalescents dans les jardins de l'hôpital. Il y avait là des hommes de la ville qui parlaient avec une grande admiration du chirurgien, M. Roux. Des gens riches, affirmaient-ils, payaient des centaines et même des milliers de francs pour une opération semblable à celle qu'avait supportée Cadet Potier.

Cadet quitta l'hôpital après un mois de traitement. Ce qu'on lui avait dit du chirurgien avait vivement frappé son esprit. Il fit le compte des dépenses qu'il aurait dû faire pour se procurer les soins reçus à l'hôpital. Opération, pansements, médicaments, nourriture, blanchissage, etc. : il y avait de quoi absorber vingt fois la fortune de Cadet-sans-le-sou.

— Les pauvres sont moins pauvres qu'ils ne le croient, se dit-il.

Et il comprit qu'il devait à l'esprit de solidarité de ses concitoyens d'avoir échappé à une mort certaine.

RÉFLEXIONS. — *Quel surnom a-t-on donné à Cadet Potier ? — Pourquoi ? — Lorsqu'il est devenu malade, Cadet a-t-il le moyen de se faire soigner ? — Pourquoi ne veut-il pas toucher à sa réserve ? — Où l'opération chirurgicale nécessaire est-elle effectuée ? — Par qui ? — Où Cadet passe t-il son mois de convalescence ? — Comment est-il traité à l'hôpital ? — Combien lui ont coûté tous les soins reçus ? — Qui donc a payé pour lui ? — Que serait-il arrivé s'il n'y avait pas eu d'hôpital départemental ou municipal ? — Cet abandon eût-il été juste ?*

Parler des « dispensaires » organisés dans les villes.

> **2. Pour soigner les malades pauvres, les villes et les départements ont créé des hôpitaux et des dispensaires gratuits.**

III. ✿ Un vieillard retraité

Depuis un an, le père Charrier a pris sa retraite, après trente années de services aux forges nationales. Tout le monde s'accorde à dire que c'est une retraite bien gagnée. Trente ans de puddlage [1] ! trente fois trois cents jours de brassage dans l'atmosphère surchauffée qui entoure le four chauffé à blanc ! trente fois trois cents jours de présence devant les « regards [2] », qui lancent des rayons aveuglants ! Cela vaut bien, n'est-il pas vrai, les sept cents francs de retraite qui ont été attribués au père Charrier.

Avec les quelques économies réalisées jusque-là, M. et Mme Charrier ont fait bâtir une petite maison de trois pièces au milieu d'un bon carré de terre.

Comme il le dit, le père Charrier « n'est plus un jeune homme » ; mais il n'est pas si las pourtant qu'il ne puisse manier la bêche et la pioche. Il suffit, pour s'en convaincre, de jeter un coup d'œil sur son jardin ; il n'y en a pas un à la ronde qui soit mieux entretenu ; pas une herbe folle ne salit les plates-bandes ; les allées sont garnies d'une couche épaisse et solide de frasil [3] ; les lignes de salade sont tracées au cordeau et géométriquement parallèles ; les choux sont alignés comme des soldats à la parade.

Devant la maison, Mme Charrier a réclamé une place pour ses fleurs ; elle a dessiné deux belles corbeilles où se succèdent primevères, roses et chrysanthèmes.

De tout l'été on ne voit guère M. Charrier à la maison ; s'il quitte son jardin, c'est pour se rendre au bois ; il en revient rarement sans un petit fagot de bois mort, qui

---

1. *Puddlage* : voir la note, page 161.
2. *Regards* : les regards du four à puddler sont les ouvertures par lesquelles l'ouvrier surveille la fonte.
3. *Frasil*, ou fraisil, ou fraisier : cendre de charbon de terre que l'on retire de la forge.

est aussitôt rangé sous un hangar et que l'on retrouvera à l'hiver.

Quand réapparaît la mauvaise saison, la lecture fournit à M. Charrier un agréable passe-temps. Et puis on revoit les vieux amis, les vieux compagnons d'atelier, et avec eux, tantôt chez l'un, tantôt chez l'autre, on entreprend d'interminables « parties », qui, pour ne pas être intéressées, n'en sont pas moins intéressantes.

Tous les trimestres, le père Charrier met son habit propre et se rend chez le percepteur pour toucher sa pension. Quand il a reçu les cent soixante-quinze francs que lui alloue le gouvernement, il les range soigneusement dans un porte-monnaie à larges ferrures, modeste coffre-fort du retraité.

Le père et la mère Charrier sont heureux : à leur âge, les besoins sont minimes, et il suffit qu'on soit sûr du lendemain. Qui oserait affirmer que la sécurité dont ils jouissent, grâce à la solidarité sociale, n'est pas la juste récompense des services rendus à la société pendant une longue vie de labeur ?

RÉFLEXIONS. — Quel est le métier du père Charrier ? — Quel était son patron ? — Pourquoi a-t-il été admis à la retraite ? — Est-il juste que le père Charrier reçoive une pension, bien qu'il ne travaille plus ? — Quelles sont les occupations du retraité ? — Pourquoi la vieillesse de M. et Mme Charrier sera-t-elle tranquille et heureuse ? — Tous les ouvriers reçoivent-ils une retraite quand ils ne peuvent plus travailler ? — Citez des administrations publiques ou privées qui servent une retraite à leurs vieux employés. — Désirez-vous qu'il en soit pour tous comme pour le père Charrier ?

---

3. ❦ **L'Etat, certaines communes, certaines administrations privées servent une retraite à leurs vieux employés.**

IV. ❦ La solidarité sociale

— Voilà bien de vos idées, Père Claude ; votre ami, le docteur Joly, n'a-t-il pas proposé l'autre jour, au Conseil général, la création d'un hospice départemental pour les vieillards infirmes ? Cela n'a pas le sens commun ! Les impôts sont déjà assez lourds. Pour construire, il faut de l'argent. Il en faut pour payer le personnel. Et il faudra dépenser chaque année près de cent mille francs pour l'entretien de cent cinquante ou de deux cents vieillards. Comment voulez-vous que nous consentions à donner tout cela ?

— Et comment voulez-vous, Monsieur Vincent, que ces malheureux se tirent d'affaire si nous ne leur venons pas en aide ? Qu'ils tendent la main de porte en porte ? qu'ils essuient cent refus avant de recevoir une charité ?... Mais vous n'ignorez pas que la mendicité est interdite ! Et d'ailleurs les raisons que vous invoquiez tout à l'heure vous placeraient sans aucun doute dans la catégorie de ceux qui trouvent toujours une bonne excuse pour ne pas donner. Où la charité est impuissante, Monsieur Vincent, doit s'exercer la solidarité.

— Je sais, père Claude, voilà votre grand mot lâché : la So-li-da-ri-té ! Mais savez-vous où nous conduisent vos beaux principes ? Chez le percepteur, qui nous ruine. Chaque année la note est plus élevée pour nous, sous prétexte que nous sommes riches et que nous devons payer pour les pauvres. Orphelins, malades, vieillards, chômeurs, tous prétendent puiser à la bourse commune, tous demandent à la société de les secourir ; le budget de l'État, le budget du département, celui de la commune, sont mis au pillage ; c'est notre argent qu'on dissipe ; votre solidarité est un gouffre, et vos amis prétendent que c'est à nous, les riches, de le remplir. Tout cela, voyez-vous, nous fait regretter le temps où le droit de voter n'appartenait qu'à ceux qui payaient une somme d'impôt assez élevée ; au moins, les finances étaient administrées par ceux qui alimentent le budget, et l'idée ne venait à personne d'augmenter indéfiniment les charges communes, comme le font aujourd'hui les partisans de votre fameuse Solidarité.

Le père Claude a répondu tranquillement :

— Je vous avoue, Monsieur Vincent, que je ne vois pas les choses comme vous. Moi aussi, j'ai été atteint par l'augmentation des impôts. Mais je ne m'en plains pas ; je songe à tous les hommes qui n'ont pas autant de bien-être que moi, tout en travaillant autant et plus ; je songe aux orphelins qui n'ont pas mérité la misère qui les envelopperait fatalement si nous ne payions pas pour les élever ; je songe aux malades pauvres qui seraient privés de tous les soins nécessaires, si nous ne construisions pas des hôpitaux pour les recevoir ; je songe aux vieillards qu'une existence laborieuse n'a pas mis à l'abri du besoin ; et je me dis que des hommes de cœur ne peuvent laisser les orphelins à leur dénûment, les malades à leur souffrance, les vieillards à leur misère.

« Savez-vous, Monsieur Vincent, comme je me représente une société vraiment civilisée ? J'imagine une vaste *mutualité* qui garantirait tous ses membres contre les diverses causes de souffrance.

— Justement, père Claude, dans une mutualité, il faut payer pour avoir droit aux avantages prévus par les statuts de la société.

— Aussi bien, j'exigerais de tous les participants une cotisation.

— Qui est ?

— Qui est *le travail*.

« Tout homme qui, par son travail, se rend utile aux autres hommes acquiert par cela même un droit comparable à celui qu'achètent les membres d'une mutualité par le versement régulier d'une cotisation.

« Que deviendriez-vous, Monsieur Vincent, si le paysan cessait de labourer et d'ensemencer la terre, si le mineur refusait de descendre dans la mine, si le boulanger ne voulait plus pétrir la pâte, si le forgeron, lassé, posait son marteau, si les tisserands désertaient les manufactures, si les chimistes abandonnaient leurs cornues et leurs éprouvettes, si les ingénieurs refusaient de calculer la résistance des matériaux, de combiner les alliages, de tracer les plans des ponts, des machines, des navires, des voies de chemins de fer, des mines ?

« Ceux-là sont les travailleurs. L'effort de l'un profite à tous. Le concours de tous doit par conséquent être acquis à chacun.

« Voyez-vous, Monsieur Vincent, de plus en plus, il apparaîtra aux hommes que les oisifs, seuls, méritent d'être abandonnés à leur sort. On comprend moins chaque jour que certains oisifs puissent vivre dans l'opulence[1], tandis que de braves paysans, de courageux travailleurs, échappent difficilement à la misère.

« La loi du travail s'imposera, finalement, à tous les hommes valides. En attendant, il est juste, il est nécessaire que les institutions de solidarité se multiplient en faveur de tous ceux qui, par leur travail, sont les vrais artisans de la richesse et du bien-être publics.

« Ne croyez pas, Monsieur Vincent, que mon raisonnement soit absolument désintéressé : j'ai quatre enfants ; ma propriété, qui me permet de vivre dans l'aisance, sera partagée entre eux quatre ; je suis presque riche, ils seront presque pauvres ; j'ai peur pour mes fils, Monsieur Vincent ; certes, je m'applique à faire d'eux des hommes utiles, des travailleurs intelligents et courageux, mais je n'ignore pas que, dans la société actuelle, l'intelligence et le courage ne sont pas une garantie suffisante contre la misère. Aussi, je joins mes efforts à ceux des citoyens qui partagent mes idées et qui veulent organiser la société de telle manière qu'aucun homme ne puisse être malheureux, sinon par sa faute. Des écoles, des orphelinats, des hôpitaux, des caisses de chômage, des retraites ouvrières, je juge tout cela indispensable, et

---

1. *Opulence :* grande richesse, abondance de biens.

je paye volontiers les impôts nécessaires à la vie de ces institutions. C'est un sacrifice que je fais avec plaisir puisqu'il peut profiter un jour à mes enfants ; je travaille ainsi dans leur intérêt et selon la justice : Monsieur Vincent, trouvez-vous que j'ai tort ? »

RÉFLEXIONS. — De quoi se plaint M. Vincent ? — Est-il d'avis qu'on mette à la charge des communes, des départements, de l'État, les dépenses d'assistance aux orphelins, aux malades, aux vieillards ? — Que lui répond le père Claude ? — Comment le père Claude se représente-t-il une société idéale ? — Qu'exigerait-il des membres de sa grande mutualité pour qu'ils soient assurés contre les diverses causes de misère ? — Quelle est son opinion sur les oisifs ? — Est-ce seulement par sympathie pour les pauvres et par amour de la justice qu'il veut multiplier les institutions de solidarité ? — Montrez en quoi il est intéressé directement, quoique riche, à la transformation qu'il désire.

---

4. ❦ **Une société bien organisée est celle où fonctionnent, au bénéfice de tous les individus utiles, des institutions de solidarité, véritables assurances contre les diverses causes de misère.**

VINGT-DEUXIÈME ET VINGT-TROISIÈME LEÇONS

LA FAMILLE

I. ❦ L'anniversaire de grand-papa

Comme grand-papa vient d'avoir quatre-vingts ans, toute la famille s'est réunie ce dimanche chez l'oncle Jules, qui a dressé dans son atelier deux grandes tables.

Grand-papa est rayonnant de joie.

Grand-papa ne parle pas beaucoup, mais ses yeux disent son émotion mieux que les plus belles phrases.

Ils rient, les yeux de grand-papa ; et pourtant, il semble parfois qu'ils s'humectent de larmes et que le ravissement qu'ils expriment est tempéré par une pensée affligeante.

— Quelqu'un manque à cette fête, semblent-ils dire... Comme elle serait heureuse, la grand'mère, si elle pouvait regarder ce tableau de la famille unie et heureuse !

« Ils ont été durs, nos jours de labeur, lorsqu'il fallait élever nos cinq bambins, devenus aujourd'hui de courageux ouvriers et d'actives ménagères.

« Elle fut lourde, la tâche de celle qui n'est plus. C'est elle, bien plus que moi, qui supporta le fardeau de leur éducation première ; pour elle, la journée de travail ne finissait qu'avec le jour ; les travaux du ménage, l'entretien des vêtements, la cuisine, la bonne administration du budget familial : tout cela exigeait un dévouement sans bornes.

« Ensemble nous avons peiné pour que nos enfants pussent recevoir une instruction bien poussée ; ensemble nous avons choisi, en tenant compte de leurs goûts, le métier que chacun d'eux devait apprendre ; ensemble nous avons surveillé discrètement leurs fréquentations d'adolescents [1] ; ensemble nous nous sommes acquittés

---

1. *Adolescents* : Jeunes gens de 14 à 20 ans.

des devoirs — et il y en a 1 — qui sont ceux des parents.

« Il serait donc juste qu'aujourd'hui elle eût, cette chère disparue, la satisfaction de voir ses efforts couronnés de succès : tous nos enfants bien placés, bien mariés ; il serait juste qu'elle trouvât sa récompense dans l'affection, les soins qu'ils lui prodigueraient comme ils le font pour moi ; il serait juste qu'elle fût comblée, elle aussi, des attentions délicates, des caresses affectueuses dont les petits-enfants régalent les grands-papas et les grand'mamans. »

Les yeux de grand-papa se sont posés à ce moment sur le groupe des enfants qui babillent et qui rient : « Ceux-là, se dit-il, ont devant eux le plus réconfortant des exemples ; ce qu'ils respirent dans ce paisible milieu, c'est une atmosphère de confiance et d'affection réciproques : la sincérité est avec nous, car personne ne songe ici à cacher ce qu'il sent ; la tolérance est avec nous, car chacun peut dire ce qu'il pense sans gêner ceux qui ne pensent pas de même ; la bonté et la solidarité sont avec nous, car chacun est prêt à faire les sacrifices nécessaires pour éviter qu'un malheur atteigne le voisin. Frères, sœurs, cousins, cousines, font donc ici un premier apprentissage de la vie, de la bonne vie de fraternité et d'entr'aide qui devrait être celle de la grande famille humaine. »

Et le grand-papa s'est dit encore, en suivant les joyeux ébats de ses petits-enfants :

« Eux et moi nous sommes des faibles ; nous sommes ceux qu'on soutient. Là encore, la famille est une image de la société désirable où chacun donnera suivant ses forces et où chacun recevra selon ses besoins. »

Le regard de grand-papa a rencontré enfin les yeux du bon père François assis au bout de la table. Et, dans son langage muet, il lui a dit : « Tu n'es pas de trop, François, dans cette fête de famille ; quand j'étais à l'âge de mes fils et de mes filles, je n'avais pas de frère qui pût me prêter secours dans le besoin et me soutenir par son exemple, ses conseils et ses encouragements ; j'ai trouvé en toi un ami dévoué et sincère ; nous nous sommes traités fraternellement ; tu as par conséquent ta place dans la famille élargie. »

Ainsi songeait grand-papa pendant le repas de son anniversaire, tandis qu'autour de la table les conversations s'animaient et que les bambins menaient un joyeux tapage sous l'œil ravi de leurs mamans.

RÉFLEXIONS. — *Quels sont les membres de votre famille proprement dite ? — Dans un sens plus large, qui comprenez-vous encore dans votre famille ? — Montrez que la famille est une source de bienfaits pour ceux qui la composent. — Quels avantages la famille procure-t-elle : 1º aux enfants ; 2º aux vieillards ? — Citez des exemples d'aide mutuelle entre frères et sœurs, cousins et cousines, dans l'enfance d'abord, puis dans la vie. — Montrez que dans la famille proprement dite chacun donne suivant ses forces (qui travaille ? rôle du père, de la mère, des adultes ; dire en quoi les enfants peuvent se rendre utiles ; rôle des vieillards). — Montrer que chacun y reçoit suivant ses besoins (ceux qui donnent le plus sont-ils ceux qui reçoivent le plus ?) — Quels hommes accueille-t-on dans la famille à titre d'amis ? — Pourquoi méritent-t-ils d'être considérés comme « étant de la famille » ?*

---

1. ❧ **La famille est une source de bienfaits pour tous ceux qui la composent (affection, entr'aide). Les enfants y reçoivent les soins matériels et la première éducation qui conviennent à leur âge. Les vieillards y sont l'objet des attentions les plus tendres.**
La famille est l'image de la société désirable, où chacun donnera suivant ses forces et recevra suivant ses besoins.

II. 🟐 Un mauvais père

C'était mon voisin, cet Arthur... Tous les samedis j'entendais, sans en rien perdre, l'horrible drame qui se jouait dans ce ménage d'ouvriers. Cela commençait toujours de la même façon. La femme préparait le souper ; les enfants tournaient autour d'elle. Elle leur parlait doucement, s'affairait [1]. Sept heures, huit heures : personne...

A mesure que le temps se passait, sa voix changeait, roulait des larmes, devenait nerveuse. Les enfants avaient faim, sommeil, commençaient à grogner. L'homme n'arrivait toujours pas ; on mangeait sans lui. Puis, la marmaille couchée, elle venait sur le balcon de bois, et je l'entendais dire tout bas en sanglotant : « Oh ! la canaille ! la canaille ! »

Des voisins qui rentraient la trouvaient là. On la plaignait... Tout cet apitoiement [2] la faisait pleurer davantage ; mais elle persistait dans son espoir, dans son attente, et restait là accoudée, se racontant à elle-même et très haut ses tristesses. C'étaient des loyers en retard, les fournisseurs qui la tourmentaient, les boulangers qui refusaient le pain. Comment ferait-elle s'il rentrait encore sans argent ? A la fin, la lassitude la prenait de guetter les pas attardés, de compter les heures. Elle rentrait ; mais longtemps après, quand je croyais tout fini, on toussait près de moi sur la galerie. Elle était encore là, la malheureuse, ramenée par l'inquiétude, se tuant les yeux à regarder dans la ruelle noire.

Vers une heure, deux heures, quelquefois plus tard, on chantait au bout du passage. C'était Arthur qui rentrait.

Elle était terrible, cette rentrée...

« Ouvre, c'est moi... »

---

1. *S'affairer* : s'occuper avec activité.
2. *Apitoiement* : marques de pitié.

J'entendais les pieds nus de la femme sur le carreau, le frottement des allumettes, et l'homme qui essayait de bégayer une histoire, toujours la même : les camarades, l'entraînement. « Chose, tu sais bien... Chose qui travaille au chemin de fer. » La femme ne l'écoutait pas :

— Et l'argent ? — Je n'en ai plus, disait la voix d'Arthur. — Tu mens !... »

Il mentait en effet. Même dans l'entraînement du vin, il réservait toujours quelques sous, pensant d'avance à sa soif du lundi ; et c'est ce restant de paye qu'elle essayait de lui arracher. Arthur se débattait : « Puisque je te dis que j'ai tout bu, » criait-il. Sans répondre, elle s'accrochait à lui, le secouait, le fouillait, retournait ses poches Au bout d'un moment, j'entendais l'argent qui roulait par terre, la femme se jetant dessus avec un rire de triomphe. « Ah ! tu vois bien. »

Puis un juron, des coups sourds... C'est l'ivrogne qui se vengeait. Une fois en train de battre, il ne s'arrêtait plus. La femme hurlait, les derniers meubles du bouge[1] volaient en éclats, les enfants réveillés en sursaut pleuraient de peur. Dans le passage les fenêtres s'ouvraient. On disait : « C'est Arthur ! c'est Arthur ! »

... Et il y avait là, dans ce bouge, un tas d'autres petits Arthurs n'attendant que d'avoir l'âge de leur père pour manger leur paye, battre leurs femmes... Ah ! maladie ! comme disaient mes voisins du passage.

(*Contes du lundi.*)   A. DAUDET.
(CHARPENTIER, éditeur.)

RÉFLEXIONS. — *Quel jour de la semaine se passe la scène rapportée ci-dessus ?* — *Pourquoi ce jour ?* — *Si Arthur avait rapporté sa paye, à quoi l'argent aurait-il été employé par la bonne ménagère ?* — *Que va-t-il arriver au contraire ?* — *Quel exemple Arthur donne-t-il à ses enfants ? — Qu'en résultera-t-il ? — Heureusement, il n'y a pas beaucoup de pères qui aient une*

---

1. *Bouge :* logement malpropre, obscur.

conduite aussi déplorable ; mais un certain nombre ne dépensent-ils pas au cabaret des sommes qui pourraient être mieux employées dans la famille ? — N'y a-t-il pas lieu de lutter contre les habitudes néfastes prises à cet égard par beaucoup d'ouvriers ? — Quand les parents viennent à manquer, ou quand ils sont trop pauvres, les enfants doivent-ils être abandonnés à leur triste sort ? — Qui peut leur venir en aide ? — Donnez des exemples d'intervention de la commune, du département, de l'État (secours, bourses, orphelinats).

---

2. ❦ **De bons parents procurent à leurs enfants une nourriture bien réglée, une hygiène excellente, une éducation sérieuse, une instruction bien poussée, l'apprentissage complet d'un bon métier. Ils leur donnent en toute occasion l'exemple de la concorde.**
Par défaut d'éducation ou de ressources, beaucoup de parents ne peuvent assumer toutes ces charges. L'État, le département, la commune interviennent de plus en plus en faveur des déshérités.

III. ❦ Un mauvais fils

Un jeune homme qui était sur le point de se marier résolut de chasser son père de la maison et de le reléguer à la campagne. Il craignait que la compagnie du vieillard déplût à sa jeune femme. Son père avait plus de cent ans et était hors d'état de lui résister. Il le fit monter sur un chariot et le mena jusqu'à la porte d'une pauvre métairie qu'ils avaient dans la campagne : c'était dans cette métairie qu'il voulait l'enfermer.

« Mon fils, dit le vieillard, je vois ce que tu veux faire. Mais je ne te demande qu'une chose : c'est de me conduire au moins jusqu'à la table de pierre qui est dans ce jardin. »

Le fils conduisit son père jusqu'à cette table. Quand ils furent arrivés :

« Maintenant tu peux partir et m'abandonner, dit le

vieillard. C'est ici qu'autrefois j'ai amené mon père et que je l'ai abandonné.

— Ah ! mon père ! s'écria le jeune homme, si j'ai des enfants, c'est donc ici qu'ils m'amèneront à leur tour ! »

Et alors, reconduisant son père à la ville, il lui donna la plus belle chambre de sa maison et la place la plus honorable à son repas de noce.

Saint-Marc-Girardin. (E. Charpentier, éditeur.)

RÉFLEXIONS. — *Quels sentiments les enfants éprouvent-ils pour les parents qui les choient, qui les caressent ?* — *Plus tard, quand ils sont capables d'apprécier tous les bienfaits de la famille, quel nouveau sentiment vient compléter les premiers ?* — *Comment se manifeste cette reconnaissance ?* — *Quelle est la punition ordinaire des fils ingrats ?* — *Quand les enfants sont trop pauvres pour assurer à leurs parents une vieillesse heureuse, les vieillards doivent-ils rester sans ressources? — Qui peut leur venir en aide ?*

> 3. ✣ Les parents sont payés de leur affection et de leurs soins par l'amour *filial* qui leur est témoigné et par le *dévouement* de leurs fils et de leurs filles. L'*obéissance* des enfants doit être affectueuse; leur *reconnaissance* ne peut être qu'infinie si les parents se sont bien acquittés de leur tâche.
>
> Certaines personnes sont trop pauvres pour assurer une vieillesse heureuse à leurs parents. L'Etat, les départements, les communes interviennent de plus en plus en faveur des vieillards sans ressources.

IV. ✣ Les mauvais frères

Henri et Georges Carniol sont deux frères. Ils naquirent à un an d'intervalle et furent élevés ensemble. Ils ne se quittèrent pas un jour entier jusqu'au moment où Henri, le cadet, fut reçu à l'Ecole polytechnique [1], tandis que Georges, moins heureux, échouait deux fois de suite au concours, et entrait à l'Ecole centrale [2].

Henri et Georges Carniol se détestent.

Comment ce sentiment est-il né ? C'est le succès de Henri qui a tout fait. L'aîné n'a pu digérer [3] son infériorité ni supporter d'être vaincu par le plus jeune. D'abord il se contenta de plaisanteries aigres-douces sur l'Ecole polytechnique et sur la prétendue vanité des Polytechni-

---

1. *Ecole polytechnique :* école qui prépare des officiers pour l'artillerie, le génie, des ingénieurs pour les ponts et chaussées et les mines.
2. *Ecole centrale :* école qui forme des ingénieurs pour tous les genres d'industries.
3. *Digérer :* supporter, souffrir patiemment.

ciens. Il se moquait du coquet uniforme de son frère, plaisantait son bicorne et son épée, déclarait que cet accoutrement le faisait ressembler à un gardien de square. Au fond il était vilainement jaloux.

Au début, Henri supporta ces attaques avec la bonne humeur de quelqu'un qui vient de remporter un brillant succès. Puis il se lassa et pria son frère de changer le sujet de ses plaisanteries ; et comme Georges persévérait, il se fâcha et lui dit une bonne fois :

— Ce n'est pas aux « ratés » à se moquer de ceux qui ont réussi.

Georges pâlit, répondit par un furieux haussement d'épaules et s'en alla, le cœur plein de haine.

Les années passèrent. Henri et Georges étaient devenus des ingénieurs également appréciés, bien que certains industriels gardent une préférence marquée pour les anciens élèves de l'Ecole polytechnique. Henri construisait des automobiles pour le compte d'une Société anonyme. Georges était devenu l'associé de la grande maison « Ultra-Rapide », dont les moteurs à vapeur sont célèbres dans le monde entier. Chacun d'eux avait une jolie situation, était ce qu'on appelle « un beau parti » et désirait se marier.

Une jeune fille plaisait beaucoup à Georges. Geneviève Listal était adorablement belle ; sa dot avait déjà attiré beaucoup de candidats ; enfin, M. Listal, son père, propriétaire de mines, exploitait une grosse usine métallurgique et pouvait donner à son futur gendre un appui considérable dans le monde des affaires.

Lorsque Georges eut pris sa résolution, il pria sa mère d'aller trouver Mme Listal pour l'entretenir de son projet.

Ravie, Mme Carniol s'en fut visiter la mère de Geneviève, qu'elle connaissait de longue date. Georges attendit son retour avec une impatience aiguë :

— Hé bien, mère ?

— Mon pauvre enfant, Geneviève Listal est déjà engagée.... et devine avec qui ?... Avec ton frère.

Pour Georges, qui n'avait jamais pardonné à Henri son premier triomphe, ce fut un coup de massue [1], tant la colère fut violente. Les fiançailles ayant eu lieu, il ne félicita pas son trop heureux frère, et il prétexta un voyage d'affaires aux États-Unis pour n'avoir pas la douleur d'assister au mariage.

Dès lors, entre les deux frères ce fut une hostilité déclarée. La haine de Georges avait fini, à force d'injustice, par révolter Henri et le rendre également haineux. Elle devait porter ses fruits.

Georges put bientôt considérablement élargir ses affaires. En peu d'années il devint un des plus gros industriels de France, fondait une entreprise modèle de pièces détachées pour automobiles, chez qui tous les fabricants devaient se fournir, sous peine de ne pouvoir construire avec économie. La Société dirigée par Henri dut, bon gré mal gré, devenir sa cliente.

Quelques années plus tard, M. Listal mourut, laissant à ses enfants une succession très embrouillée, et plus de dettes que de ressources. La situation de Henri s'en ressentit aussitôt. Et ce fut un peu plus tard que la crise de l'automobilisme sévit, fermant les usines, jetant sur le pavé des milliers d'ouvriers et ruinant les capitalistes.

Au moment précis où Henri allait être nommé chevalier de la Légion d'honneur, sa Société se trouva dans une très mauvaise passe. Elle devait beaucoup d'argent, et principalement à Georges.

Henri s'humilia, supplia son frère de l'aider à se sauver, implora des délais de paiement. Georges fut inflexible. Il fut au premier rang des créanciers qui exigèrent la faillite.

Henri était complètement ruiné ; lâchement, il se tua. Georges put savourer sa vengeance.

RÉFLEXIONS. — Parmi vos camarades pouvez-vous désigner de bons frères, de bonnes sœurs ? Comment se comportent-ils les

---

1. *Coup de massue :* se dit au figuré d'un événement fâcheux et imprévu.

uns avec les autres (jeux, études, joies) ? — Quel est le rôle des plus grands ? Comment les petits les récompensent-ils ? — Quelle heureuse disposition de bons frères et de bonnes sœurs conserveront-ils dans la vie ? — D'où viennent ordinairement les sujets de division entre frères et sœurs ? — Un bon frère doit-il accepter d'être avantagé dans une succession ? — Un homme juste doit-il se montrer jaloux des succès remportés par son frère ? Quelle doit être leur attitude réciproque ? Raisonnez sur le cas de Henri et Georges Carniol.

> **4.** De bons frères contractent dès leur enfance des habitudes d'entr'aide qu'ils conserveront dans la vie. Les aînés aident les plus jeunes. Plus tard, ceux que le sort aura favorisés n'oublieront pas leurs frères moins heureux.

V. L'usine et la manufacture détruisent le lien familial

A six heures, papa Prolet sonne le réveil.

— Allons, Margot ! Allons, Jacques ! Allons, Frédéric ! Debout, mes enfants ; il est grand temps de se lever.

Les trois enfants sont déjà sur pied : Margot, la grande, donne un coup de main à Frédéric, petit marmot de quatre années.

On se presse bientôt dans la cuisine ; c'est là qu'on se lave, chez les Prolet. Si maman Prolet n'y mettait ordre, l'évier serait pris d'assaut.

— Voyons, Margot, tu es la plus grande : Jacques d'abord, et toi ensuite... Allons, Jacques, presse-toi, tu sais que personne ici n'a de temps à perdre... Les souliers, maintenant, et que ça brille... A toi, petiot, viens que je te débarbouille.

En deux tours de serviette, c'est fait ; je ne parierais pas que le cou est très propre ; mais il faut aller vite, l'aiguille tourne, et la porte de l'atelier se referme, impitoyable, sur les retardataires.

— Habille le petit, Margot, pendant que je m'apprête.

A six heures et demie, un tour de clef : tout le monde est dehors. Un baiser hâtif, une recommandation rapide, et chacun part de son côté. Papa Prolet court au métro, maman Prolet à l'omnibus, et les bambins se dirigent lentement du côté de l'école, grande bâtisse qui s'élève entre l'usine Piotin et la rue du Four.

C'est là que les petits Prolet passeront toute la journée.

En mangeant le petit pain qui constitue leur déjeuner du matin, ils attendent l'arrivée du maître de garde. Sept heures sonnent. Ils se disent au revoir distraitement, et ils entrent dans leurs écoles respectives.

Tout à l'heure, au milieu de ses petites camarades, Margot aura tôt fait d'oublier son petit frère Frédéric, qui passera la journée à l'asile. Quant à Jacques, ne lui demandez pas de distraire aux jeux bruyants qui le sollicitent le temps d'une pensée affectueuse à l'adresse de son frère et de sa sœur.

Huit heures : on monte en classe. Onze heures : on déjeune, dans le préau de l'école, avec la gamelle fournie par la cantine de l'école. Midi : c'est la récréation, dans la cour de l'école. Une heure : on reprend la classe. Quatre heures : sortie pour les enfants privilégiés qui connaissent encore la vie de famille.

Les petits Prolet ne sont pas de ceux-là ; ils resteront à la garderie, dans l'école. Enfin six heures et demie sonneront, et les petits Prolet seront rendus à leur famille, *après onze heures et demie passées dans l'école.*

A leur famille, c'est encore trop dire. Pendant la saison de grand travail, les époux Prolet ne rentrent guère qu'à sept heures et demie ou huit heures. Pendant près d'une heure les petits Prolet seront alors abandonnés à la rue ou confiés à la garde d'une concierge plus ou moins vigilante.

Voici enfin le père et la mère. On s'embrasse rapidement. — Bien sages ? demande le père. Vous devinez la réponse. On mange, assez vite, le dîner froid, généralement de la charcuterie. Et l'on se couche dans des lits rapidement faits.

Les petits Prolet sauront-ils jamais ce qu'est la vie de famille ?

RÉFLEXIONS. — Pourquoi Mme Prolet ne reste-t-elle pas chez elle pour soigner ses enfants, préparer les repas, surveiller le travail et les jeux des petits, etc. ? — Qu'en résulte-t-il ? — Combien de temps les époux Prolet passent-ils à côté de leurs enfants ? — Ont-ils le temps de s'occuper d'eux sérieusement ? — Combien de temps les enfants Prolet se trouvent-ils ensemble à la maison ? — Se fréquentent-ils suffisamment pour que puisse naître entre eux une affection solide ? — Quels enfants partagent leurs jeux ? Où est, en un mot, leur véritable famille ?

---

5. ❦ Les conditions de l'industrie moderne (longues journées de travail, dispersion de la famille dans des ateliers différents, impossibilité du déjeuner commun) détruisent peu à peu le lien familial. L'antique institution de la famille devient plus fragile et s'effrite.

VI. ❦ Une maîtresse inhumaine

Ce matin-là, suivant son habitude, Mme Sugait travaillait dans son petit salon à dépouiller son courrier. Lettres de l'avoué, du banquier, de l'architecte s'y mêlaient à celles que reçoit Mme Sugait en qualité de trésorière d'un Comité d'assistance aux Veuves dans la détresse. Car Mme Sugait se fait gloire d'appartenir au monde charitable.

Elle écrivait d'une plume rapide les réponses nécessaires, lorsque Pauline, la femme de chambre, frappa discrètement à la porte.

— Entrez, répondit d'une voix brève la dame, qui n'aimait pas à être troublée dans ses occupations.

Il fallait un motif bien puissant pour pousser la servante à affronter Mme Sugait à pareille heure. La jeune femme tenait une lettre, et ses yeux étaient humides.

Elle dit d'une voix tremblante :

— Si Madame veut bien me permettre... Je viens d'apprendre une mauvaise nouvelle. La directrice de la pension où reste ma fille m'écrit que la petite vient de tomber malade. Elle dit qu'on est inquiet ; on ne sait pas ce que c'est. Alors, comme on me réclame là-bas, je viens demander à Madame la permission de m'absenter une journée, le temps d'aller et de revenir. Madame serait bien bonne si elle consentait... et je serais plus tranquille ensuite si je pouvais causer avec le docteur et voir ce qu'il dit pour ma petite fille.

Mme Sugait ne répondit pas tout de suite au discours de sa domestique. Après un silence qui parut interminable à Pauline, la dame releva la tête et, regardant la pauvre mère, dont le visage reflétait toutes les angoisses, lui dit froidement :

— Mais pourquoi vous a-t-on prévenue, vous ? On sait bien que vous êtes en place, que vous ne pouvez pas vous absenter comme cela du jour au lendemain sans que l'on ait eu le temps de s'organiser.

— La petite n'a plus que moi. Madame oublie sans doute que je suis veuve. Je n'ai pas de parents ici. La directrice ne connaît que moi ; c'est moi qui envoie régulièrement l'argent de la pension ; alors on ne s'inquiète ni du reste ni des autres ; quand il y a quelque chose qui ne va pas, c'est toujours à moi que l'on écrit.

— Cela me gêne infiniment, reprit Mme Sugait d'un ton fort sec. Demain j'ai du monde à recevoir, et j'ai absolument besoin de vous.

— Je trouverais bien quelqu'un pour me remplacer, dit, très timidement, la malheureuse Pauline.

— Il fallait me prévenir plus tôt et vous arranger autrement, répliqua Mme Sugait en coupant la parole à son interlocutrice éplorée. Il est trop tard maintenant pour trouver quelqu'un de convenable, et je ne puis introduire chez moi une personne que je ne connais pas. Chercher une remplaçante aujourd'hui, partir demain, cela fait deux journées où je n'aurai pour ainsi dire personne. Je ne peux ni ne veux laisser prendre chez moi de telles habitudes. On s'absente une fois pour quelque chose, la deuxième fois pour peu de chose, et ensuite pour rien du tout...

— Le travail ne souffrirait pas beaucoup de mon absence, hasarda encore la femme de chambre. Je pourrais, de bon matin, faire une partie de mon ouvrage, et, le soir, en revenant de la pension, je finirais ce que j'aurais dû laisser.

— C'est cela, répliqua la dame d'un ton sarcastique [1], vous veillerez, vous vous coucherez tard, et, le lendemain, vous serez trop fatiguée pour l'ouvrage. Allons, Pauline : ce que vous me demandez est impossible. Allez voir votre fille, si vous voulez, mais vous ne rentrerez pas chez moi.

— Alors, dit la pauvre mère aux abois, alors je ne puis pas y aller. Madame pense bien que si je perds ma place, je ne pourrai pas payer la pension de la petite. Qu'est-ce que nous deviendrons alors, elle malade, moi sans argent, toutes les deux sur le pavé ?

— Ce sont vos affaires et non les miennes, répondit Mme Sugait. Je suis au regret de ne pouvoir accueillir votre demande. Je suis désolée, croyez-le bien, mais cela m'est impossible, je vous le répète.

Et Mme Sugait ayant conclu d'un ton tranchant qui rendait vaine toute insistance nouvelle, elle fit de la main un geste autoritaire qui congédiait l'importune.

Puis, se remettant à sa correspondance, elle acheva une lettre où elle recommandait à la « Société de la protection des Veuves » une pauvre mère de famille, avant

---

1. *Sarcastique* : qui tient de la raillerie amère, méchante.

de faire le total des sommes que sa « charité » lui avait coûté, à un centime près, dans le trimestre écoulé.

RÉFLEXIONS. — *Pour quelle raison Pauline demande-t-elle une journée de liberté ? En quoi l'absence de Pauline pendant cette journée pourrait-elle causer quelque ennui à M*^{me} *Sugait ? — Ces légers désagréments sont-ils un motif suffisant pour refuser à la maman d'aller voir son enfant malade ? — Bien que M*^{me} *Sugait consacre une partie de son temps et de son argent à des « bonnes œuvres », la considérez-vous comme une personne vraiment charitable ? — Pauline n'affirme-t-elle pas que sa besogne quotidienne ne souffrira pas de son absence ? Quelle qualité dénote en elle cette préoccupation ? — Y aurait-il de mauvais maîtres ou de mauvais serviteurs si tous s'efforçaient d'appliquer la grande maxime : Fais à autrui... etc. ? — Du côté des maîtres, se rappeler la fameuse parole de Figaro : « Aux vertus qu'on exige d'un bon domestique... »*

---

6. ❦ Maîtres et serviteurs doivent se comporter entre eux comme de bons patrons et de bons employés. Ils se doivent réciproquement, et au même degré, le respect. Les serviteurs doivent faire consciencieusement leur besogne. En retour, les maîtres doivent les traiter avec justice et humanité.

VINGT-QUATRIÈME LEÇON

L'ÉCOLE

❦

I. ❦ L'école d'autrefois

[Autrefois l'école n'existait pas pour les pauvres ; les riches seuls recevaient, dans les lycées et les collèges, une instruction sérieuse. Quant à l'enseignement primaire, il était donné dans de misérables écoles, par des maîtres miséreux, à ceux dont les parents étaient assez aisés pour payer la rétribution scolaire ; on n'avait pas les mêmes idées qu'aujourd'hui sur la nécessité de l'instruction ; on pensait qu'un homme du peuple en sait toujours assez. Bien souvent le maître d'école était presque un ignorant.

M. Lavisse, un historien de notre temps, a décrit aux petits écoliers de son village la vieille école d'autrefois, l'école d'il y a cinquante ou soixante ans. Cette évocation fera réfléchir les écoliers d'aujourd'hui.]

C'était dans la Grand'Rue. On entrait par un corridor dont les murs étaient de mortier. Au bout, à droite, une petite porte ouvrait la salle qui était assez vaste, éclairée par plusieurs fenêtres, mais toute nue. Il n'y avait aucun tableau, aucune carte, aucune inscription, il n'y avait point de tables. Chacun de nous possédait une planche percée d'un trou où passait une ficelle par laquelle nous la suspendions au mur. Pour écrire, nous mettions la planche sur nos genoux.

Nous apprenions tout juste à lire, à écrire et à compter. Nous n'avions que bien peu de livres. Je me souviens de deux seulement : la *croisette* (c'est ainsi que nous appelions l'alphabet dont je n'ai su le nom que beaucoup plus tard), et l'Ancien et le Nouveau Testament, où les plus forts lisaient. Pendant que j'étais à l'école, un seul de mes camarades avait cet honneur, et la première admiration de ma vie a été pour lui.

Nous redoutions beaucoup les exercices d'écriture. Quand le moment était venu de les commencer, chacun de nous apportait au maître sa plume d'oie et sa planche. Nous ne nous servions pas de plumes de fer, qui nous semblaient des objets de grand luxe, et lorsque nous en trouvions une dans la rue, devant la mairie, où le greffier jetait les siennes après les avoir usées, nous la serrions précieusement, tout ébréchée, dans la poche de notre gilet, où elle faisait des trous. Le maître taillait les plumes dans la perfection. Sur notre planche, il mettait une grande feuille de papier. Il la réglait pour écrire en gros entre deux lignes, ou en fin sur une seule ligne. Il graduait les difficultés : pour les commençants il traçait des lignes dans toute la longueur ; pour les autres, il les coupait en fragments, de façon que la main, n'étant pas soutenue tout le long du parcours, s'habituât à se guider elle-même.

A portée de notre *maître*, il y avait un martinet dont il se servait volontiers, sans que personne s'étonnât ou se fâchât, car le martinet paraissait alors être un insigne naturel de la fonction magistrale. Le père Matton ne frappait pas fort, autant qu'il m'en souvient, car c'était un brave homme. D'ailleurs, les coups sur la main n'étaient pas le châtiment le plus grave. Les mauvais sujets étaient mis à genoux, au milieu de la classe, tenant dans une main levée l'Ancien et le Nouveau Testament.

Tout se passait familièrement et sans cérémonie à l'école. Le maître était chantre à l'église. Quand il y avait des messes de mariage ou d'enterrement, et le samedi pour les vêpres, il nous laissait, emmenant avec lui les enfants de chœur. C'était alors sa fille, Mlle Adèle, qui faisait l'école. Mlle Adèle avait une pédagogie très simple. Elle apportait une salade qu'elle épluchait, et, pour nous faire tenir tranquilles, elle promettait au plus sage le friand morceau qu'on appelle *touvon*[1]. J'ai eu l'honneur de l'obtenir plusieurs fois. Ces *touvons* de Mlle Adèle ont été les premières récompenses que j'ai reçues.

ERNEST LAVISSE.

(*Discours prononcé à l'inauguration du groupe scolaire de Nouvion-en-Thiérache*[2].)

---

1. *Touvon* : cœur de la salade.
2. *Nouvion-en-Thiérache* : chef-lieu de canton de l'Aisne.

RÉFLEXIONS. — Quels changements aujourd'hui ? — Pour s'en convaincre, reprendre cette lecture point par point en comparant minutieusement ce qui se faisait autrefois avec ce qui se fait aujourd'hui.

> **1. ❦ Autrefois l'école n'existait pas pour les pauvres ; les riches seuls recevaient, dans les lycées et les collèges, une instruction sérieuse. Même pour l'instruction primaire, donnée dans de misérables écoles par des maîtres miséreux, il fallait payer la rétribution scolaire.**

II. ❦ L'école d'aujourd'hui

[Aujourd'hui l'école existe pour tout le monde ; les parents sont *obligés* d'y envoyer leurs enfants ; la République a d'ailleurs accordé à tous, par la loi de 1881, la *gratuité* de l'enseignement primaire. Pourquoi cette obligation ? Pourquoi cette gratuité et les dépenses qu'elle entraîne ? C'est à quoi nous allons réfléchir ensemble.]

— « A quoi bon vos écoles ? à quoi bon votre instruction ? Je ne suis pas allé à l'école, moi ; ça ne m'empêche pas de respirer, ça ne m'empêche pas de vivre tranquillement avec ma famille en cultivant mon héritage. C'est bon pour les riches d'aller user leurs fonds de culotte sur les bancs des lycées et des collèges ; mon garçon Jean-Pierre serait bien mieux dans la maison à soigner le bétail, ou bien devant la charrue à piquer les bœufs, ou bien dans les prés communaux à garder Noiraude.

« Je suis certain que bien des paysans et bien des ouvriers pensent comme moi ; dans notre condition, nous ne sommes pas destinés à devenir des savants ; pourquoi nous obliger par conséquent à envoyer nos enfants dans leurs écoles pour y fainéanter jusqu'à des treize ans à gribouiller des chiffres inutiles ou à étudier des douzaines de livres qui nous coûtent les yeux de la tête ? »

Ainsi parlait Antoine Dubuc, un bon vieux paysan

dont le seul défaut est de n'avoir rien compris aux changements qui se sont effectués dans la société française depuis une soixantaine d'années. Tels on était autrefois, tels il voudrait que nous fussions encore aujourd'hui.

Antoine Dubuc se trompait, d'ailleurs, en affirmant que beaucoup d'hommes partagent son aversion pour l'école. Ils sont rares, les ouvriers ou les cultivateurs d'aujourd'hui qui contestent la nécessité de l'instruction. C'est joyeusement que la plupart d'entre eux envoient leurs enfants à l'école ; tous ou presque tous considèrent comme un bien précieux le bénéfice de la gratuité scolaire.

Ils savent qu'autrefois, à moins d'avoir la force de caractère d'un Drouot, un pauvre parvenait difficilement à s'instruire ; ils savent que l'école poursuit un but très élevé.

C'est elle qui développe notre intelligence et met à notre portée une foule de connaissances pratiques qui ont une immense utilité dans la vie : il est utile de connaître les qualités des divers aliments afin de savoir choisir une alimentation saine et variée ; il est utile de connaître l'hygiène afin de nous placer constamment dans les conditions les plus favorables à notre santé ; il est utile d'être mis en garde contre les hypocrites qui provoquent nos fautes pour en tirer un avantage ou une satisfaction, contre les flatteurs qui nous grugent, contre les charlatans qui exploitent notre crédulité, contre les semeurs de superstitions qui nous effrayent.

C'est l'école qui répand parmi les enfants du peuple les lumières de la science. Au siècle du télégraphe, du téléphone, de la machine à vapeur, du moteur à explosion, de la turbine, de l'électricité, de la navigation aérienne, de la télégraphie sans fil, des machines industrielles et agricoles, on ne peut pas rester étranger à cet admirable mouvement scientifique qui multiplie les moyens de produire les richesses tout en économisant l'effort humain. Pas un de nous qui ne veuille comprendre dans leur principe ces merveilleuses inventions des savants. L'école est là, heureusement, avec ses manuels et ses maîtres qui contentent notre curiosité.

Et puis, l'école prévoit en nous le futur agriculteur, le futur commerçant ou le futur ouvrier. Dans les écoles rurales elle explique aux paysans de demain l'usage des engrais, l'avantage des assolements, l'utilité de l'arbre ; dans les écoles urbaines elle insiste sur les connaissances qui permettront de pratiquer intelligemment les métiers et les professions les plus répandus dans la région.

Enfin l'école prévoit en nous le futur citoyen. C'est la première République qui a conçu l'obligation scolaire ; c'est la troisième qui a réalisé le plan des Conventionnels de l'an II. Comme il est compréhensible que l'Etat républicain ait eu cette préoccupation, restée étrangère aux régimes monarchiques ! Nulle part il n'est plus nécessaire que dans une république d'assurer un minimum d'instruction à tous les citoyens ; un citoyen insuffisamment instruit a bien des chances de voter mal ; il ne comprend pas son véritable intérêt ; il est le jouet des malins qui pérorent dans les réunions ; les grands mots, les grandes phrases le séduisent bien plus que les idées justes exprimées simplement ; il se laisse entraîner par les courants d'opinion que les habiles s'entendent à créer dans les foules au moyen du mensonge, de la calomnie ou de l'exagération voulue.

Si Antoine Dubuc réfléchissait à tout cela, il ne s'étonnerait plus, certes, que l'Etat et les communes dépensent tant d'argent pour entretenir des écoles et payer des instituteurs. Il pourrait à ce propos se rappeler cette opinion d'un homme qui, hélas ! a bien mal appliqué lui-même le juste principe qu'il énonçait ; nous voulons nommer Napoléon Bonaparte. « Les *vraies conquêtes*, « écrivait-il en l'an VI de la République, les seules qui « ne donnent aucun regret, sont celles que l'on fait « sur l'ignorance. L'occupation la plus honorable, « comme la plus utile pour les nations, c'est de contri- « buer à l'extension des idées humaines. La vraie puis- « sance de la République française doit consister désor-

« mais à ne pas permettre qu'il existe une seule idée
« nouvelle qu'elle ne lui appartienne. »

Et Dubuc comprendrait qu'on ait pu dire plus récemment que la plus grande nation sera celle qui possédera les meilleures écoles.

RÉFLEXIONS. — *Antoine Dubuc est-il content d'être obligé d'envoyer son garçon à l'école ? Que dit-il à ce propos ? — Tout le monde partage-t-il son opinion ? — Citez des circonstances de la vie familiale où l'on est heureux de se rappeler ce qu'on a appris à l'école. — Montrez l'attitude d'un ignorant devant une machine, une invention nouvelles. — Un agriculteur, un ouvrier gagne-t-il à fréquenter l'école ? — Dites pourquoi un pays de suffrage universel doit, plus qu'un autre, veiller à l'instruction de ses enfants. — En France, qui supporte les dépenses relatives à l'instruction primaire ?*

---

2. ❧ Dans tous les pays civilisés, on s'efforce aujourd'hui de créer des écoles où les jeunes gens acquièrent les connaissances pratiques indispensables et où ils se préparent à l'exercice intelligent de leur métier.

III. ❧ Avantages de l'école commune

Un jeudi, André Bornet se promenait avec son papa, lorsque passèrent auprès d'eux les deux enfants du château avec leur précepteur. André est un enfant studieux qui, en toute occasion, montre son grand désir d'apprendre.

— Ceux-là ont de la chance, dit-il ; ce doit être si commode d'étudier avec un maître qui s'occupe d'un seul enfant ou de deux élèves au plus ; le nôtre doit en instruire une quarantaine à la fois ; il ne peut donc accorder à chacun de nous qu'une partie de ses forces et de son attention.

— Mon petit André, répondit le père, l'avantage n'est

pas du côté que tu supposes. Même en ce qui concerne la facilité d'apprendre, il n'est pas dit qu'il y ait un gros avantage en faveur des riches qui ont un précepteur pour eux seuls. Que j'aie un, ou dix, ou vingt camarades, cela importe-t-il ? Si je suis attentif, j'entendrai la leçon du maître et j'en profiterai tout autant. D'ailleurs, y aurait-il de ce côté une légère infériorité, qu'elle serait largement compensée par d'incontestables avantages.

« Vois-tu, André, vous formez à l'école une société réduite où vous faites un apprentissage des plus importants. La vie scolaire vous place dans des situations analogues à celles où vous vous trouverez dans la vie, et elle vous accoutume à vous comporter avec vos semblables comme doit le faire un brave et honnête homme.

« Dans l'école commune, vous vous habituez rapidement à vivre en bonne intelligence avec tous vos petits camarades ; le boudeur se corrige aisément, car on le délaisse, et il a tôt fait d'abandonner le coin où il cachait sa mauvaise humeur, pour venir reprendre sa place dans les jeux ; le menteur apprend à dire la vérité, car il est vite démasqué et bafoué par ceux qu'il a voulu tromper ; l'égoïste devient serviable, car on use de réciprocité avec lui, et il s'aperçoit rapidement que tous les écoliers ont besoin les uns des autres et que tous gagnent à s'entr'aider.

« Il n'est pas une scène de votre vie qui ne fournisse à votre instituteur l'occasion de vous donner d'excellents conseils ; tu m'as raconté toi-même que, bien souvent, un incident survenu pendant la récréation ou pendant la classe lui fournit le sujet de sa leçon de morale.

« Avec lui vous apprenez à mépriser le lâche qui maltraite un plus faible, à détester le violent qui se fâche à tout propos et frappe à toute occasion ; il rit avec vous du jaloux qui devient blême quand un camarade a remporté quelque succès ; il s'indigne avec vous quand un hypocrite a pensé s'attirer ses bonnes grâces par une inutile dénonciation ; il vous montre combien sont odieuses les brimades ou la « mise en quarantaine », et profite de cette circonstance pour vous parler de la lâcheté des foules ; il poursuit avec acharnement les tricheurs, ceux qui voudraient gagner des récompenses sans avoir travaillé.

« A ce propos, laisse-moi te dire, mon cher André, que votre petite société est très supérieure à la grande, dans laquelle vous vivrez bientôt.

« Chez vous, pas un avantage qui ne s'acquière par le travail ; tout le monde a sa tâche ; pas d'oisifs ; pas de privilégiés. Ta note, c'est ton application, c'est l'effort que tu as fait, c'est le résultat que tu as obtenu qui la justifient ; vous êtes tous égaux devant votre instituteur, et il vous traite tous selon votre mérite respectif.

« Voilà, petit André, la plus belle leçon que tu puisses emporter de l'école commune. Et plus tard, quand tu seras citoyen, tu chercheras à organiser la grande société de manière que tout le monde y soit traité avec équité comme dans la petite société scolaire ; tu t'étonneras de voir qu'on puisse être malheureux tout en travaillant courageusement, et tu chercheras à mettre plus de justice entre le mérite des individus et la situation qu'ils occupent. »

RÉFLEXIONS. — Quelles sont les qualités que vous estimez chez un « bon camarade » ? — Comment vous comportez-vous à son égard ? — Qu'en résulte-t-il pour l'un et pour l'autre ? — Citez un certain nombre de circonstances de votre vie scolaire qui motivent l'intervention de votre maître ; quels conseils vous donne-t-il à cette occasion ? — Admettriez-vous que votre instituteur donnât une excellente note à un élève qui n'a produit aucun travail ? — Vous désirez que chacun de vous soit traité suivant..... — Dans l'école commune vous acquérez donc une première idée de.....

> 3. ❦ **L'école commune a de sérieux avantages : la vie scolaire y offre mille occasions d'éducation ; elle habitue l'enfant à se conduire avec ses camarades comme il devra le faire dans la société avec ses concitoyens.**

IV. ❦ L'École de la République

M. Guérin avait vingt-trois ans quand, au retour du service militaire, il fut nommé instituteur au hameau de la Discorde.

Il prit possession de son poste la veille de la rentrée des classes.

Le lendemain matin, il se rendit en classe de très bonne heure pour pouvoir causer un moment avec les parents qui lui amèneraient ses élèves.

— Voici mon fils, lui dit Jean Belot, bien connu dans le pays pour ses opinions royalistes. La loi m'oblige à le faire instruire ; je suis trop pauvre pour lui donner un précepteur. Je vous le confie donc. Faites-en un honnête homme, Monsieur l'Instituteur. J'entends par là un homme élevé dans les idées saines de nos pères, dans le respect de mes croyances et de mes convictions.

Et Claude Linard, le catholique, s'est avancé ensuite :

— Voici mes deux garçons, dit-il ; si j'avais les moyens de leur donner un instituteur de mon choix, je voudrais qu'il fût capable de leur enseigner les principes de ma religion ; ce fut la religion de mon père ; c'était celle de nos aïeux ; ce sera celle de mes enfants.

Et le libre penseur Champy a suivi :

— Je ne veux pas, a-t-il affirmé, que mon Pierre entende parler de toutes ces chimères de la religion.

Et le républicain Cazeaux a dit à son tour :

— Je désire que vous fassiez de mes enfants de bons républicains, que vous détruisiez définitivement dans leur esprit ce que nos pères de 93 appelaient excellemment « la honteuse superstition de la royauté ».

Et tous ceux qui s'avançaient tenaient devant M. Guérin un langage analogue ; tous attendaient de l'instituteur un enseignement favorable à leurs convictions et à leurs opinions.

M. Guérin avait écouté en silence ; il réfléchissait ; tout le monde se taisait et attendait qu'il fît connaître sa décision :

— Parlez, Monsieur le Maître, s'écria tout à coup Jean Belot, le royaliste ; et dite-snous *pour qui vous êtes.*

— Mes amis, a répondu M. Guérin, je suis pour vous tous et je ne suis pour personne. Vous êtes tous des hommes honnêtes et sincères ; l'ardeur avec laquelle vous défendez vos convictions le prouve abondamment.

« Je m'en voudrais donc si mon enseignement devait un jour froisser quelqu'un d'entre vous. Aussi je ne serai point pour vous, Champy, contre Claude Linard, ni pour vous, Claude Linard, contre Champy. Je ne serai pas davantage pour vous, Jean Belot, contre Cazeaux, ni pour vous, Cazeaux, contre Jean Belot.

« J'apprendrai à vos enfants que tous les hommes n'ont pas la même opinion sur les sujets qui vous divisent. Quand cela ne dépassera pas leur intelligence, je leur dirai très impartialement quelles sont les principales raisons données par les uns et par les autres. Quand il ne sera pas possible de leur soumettre le différend, je les inviterai à réserver leur opinion jusqu'au jour où, plus instruits et plus expérimentés, ils pourront se décider en connaissance de cause.

« Je voudrais surtout, mes amis, faire d'eux des hommes capables d'observer et de réfléchir. Si j'ai réussi à développer convenablement leurs facultés d'observation et de raisonnement, je suis bien tranquille : ils sauront se former des opinions personnelles fort soutenables. La vie leur fournira constamment de nouvelles occasions d'observer et de réfléchir ; leurs opinions deviendront chaque jour plus solides, et ils seront les citoyens vraiment conscients, vraiment libres qu'on doit s'efforcer de former dans une république.

« Je leur enseignerai enfin que notre adversaire peut nous être sympathique si c'est un honnête homme, un voisin serviable, un homme dévoué, compatissant. Je travaillerai à faire d'eux des individus tolérants, c'est-à-dire capables de supporter sans colère que leur voisin ne pense pas comme eux, et de discuter avec leur prochain sans que la discussion dégénère en dispute.

« Plus tard, mes amis, il est probable que vos enfants ne penseront pas exactement comme vous-mêmes. N'est-ce pas un bien qu'ils aient une pensée à eux, des opinions bien à eux, que personne, pas même vous, n'aura imposées à leur conscience ?

« Tenez, je gage, ajouta M. Guérin, que vous serez fiers, un jour, de voir ces bambins devenus *des hommes*, j'entends des hommes réfléchis, capables de discerner la vérité par eux-mêmes et de soutenir intelligemment leur façon de penser.

« Ne vous réjouirez-vous pas enfin si, par cet enseignement, l'école de la République a fait ce miracle de réunir dans une même amitié ceux que la politique ou la religion divisent aujourd'hui ?

« Ce jour-là, mes amis, votre hameau méritera d'abandonner son vilain nom actuel ; l'harmonie y régnera et il sera devenu le hameau de la Concorde. »

RÉFLEXIONS. — Comment se nomme le hameau dont M. Guérin est appelé à diriger l'école ? — Que dit Jean Belot en amenant son fils ? — Que dit Claude Linard ? — Que disent ensuite Champy et Cazeaux ? — Pour qui M. Guérin sera-t-il ? En quoi M. Guérin ne sera-t-il pour personne ? — En quoi M. Guérin sera-t-il pour tous ? — Quel sera le but de l'instituteur ? — Qu'est-ce que la tolérance ? — Qu'est-ce que la concorde ?

---

4. ❦ **L'école de la République, c'est l'école de la tolérance et de la concorde.**

V. ❦ Les deux frères

Paul Malécot, le fils de Jules Malécot le maçon, est plus fier qu'un empereur. Il revient du lycée, en vacances pour deux mois ; et il rapporte plusieurs premiers prix et d'autres nominations, avec quelque chose qui vaut mieux encore : l'estime complète de ses professeurs.

Vous pensez si Jules Malécot et sa femme sont heureux! Voilà trois ans déjà que Paul est boursier, c'est-à-dire nourri, logé, entretenu et instruit aux frais de l'État. Il a maintenant quinze ans et songe, lui, le fils du maçon, à sa carrière. Il voudrait aller à l'École polytechnique, car il mord bien aux mathématiques : il espère en sortir ingénieur des ponts et chaussées, ou des mines, ou des tabacs. Alors il aura ce qu'on appelle une jolie situation et pourra mener une existence plus agréable que celle d'un simple ouvrier qui gagne 3 à 4 francs par jour en peinant dans le plâtre et sur les moellons, comme son brave père.

Mais Paul n'est pas égoïste; il pense, à part lui, qu'il pourra fameusement aider ses parents à se reposer, quand il sera devenu lui-même « un monsieur ». Et puis, il y a Jean, le frérot, qui va sur ses onze ans et dont l'instituteur est très satisfait. Jean ne pourrait-il aller au lycée, lui aussi?

Dès le lendemain, Paul parle de cette question à l'instituteur, M. Jablin, dont il a été l'élève avant de quitter son village pour le chef-lieu.

— Mon garçon, répond M. Jablin, tu es gentil de penser à ton frère, qui mérite autant que toi une bourse au lycée, car il n'est pas moins bon travailleur que toi, et son intelligence passe peut-être la tienne ; sans t'humilier, n'est-ce pas?

— Oh! non, Monsieur ; je serais si heureux si mon petit Jeannot pouvait faire ses études comme moi, devenir médecin, juge, avocat, professeur... Vous allez l'aider, Monsieur, je vous en prie !

— Malheureusement, j'ai déjà fait des démarches. On m'a répondu que la famille Malécot, possédant déjà un boursier, pouvait s'estimer heureuse, et qu'on ne pouvait pas faire davantage pour elle, car il faut penser aux autres familles. Hélas! il y en a tant, de ces laborieux ménages d'ouvriers où l'on voit un garçon sérieux et intelligent qui n'attend qu'une bourse pour aller au lycée et recevoir l'instruction qui lui profiterait !

— Et dire, répondit tristement le lycéen, qu'il y a dans ma classe tant de paresseux et d'imbéciles qui assomment les professeurs et retardent notre travail ! Ne vaudrait-il pas mieux les mettre à la porte pour donner leurs places à des garçons désireux de s'instruire ?

— Oui, reprit l'instituteur ; seulement, leurs parents payent pour eux le prix de la pension, qui est beaucoup trop élevé pour les fils d'ouvriers ou de petits cultivateurs. Ce qu'il faudrait, vois-tu, c'est que le lycée fût gratuit et que ses places fussent mises au concours.

— Comme celles de l'École polytechnique.

— Tout juste. Et de même, toutes les grandes Écoles, toutes les facultés, tout ce qui forme savants, ingénieurs, médecins, hauts fonctionnaires, magistrats, avocats, officiers, professeurs... tout cela devrait être accessible à tous les jeunes gens doués et à ceux-ci seulement. Cela viendra un jour.

— Mais en attendant, mon petit Jean restera ouvrier.

— Je le crains, mon enfant, et je le déplore.

RÉFLEXIONS. — *Jules Malécot, le maçon, a-t-il le moyen de payer l'instruction secondaire de ses fils ? — Qui paye à leur place en faveur de Paul ? — Quel serait le grand désir de Paul ? — Que lui répond l'instituteur ? — Quelle réflexion fait le lycéen ? — Ne vaudrait-il pas mieux pour nous tous que Jean tînt au lycée la place d'un des paresseux dont parle Jules ? Quel intérêt y aurions-nous ? — Concluez.*

---

5. ❦ L'enseignement secondaire et l'enseignement supérieur ne sont pas encore gratuits. Les riches seuls, avec quelques rares boursiers, fréquentent les lycées et les facultés. Il en résulte que la société n'a pas d'aussi bons professeurs, d'aussi bons médecins, d'aussi bons ingénieurs qu'elle en pourrait avoir.

VINGT-CINQUIÈME LEÇON

L'APPRENTISSAGE

❦

I. ❦ Le bon apprentissage

Grand-père avait entrepris de nous conter l'histoire de sa vie. On en était arrivé à l'apprentissage.

— J'avais douze ans, dit-il, quand mes parents prirent la résolution de me confier au mécanicien Souriau, qui avait son atelier dans la ville voisine. Longtemps on avait hésité entre M. Souriau et son concurrent du bourg; mais les renseignements pris avaient été tout en faveur du premier. Si M. Souriau exigeait un prix plus élevé et obligeait l'apprenti pour une plus longue durée, du moins l'apprentissage était-il plus sérieux, et cela décida mon père :

— Heureusement, disait celui-ci, nous avons quelques économies, il faut bien que le garçon en profite. Aussi bien, puisque nous payons cher, nous aurons le droit de nous montrer plus difficiles quand on discutera les termes du contrat [1].

Quelques semaines plus tard, mon père ayant pris rendez-vous avec M. Souriau, nous nous rendîmes à la ville.

L'atelier était en pleine activité quand nous y pénétrâmes. Depuis lors, je me suis accoutumé aux bruits qui accompagnent le travail des métaux ; mais j'avoue que ce jour-là je fus un peu effrayé par ce fracas d'enfer où se mêlent le tapage des marteaux, le crissement des limes, le grincement des fraiseuses [2], le gémissement des perceuses [2], le ronflement des machines à raboter [2].

---

1. *Contrat :* traité entre deux ou plusieurs personnes. Le *contrat d'apprentissage* est celui par lequel un industriel s'oblige à enseigner la pratique de sa profession à une autre personne, qui s'oblige, en retour, à travailler pour lui, le tout à des conditions et pendant un temps convenus.

2. *Fraiseuses, perceuses, raboteuses :* machines-outils employées dans le travail du fer.

— Tout cela travaille, nous dit M. Souriau qui constatait mon étonnement. Ici, mon garçon, la loi commune, c'est l'activité ; choses et gens sont également soumis à cette loi ; et il n'est pas jusqu'au halètement régulier de la machine qui ne rappelle aux paresseux l'obligation du travail assidu.

« Or çà, venons à notre affaire, continua-t-il en s'adressant à mon père : ce grand garçon me paraît fort et d'esprit éveillé ; nul doute qu'avec un peu d'attention et de courage il ne devienne un excellent ouvrier. Voici mes conditions : nous fixerons à quatre années la durée de l'apprentissage ; pendant les deux premières années, vous paierez, pour la nourriture et l'entretien de notre pensionnaire, une somme de vingt francs par mois ; pendant les deux dernières années, l'indemnité pourra être réduite de moitié, ou même annulée, si les services rendus le permettent ; bien entendu, l'habillement de votre garçon reste tout entier à votre charge. Si ces conditions vous conviennent, nous rédigerons un papier qui nous obligera mutuellement.

— J'accepte, dit mon père, d'autant plus volontiers que votre réputation de bon maître est depuis longtemps établie. Pourtant quatre années me paraissent un temps bien long...

— Pas trop long, Monsieur Morel, pour les patrons honnêtes qui veulent donner un enseignement sérieux. A vrai dire, l'apprentissage d'un métier dure toute la vie. Si l'on veut tout au moins former un ouvrier habile, capable de s'intéresser aux progrès de l'industrie et de s'adapter aux transformations que ces progrès entraînent, quatre années d'études ne sont pas de trop. Et puis, il vous faut songer, Monsieur Morel, que c'est seulement dans les dernières années que je reçois en travail le prix de l'enseignement donné ; une année de moins, c'est un apprentissage moins payé et qui risque, au surplus, d'être insuffisant, sinon médiocre.

— Vous avez raison, Monsieur Souriau ; tout service mérite salaire ; j'accepte quatre années ; vous trouverez bon, en retour, que nous inscrivions dans le contrat l'obligation où vous serez d'enseigner complètement votre profession.

— Volontiers, répliqua M. Souriau ; et nous n'aurons, Monsieur Morel, qu'à reproduire les termes mêmes de la loi [1].

« Elle stipule que le maître doit enseigner à l'apprenti *progressivement* [2] et *complètement* l'art, le métier ou la profession spéciale qui fait l'objet du contrat.

« Elle dit aussi — c'est une obligation que j'accepte volontiers — que le maître doit se conduire envers l'apprenti *en bon père de famille*, avertir ses parents des fautes graves qu'il pourrait commettre, les prévenir sans retard en cas de maladie, donner dans tous les cas les premiers soins.

— Et les courses, Monsieur Souriau ?

— Votre garçon n'en fera pas. Muser par les rues de la ville, traîner une voiture à bras, ce n'est pas cela qui prépare un bon ouvrier. C'est l'ouvrage d'un homme de peine, et, chez moi, l'homme de peine en est exclusivement chargé. Soyez sans inquiétude à cet égard, Monsieur Morel, aussi bien qu'en ce qui concerne les besognes confiées à votre fils et les fardeaux qu'il devra porter : en toute circonstance son travail sera proportionné à ses forces.

« Il faut ajouter un mot, continua-t-il en s'adressant directement à moi.

« Souviens-toi, garçon, que la loi ne parle pas seulement des obligations du maître. Elle trace en même temps à l'apprenti ses devoirs. Celui-ci doit à son maître *fidélité, obéissance* et *respect* ; un garçon bien élevé comme tu l'es n'a pas besoin qu'elle parle impérieusement à ce sujet. Elle ajoute que l'apprenti doit aider le maître par son travail, dans la mesure de ses aptitudes et de ses forces. Il

---

1. Loi du 22 février 1851, sur l'apprentissage.
2. *Progressivement* : en passant des exercices les plus simples aux exercices plus compliqués.

suffit d'avoir de la bonne volonté et du courage pour être toujours en règle à cet égard.

« Allons, topons là, conclut M. Souriau, nous sommes gens à nous entendre ; faisons notre papier ; vous me confiez un apprenti, je vous rendrai un ouvrier. »

Quelques jours plus tard, termina grand-père, j'étais installé chez M. Souriau. A la prévoyance de mon père, à l'honnêteté de mon maître, je dois d'avoir fait un apprentissage de premier ordre et acquis le moyen de gagner honnêtement ma vie.

RÉFLEXIONS. — Combien de temps a duré l'apprentissage du jeune Morel ? — A-t-il gagné quelque chose pendant cette période ? — Faire le compte des sommes que son père a dû verser au contraire. — M. Souriau ne tire-t-il pas de son apprenti d'autres profits ? — Qu'est-ce que celui-ci reçoit en retour ? — Comment 1° le maître, 2° l'apprenti, doivent-ils se comporter pour que l'équilibre ne soit pas rompu ni d'un côté ni de l'autre ? — Qu'est-ce que le bon patron évite de demander à son apprenti ?

> 1. ❧ **Le maître doit se conduire envers l'apprenti en bon père de famille ; il doit lui enseigner,** *progressivement et complètement,* **son métier ou sa profession.**
> **L'apprenti doit à son maître fidélité, obéissance et respect. Il doit aider le maître par son travail dans la mesure de ses aptitudes et de ses forces.**

II. ❦ Le mauvais apprentissage

André Brunet est aujourd'hui un grand garçon : il vient d'avoir quatorze ans et il a terminé hier sa première année d'apprentissage.

Mme Brunet a décidé de faire à cette occasion une petite fête. Bien modeste, comme le sont les réjouissances chez les travailleurs intelligents qui ne gâchent pas l'argent et évitent de l'employer à acheter un repentir[1].

Au menu habituel, on a seulement ajouté une bonne tarte, qu'on mangera en l'arrosant d'une simple tasse de thé.

Quelques amis seront de la fête. M. Brunet a même profité de l'occasion pour inviter un nouvel ouvrier du chantier, un bon vieil homme nommé le père Proche.

Le père Proche a eu bien des malheurs dans la vie ; il a perdu de très bonne heure femme et enfants ; il est resté seul. Il a cherché alors dans la lecture et dans l'étude l'oubli de ses chagrins, et s'est si bien appliqué à rendre service autour de lui, qu'il a bientôt été entouré d'un cercle d'amis.

Le père Proche s'intéresse surtout aux jeunes gens.

— Nous autres, dit-il, nous ne comptons plus guère ; eux, ils sont l'avenir ; c'est à eux qu'il faut transmettre notre expérience.

Aussi ne leur ménage-t-il ni les avertissements ni les conseils.

Pendant tout le dîner, le père Proche n'a cessé de causer avec André, demandant cent renseignements divers sur la façon dont celui-ci effectue son apprentissage.

— Bijoutier, a-t-il dit ; bon métier ! Combien d'ouvriers dans ta maison ?

— Quatre.

— Combien d'apprentis ?

— Sept.

— Le patron travaille-t-il avec vous ?

— Non, Monsieur ; le patron s'occupe de la partie commerciale ; il visite la clientèle ; la patronne surveille l'atelier.

— Qui vous montre ?

— Le contre maître, qui reçoit pour cela un petit supplément de salaire.

— Fais-tu des courses ?

---

[1]. C'est une folie, a dit Franklin, que de dépenser son argent à acheter un repentir.

— Plus maintenant ; j'en ai fait assez pendant les six premiers mois ! A présent je n'en fais plus guère ; il y a un tout jeune apprenti ; c'est son tour.

— Vous savez, interrompt maman Brunet, qui est fière de son garçon, le petit va très bien, et le patron en est très satisfait ; la preuve, c'est qu'il est le seul apprenti d'un an qui ait déjà un franc par jour. Dame ! cela se connaît déjà dans notre petit budget ; quand André rapportera deux francs, nous serons tout à fait à notre aise.

Mme Brunet fut tout étonnée de voir que le père Proche n'applaudissait pas.

— C'est grave, dit-il au contraire. Dis-moi, petit, quel a été ton travail dans la dernière semaine. Le lundi ?

— J'ai soudé des boîtiers de montre.

— Le mardi ?

— Encore.

— Le mercredi ?

— Toujours.

— Toute la semaine ?

— Toute la semaine.

« Allons, dit le père Proche, je suis suffisamment renseigné. Votre garçon, Monsieur Brunet, ne fait pas un apprentissage. Tout l'indique : le travail qui lui est confié, le salaire qui lui est donné, la proportion des apprentis et des ouvriers dans l'atelier où il travaille.

« Que diriez-vous, Monsieur Brunet, d'un instituteur qui, pendant toute une semaine, donnerait à ses élèves la même sempiternelle multiplication ? Ce serait une manière bizarre d'enseigner l'arithmétique ; le patron d'André ne s'y prend pas mieux pour enseigner son métier.

« Et le salaire, Monsieur Brunet ? Savez-vous ce qu'il signifie ? Il veut dire que votre garçon est considéré dans la maison comme une « petite main », dont le travail est sans doute payé bien au-dessous de sa valeur.

« Quant à la proportion qui existe entre le nombre des ouvriers et le nombre des apprentis, elle montre assez que, dans un temps très court, le métier sera gâché ; il y aura trop d'ouvriers pour le travail à fournir.

« Retirez votre fils ; il en est temps encore ; la maison qui l'occupe ne peut lui enseigner que des spécialités de la bijouterie, mais non le métier complet.

« Il en est ainsi, hélas ! dans la plupart des industries ; presque toutes sont spécialisées, c'est-à-dire que chaque ouvrier, que chaque atelier même, ne s'occupe que d'une branche, d'une spécialité du métier. Un apprentissage fait dans ces conditions est un apprentissage *partiel*, non un apprentissage *complet*. Sorti de l'atelier où s'exerce la spécialité apprise, le jeune ouvrier risque fort de ne pas trouver de travail.

— Que nous faut-il donc faire ? demandèrent les parents inquiets.

— Chercher une bonne maison, répondit le père Proche, une maison où la spécialisation soit moins accusée, renoncer aux gains trop rapides, et exiger un enseignement plus sérieux. Je ne dis pas que vous trouverez, car on parle de plus en plus de la disparition de l'apprentissage.

« Le mieux serait encore que vous fassiez concourir votre garçon pour entrer dans une école professionnelle. Pour un certain nombre de professions, c'est seulement dans ces sortes de maisons qu'on est assuré, aujourd'hui, de faire un apprentissage sérieux du métier qu'on a choisi. La fin de l'année scolaire approche ; les examens auront lieu bientôt ; le petit devrait repasser les matières sur lesquelles porte le concours ; la possibilité d'apprendre un bon métier vaut bien qu'on donne un coup de collier.

« Quant à vous, mes chers amis, c'est un sacrifice à faire ; mais votre garçon vous en saura gré plus tard. Examinez la question avec soin ; je serais bien étonné si vous ne preniez point la décision que commande l'intérêt de votre enfant. »

RÉFLEXIONS. — *Pourquoi Mme Brunet est-elle si heureuse ? — Le père Proche partage-t-il son enthousiasme ? — Résumer les griefs qu'il relève contre l'apprentissage d'André Ses craintes sont-elles fondées ? — Connaissez-vous de réputation une école* *professionnelle ? Pouvez-vous résumer l'emploi du temps des élèves ? Quels professeurs y enseignent ?*

> **2.** ❦ **Pour un grand nombre de professions, il est très difficile aujourd'hui de faire dans les établissements privés un bon apprentissage, c'est-à-dire un apprentissage complet, à la fois théorique et pratique.**

III. ❦ L'apprentissage à l'école professionnelle

(Lettre d'un élève).

Mon cher Jacques,

Depuis qu'un ministre a honoré notre école de sa visite, tu m'interroges souvent, lycéen jadis dédaigneux de l'enseignement professionnel, sur nos programmes d'études, nos travaux manuels, et sur l'agrément que comporte ma nouvelle vie.

J'essaierai de répondre à tes questions, bien qu'il te soit plus difficile d'imaginer une école qui est en même temps un atelier, qu'à moi de me figurer une classe de lycée avec le professeur dans sa chaire et les élèves immobiles et silencieux sur leurs bancs.

Nos classes du matin ne diffèrent pas essentiellement des classes ordinaires ; car nous recevons un enseignement théorique qui s'applique à développer notre instruction générale, et qui nous donne en outre les notions de mécanique, de technologie [1], de dessin industriel, indispensables à l'ouvrier qui veut exercer intelligemment son métier.

Il faut te l'avouer : tous les élèves ne suivent pas cet enseignement avec une égale attention ; beaucoup s'ima-

---

1. *Technologie*, science qui a pour objet l'histoire et la description des procédés industriels.

ginent encore que, pour être un bon ouvrier, il suffit d'avoir appris un certain nombre de tours de main, d'avoir acquis une certaine habileté manuelle ; il est évident que ceux-là ne pourront jamais être que de bons manœuvres, incapables de rendre à l'industrie française autant de services qu'un ouvrier véritable ; ils seront privés en outre de la satisfaction qu'on éprouve toujours à comprendre le travail qu'on exécute, à n'être pas un simple instrument au service de l'ingénieur ou du traceur.

Pour moi, mon cher Jacques, je suis avec beaucoup d'intérêt et d'application tous nos cours théoriques ; je songe que tous les apprentis n'ont pas autant de chance que moi, et que, dans les métiers où l'apprentissage industriel existe encore, beaucoup sont obligés de prendre sur leur repos le temps voulu pour aller chercher dans les cours du soir l'équivalent de notre enseignement théorique. C'est pour eux qu'on réclame la création de *cours d'apprentis* semblables à ceux qui existent en Allemagne ; la fréquentation de ces cours serait obligatoire ; elle aurait lieu dans la journée, pendant le temps du travail ; à cet effet, les patrons seraient obligés d'accorder aux apprentis le temps nécessaire.

Est-il besoin de te dire que je tiens tous ces renseignements de notre professeur? Car on nous fait aussi un certain nombre de causeries sur la législation ouvrière ; on désire que nous devenions des ouvriers conscients aussi bien de leurs droits que de leurs devoirs.

Mais je devine ton impatience; tu voudrais, par la pensée, t'installer à mes côtés dans l'atelier de chaudronnerie où s'effectue mon apprentissage proprement dit.

Nous y voici.

Mon atelier est une grande salle rectangulaire qui s'ouvre de plain-pied sur la cour d'entrée de notre école; l'air et la lumière y sont déversés généreusement par de hautes et larges fenêtres qui s'ouvrent au midi et au couchant.

Il ressemble à tous les ateliers industriels ; quatre grandes forges occupent le mur du fond ; des étaux sont fixés le long d'un grand établi devant les fenêtres ; les marteaux sont alignés au ratelier. Plus loin nos machines à percer, à découper la tôle, notre grande cisaille, nos

Une école professionnelle
1° *l'atelier des forges* ; 2° *apprentis chaudronniers au travail.*

meules, sont reliées par des courroies sans fin à l'arbre principal auquel elles empruntent le mouvement. Au milieu de l'atelier trois grands marbres [1] en fonte sont installés ; c'est là que nous effectuons les travaux de dressage [2].

---

1. *Marbre* : table de fonte très épaisse qui sert au dressage des métaux.
2. *Dressage* : opération qui consiste à rendre parfaitement planes des plaques de métal.

Avant de jeter un coup d'œil sur l'atelier en activité, observe encore les nombreux exercices d'élèves qui sont suspendus le long des murs blanchis à la chaux ; ils ne sont pas placés là dans un ordre quelconque ; un homme du métier reconnaît vite qu'ils sont disposés suivant une gradation savante ; chaque travail présente une difficulté de plus que le précédent, et l'ensemble des exercices embrasse tout ce qui peut être compris dans un apprentissage complet.

Et maintenant, voici l'atelier qui s'anime ; entends les coups frappés par les élèves occupés à dresser et à former les tôles ; les marteaux tombent en cadence et produisent un bruit assourdissant.

« Dieu, pour s'y faire ouïr, tonnerait vainement. »

Là-bas, des élèves liment, et la tôle crisse sous l'effort de l'outil. Ces petits coups réguliers qu'on entend quand les planeurs interrompent leur besogne, c'est le travail du cuivre qui les produit : la feuille de métal que tu vois si plate aujourd'hui changera de forme par le martelage ; sous la main de l'apprenti habile, elle deviendra la jolie bouillotte artistique où se distingueront encore les coups réguliers du martelage.

Voici des camarades qui burinent[1]. Ceux-là sont occupés à river à chaud ; les fournaises ardentes jettent de rouges reflets sur le visage des jeunes gens qui se tiennent autour des forges.

Notre professeur suit des yeux tout ce travail ; il va du marbre aux étaux, des étaux à la forge, conseillant l'un, réprimandant ou félicitant l'autre.

Sa voix domine au besoin le tumulte.

— Attention, crie-t-il ; votre pièce va casser si vous retreignez[2] à coup portant.

---

1. *Buriner* : travailler au burin, ciseau d'acier trempé très dur, sur lequel on frappe avec un marteau pour couper les métaux.
2. *Retreindre* : modeler au marteau une plaque de cuivre en déplaçant progressivement la matière.

— Vous, tenez mieux votre bouterolle¹ ; vous ferez des rivets plus soignés.

— Tapez plus régulièrement, dit-il à un élève de troisième année occupé à planer un ouvrage en cuivre.

Il s'arrête enfin près d'un apprenti qui, le compas et la règle en main, trace une épure² sur la tôle en se servant d'une pointe d'acier.

J'aime mon atelier quand il est ainsi en pleine activité ; le marteau qui frappe, c'est pour nous comme une incitation au travail ; nous n'avons pas besoin qu'il nous rappelle souvent au devoir, car le devoir se confond ici avec notre intérêt. Et, quand nous y réfléchissons, nous comprenons que nous devons une grande reconnaissance à la municipalité qui nous procure les moyens d'apprendre un bon métier, sans qu'il en coûte rien à nos familles.

RÉFLEXIONS. — *Pourquoi dans une école professionnelle les apprentis reçoivent-ils un enseignement théorique ? Quelles matières cet enseignement théorique comprend-il ? — Où les apprentis de l'industrie privée trouvent-ils l'équivalent de cet enseignement théorique ? — Les Allemands ont-ils eu raison de rendre obligatoire la fréquentation des cours d'apprentis ? — Comment les murs sont-ils décorés dans l'atelier décrit ci-dessus ? — L'apprentissage fait par l'auteur de cette lettre mérite-t-il d'être considéré comme progressif et complet ?*

---

3. ❡ **L'État, les départements, les communes ont déjà créé un certain nombre d'écoles professionnelles et de cours techniques.**
Certains pays étrangers ont devancé la France dans cette voie : ils possèdent un plus grand nombre d'écoles professionnelles, et la fréquentation des cours techniques y est obligatoire.

---

1. *Bouterolle :* outil qui porte en creux la forme que doit avoir en relief la tête du rivet.
2. *Épure :* dessin tracé géométriquement.

VINGT-SIXIÈME LEÇON

LE TRAVAIL

I. Réflexions d'un oisif

(Le vicomte de R... écrit à son ami Henri S..., le fils d'un grand industriel connu.)

Vois-tu, mon cher Henri, j'ai beaucoup réfléchi sur la vie que nous menons.

Elle est toute de plaisirs. Du moins nous le croyons. Nous lever tard, déjeuner paresseusement, faire au Bois la promenade que nous appelons, en exagérant, notre promenade *matinale*, voyager en automobile, fréquenter les courses, les salons, les théâtres, avoir pour unique occupation la recherche d'un plaisir nouveau, demander à la société toutes les joies, tout le luxe, tout le confort qu'elle peut procurer aux oisifs que nous sommes : telle est notre vie. Est-elle digne des hommes que nous prétendons être ? Est-il juste que nous ne songions même pas à indemniser les travailleurs des bienfaits dont ils nous comblent ?

J'ai eu la curiosité de visiter les quartiers ouvriers de la ville. Je me suis penché sur ce peuple que nous dédaignons. J'ai vu les compagnons accablés par les longues journées de travail ; j'ai vu des femmes délaisser les travaux du ménage pour chercher dans la manufacture le salaire d'appoint nécessaire à l'équilibre du maigre budget familial ; j'ai vu des jeunes filles emprisonnées dix heures dans le grand atelier de couture pour fournir aux oisives les riches costumes dont elles se parent.

Pour tous ces laborieux, peu ou point de plaisirs, peu ou point d'hygiène, peu ou point de santé, en un mot, peu ou point de bonheur.

Le partage est-il égal, mon cher Henri ? Pourquoi les

uns supportent-ils toutes les charges? pourquoi les autres moissonnent-ils tous les avantages? — Quels sont les mérites particuliers des uns? où trouver le démérite des autres?

J'hésite moi-même à donner à ces questions si simples la réponse qu'elles exigent; j'aurais trop peur d'être obligé d'emprunter à Figaro sa juste protestation contre le privilège.

— Qu'avez-vous fait pour tant de biens? demande-t-il au comte Almaviva : vous vous êtes donné la peine de naître.

Et nous? avons-nous fait davantage pour mériter les privilèges dont nous jouissons?

Dans nos conversations de jeunes riches, nous affectons un dédain profond pour l'ouvrier ou le paysan. Teint hâlé, mains calleuses : cela nous semble la marque d'une infériorité. Allons donc, mon cher, ce sont, au contraire, des titres de noblesse mille fois plus enviables que ceux qui nous viennent de nos aïeux, ou que nous achetons de nos deniers.

Nous jugeons souvent avec sévérité ce peuple, qui a ses défauts, bien sûr, mais qui a, pour se justifier, une excuse que nous n'avons pas : l'insuffisance d'éducation et d'instruction. Craignons, mon cher Henri, qu'il ne se tourne un jour de notre côté et nous juge, lui, sans sévérité, simplement avec justice.

Ce jour-là, voici quel langage il nous tiendra :

« Il y a dans la forêt, dira-t-il, de bonnes et braves plantes qui poussent profondément leurs racines dans le sol. Elles vont puiser très loin les sucs de la terre. Puis les vaisseaux de leurs tissus portent la sève nourricière jusqu'au bout des branches et des rameaux. Les bourgeons poussent, et, un jour, les feuilles se développent. Quand le soleil darde ses rayons brûlants, toutes les plantes profitent en même temps de l'ombre que le feuillage projette sur le sol et de l'humidité que les racines retiennent au sein de la terre.

« Mais jetez un regard au faîte des grands arbres : vous

y verrez le panache, toujours vivant, toujours vert, des plantes paresseuses qui laissent à d'autres le soin de produire la sève dont elles se nourrissent. »

Et le peuple des travailleurs ajoutera :

« A présent, les bonnes et braves plantes ne veulent plus nourrir les plantes parasites. Que chacun ici-bas prenne sa part de besogne ; l'égalité devant le labeur n'est pas moins juste que l'égalité devant le service militaire ; il y a aujourd'hui des hommes qui travaillent trop ; la contribution fournie par les oisifs actuels leur permettra de prendre enfin le repos voulu ».

Voilà, mon cher Henri, ce que diront un jour les travailleurs aux oisifs que nous sommes. Cette obligation du travail pour tous les citoyens valides est un terme auquel nous arriverons fatalement.

Le gui.

En attendant cette heure de justice, tâchons du moins d'occuper notre perpétuel loisir d'une manière aussi utile que possible ; il y a du bien à faire autour de nous ; toutes ces œuvres de solidarité que notre travail n'alimente pas, notre charité peut leur fournir déjà quelques ressources ; sans doute nous ne payerons jamais ainsi notre tribut tout entier, car l'impôt du travail, non plus que l'impôt du sang, ne se rachète : au moins, nous aurons montré quelque reconnaissance à l'égard de ceux qui créent les richesses et qui sont par conséquent les artisans de notre bonheur.

RÉFLEXIONS. — Qui écrit cette lettre ? — A qui ? — Pourquoi l'écrit-il ? — Quelles sont les occupations journalières de ce jeune homme ? — Quel nom mérite-t-il ? — Quelle est, au contraire, la vie de certains travailleurs ? — En quoi les uns et les autres *ont-ils mérité un sort si différent? — Quelle comparaison le jeune homme établit-il? — Quelle est sa conclusion?*

> 1. ❦ **Le travail est une nécessité sociale. Il y a des hommes qui travaillent trop; il y en a d'autres qui ne travaillent pas du tout. L'oisif vit aux dépens des producteurs comme le gui vit au détriment de l'arbre. On admet de plus en plus que l'obligation du travail doit s'imposer à tous.**

II. ❦ La complainte du travail asservi

Pique, pique, tire l'aiguille, tends le fil ; que ton bras jamais ne s'arrête !

Il est tard ; les étoiles scintillent dans le ciel noir. Depuis que le jour a paru, tu es attelée à la besogne. L'ouvrage ne peut attendre : pique !

La journée est bien longue, car la veille se prolonge tard dans la nuit ; pour tous les êtres, c'est l'heure du repos ; pour toi, c'est toujours l'heure de la peine : pique, pique encore !

Ton visage est blême ; tes mains, tes bras, sont amaigris ; un cercle brun enserre tes pauvres yeux rougis par la fatigue ; tes épaules semblent se resserrer sur ta frêle poitrine, comme pour y retenir le souffle qui ne sort qu'avec peine ! Ton labeur est trop dur, ta tâche trop pénible, pour ton salaire infime, salaire dérisoire, insuffisant, mais nécessaire ! Pique, pique encore !

Ton enfant, près de toi, veille dans son berceau. Il est tard, et les petits enfants doivent dormir quand il fait nuit. Mais le tien pleure ; comme il est pâlot et fluet ! il souffre sans doute ! Les enfants ne vivent pas, en effet, sans les soins assidus et les caresses des mamans. Et toi, tu ne peux lui donner, hélas, ni les unes ni les autres.

Allons, pique, pique toujours, point de halte ! qui donc gagnerait le pain du petit ?

Eh quoi ! la fatigue s'empare de ton être ? ton bras ne peut plus se soulever? tes yeux se sont appesantis ? Réveille-toi, ta tâche n'est pas achevée ; qu'importe la souffrance, pauvre esclave du travail ! Use tes dernières forces ! Pique, pique sans trêve ! E. F.

RÉFLEXIONS. — *A qui l'auteur de cette complainte est-il censé s'adresser ? — Où se trouve-t-on ? — Pourquoi cette femme s'impose-t-elle un travail aussi long ? — La santé s'en accommode-t-elle ? — Peut-elle donner à son enfant tous les soins désirables ? — Si cela dépendait de vous, voudriez-vous qu'il en fût ainsi ? — La pauvre femme peut-elle aimer le travail ?*

> 2. ⚜ **Le travail est considéré comme une peine quand il n'est pas proportionné aux forces de l'individu et qu'il est insuffisamment rémunéré.**

III. ⚜ La chanson du travail libéré

Forgeron, frappe sur l'enclume ; que tes coups résonnent au loin ; que ton bras robuste manie avec vigueur le marteau d'acier. La barre rougie au feu de la forge d'enfer se façonne et se plie selon ta volonté. Frappe, frappe bien fort !

Autour de toi, tout ce qui vit travaille, et, à cette heure de labeur, tout semble joyeux comme en un jour de fête.

Chante gaiement : ton travail est ordonné selon tes forces, et, ce soir, quand ton corps sentira le besoin du repos, tu iras, librement, laissant là ta besogne, retrouver à ton foyer ta femme laborieuse et tes fils affectueux, et tu savoureras parmi eux le calme et la paix de ton bonheur. Frappe, frappe très fort !

Donne sans compter ton effort, puisqu'il reçoit sa

récompense ; donne volontiers ta peine, puisqu'elle te vaut le bien-être et la sécurité ; donne tes forces, puisqu'elles sont pour toi une source de joies.

Le travail est une nécessité, mais le tien est estimé à sa juste valeur. Frappe, forgeron, frappe plus fort.

Forge des socs pour les charrues, des outils pour les ouvriers ; que la barre soit sans paille, que sous tes coups vigoureux les étincelles volent en gerbe d'or ; que dans la joie du jour éclate ta chanson vibrante. Et frappe, frappe plus fort !

E. F.

RÉFLEXIONS. — *L'auteur de cette « chanson » suppose-t-il exagérée la journée de travail du forgeron ? — Quel salaire lui attribue-t-il ? — Le forgeron aura-t-il le temps de s'occuper de ses enfants, de les promener, de lire, de les instruire ? — Aura-t-il les moyens de leur procurer tous les soins qui leur sont nécessaires ? — Quel est, conséquemment, son état d'esprit pendant le travail ?*

> 3. ❦ **Le travail est accepté avec joie quand il est proportionné aux forces de l'individu et qu'il a pour récompense le bien-être et la sécurité.**

VINGT-SEPTIÈME LEÇON

COOPÉRATIVES ET SYNDICATS

I. Une coopérative de consommation

Qu'est-ce qu'une coopérative[1] de consommation ?

Une ménagère achète 2 litres de vin par jour chez l'épicier ou le marchand de vins de sa rue. Chaque jour elle dépense 1 fr. 40 pour procurer à son ménage un vin toujours mauvais, souvent baptisé, parfois même frelaté[2]. Elle sait qu'un de ses voisins, un bourgeois[3], qui a de l'argent et du crédit, achète au représentant direct du vigneron un fût de 220 litres qui, rendu en cave, revient à 130 francs. Le bourgeois paye en gros 59 centimes un litre de vin naturel, tandis que la ménagère se procure pour 70 centimes, dans le détail, un litre de vin à la fuchsine[4]. Si elle pouvait obtenir le même vin que le bourgeois et aux mêmes conditions, elle économiserait 22 centimes par jour sur ses 2 litres, c'est-à-dire 80 francs 30 centimes dans l'année.

Seulement, pour économiser ces 80 fr. 30, il faudrait posséder une avance de 130 francs, et la ménagère ne l'a pas.

Mais elle a l'idée de s'adresser à neuf autres ménagères qui ne sont pas plus riches qu'elle ; et toutes les dix conviennent d'économiser chacune 13 francs ; elles réunissent leurs dix fois 13 francs, leurs 130 francs, et font venir une pièce de vin. Chacune reçoit en partage le dixième de 220 litres, soit 22 litres, qui sont de bon vin et coûtent 59 centimes.

---

1. *Coopérative, coopérer* : Coopérer, cela signifie littéralement *opérer avec*. S'unir à deux, à trois, etc., pour effectuer ensemble un certain travail, c'est coopérer. Une société qui a pour but la coopération est une société coopérative, ou plus simplement une coopérative.

2. *Frelaté* : falsifié, altéré dans l'intention de tromper.

3. *Bourgeois* : se dit de tout homme de situation très aisée.

4. *Fuchsine* (Prononcer : *fuk-si-ne*) : matière colorante rouge qu'on emploie pour colorer certains vins falsifiés.

Nos dix ménagères ont formé passagèrement une petite *coopérative de consommation*.

Faisons quelques remarques.

1° Chaque ménage buvant les 22 litres en onze jours, il faudra faire venir une pièce tous les onze jours, soit environ trente-trois dans l'année. L'association des dix ménages ouvriers achète donc huit à dix fois plus de vin dans l'année que le bourgeois qui a servi d'exemple : elle est un meilleur client pour le vigneron ou son représentant. Elle pourra donc payer la même qualité de vin un peu moins cher que le bourgeois acheteur de trois ou quatre pièces par an. Le vin reviendra, par exemple, à 57 centimes le litre, au lieu de 59.

2° Ce que les ménagères font pour le vin, elles le feront aussi pour d'autres produits, pour les pommes de terre, pour le charbon. Qui achète 1.000 kilos de charbon les paie, à Paris et en année ordinaire, 51 francs, c'est-à-dire 2 fr. 55 le sac de 50 kilos, tandis qu'à la même époque, un sac acheté séparément est vendu 2 fr. 70 ou même 2 fr. 80. On pourrait faire les mêmes observations à propos de presque tous les objets. Si bien qu'un ménage ouvrier économisant dans les douze mois 80 francs sur un produit, 30 francs sur un autre, 45 francs sur un troisième, et ainsi du reste, arriverait au bout de l'année, dépensant en moyenne 11 francs au lieu de 12, à vivre plus sainement avec le produit de 11 mois de travail qu'auparavant avec le produit de douze mois.

3° Enfin, si, au lieu de s'associer à dix familles, on s'associait à cent familles ? à mille familles ? Il est bien évident que les bienfaits de l'association grandiraient encore.

Mais est-ce possible ?

Oui, car c'est précisément ce que font les membres des *coopératives* de consommation en France, en Belgique, en Angleterre.

Maurice LAUZEL.

Manuel du Coopérateur socialiste (pp. 10-11).
(*Société nouvelle de librairie et d'édition* [*Cornély*]).

RÉFLEXIONS. — Refaire avec exactitude les calculs indiqués par l'auteur. — Y a-t-il bénéfice à acheter séparément ou collectivement ? — A quoi peut-on employer l'argent ainsi économisé ? — Choisir entre les divers emplois proposés.

> 1. ❦ Beaucoup de consommateurs associés en « coopérative de consommation » parviennent à se passer d'intermédiaires entre les producteurs et eux. Ils partagent les bénéfices ainsi réalisés ou les utilisent dans un but d'intérêt commun (patronage, soupes populaires, etc.).

II. ❦ Les paveurs associés

Un jour, le père Traput, qui était paveur depuis tantôt dix-huit ans et qui n'était pas un sot, se trouvait en train de casser la croûte avec des camarades, entre deux séances de travail. C'était l'heure du goûter, et les ouvriers s'étaient assis sur la bordure du trottoir, leurs gros brodequins enfoncés à demi dans le sable, lit humide qui attendait les lourds cubes de pierre.

— Il m'est venu une idée, dit-il ; si nous faisions une coopérative ?

Et il exposa son plan. Une vingtaine de compagnons s'associaient ; chacun d'eux apportait ses outils et un peu d'argent ; vingt-cinq francs par tête suffisaient. Une société ouvrière serait formée, conformément à la loi, et le gérant, élu par les associés, irait à l'hôtel de ville pour « soumissionner » des travaux de pavage.

Les autres ouvriers écoutaient en silence. Ils ne voyaient pas les avantages de la coopérative, ils étaient d'esprit plus lent que le père Traput.

Alors celui-ci reprit la parole :

— La ville paiera la société au lieu de régler avec

l'entrepreneur. Hé bien ! puisqu'elle versera la même somme et qu'il n'y aura plus d'entrepreneur pour prendre sa grosse part, la nôtre sera plus grande.

— Mais, dit Jules Pernert, de sa nature un peu jaloux, celui qui sera nommé gérant voudra être payé pour son emploi. Il sera comme un patron, comme un entrepreneur.

— J'admets, répondit Traput, que nous donnerons chaque mois une toute petite indemnité à notre gérant, parce que toute peine mérite salaire. Il nous coûtera moins cher qu'un monsieur, un entrepreneur, qu'il nous faudra entretenir, et nous y gagnerons tout de même énormément. Et puis, ajouta-t-il, en clignant malicieusement de l'œil vers l'ami Jules, chacun sera gérant à son tour, et je veux bien que tu le sois le premier.

Tout le monde se mit à rire. Trois mois plus tard, la coopérative de production « Les Paveurs Associés » était constituée et fonctionnait aussitôt ; elle obtenait des travaux municipaux et répartissait les paiements de la ville entre ses adhérents en proportion de leurs journées de travail.

Et les camarades remerciaient le père Traput qui leur avait donné, avec des salaires plus forts, une chose précieuse dont ils n'auraient jamais espéré la possession : l'indépendance.

RÉFLEXIONS. — Au compte de qui le père Traput et ses camarades travaillaient-ils autrefois ? — En quoi consistait le travail de l'entrepreneur ? — Qui fera ce travail dans la coopérative fondée ? — L'entrepreneur coûtait-il aux ouvriers plus cher ou moins cher que le gérant actuel ? — Les ouvriers recevaient-ils le produit intégral de leur travail ? — Aujourd'hui, au contraire... — Le père Traput a-t-il eu une bonne idée ?

---

2. ❦ **Par l'association en « coopératives de production », les travailleurs réalisent une répartition équitable des fruits de leur travail.**

III. Pourquoi Jean Sigalasse est syndiqué

— Alors, mon homme, te voilà passé au syndicat, avec toutes les fortes têtes de l'usine !

Ainsi s'exprimait la femme de Jean Sigalasse, tourneur en bronze employé aux établissements Lascazes et Cie qui font vivre, comme disent ces messieurs de la direction, toute la vallée de l'Audette.

— Oui, femme, je me suis syndiqué, et ne te fais pas de chagrin, au moins ! Pour une méchante cotisation de quatre sous par semaine, tu ne vas pas me « faire la vie », hein ! Si les quatre sous t'ennuient, je ne fumerai pas le dimanche, et tout sera dit.

— Mais, mon Jean, ce n'est pas pour les deux gros sous que je réclame ; j'aimerais mieux que tu en dépenses le double à fumer des cigares et que tu ne sois pas entré au syndicat, où il y a Rebièvre et tous les enragés, tous les anarchistes [1].

— D'abord Rebièvre n'est pas anarchiste, ni moi non plus ; mais au syndicat on ne fait pas de politique, on ne demande pas leurs opinions aux affiliés ; pourvu qu'ils soient décidés à faire cause commune avec les camarades pour la défense des intérêts ouvriers... c'est tout ce qu'il faut.

— C'est vrai que les ouvriers doivent se soutenir entre eux, sans ça...

— Sans ça, femme, leur sort ne deviendrait pas meilleur. Ils doivent déjà beaucoup au syndicat, qui est leur bureau de placement, leur bibliothèque, leur école avec ses cours professionnels, parfois leur caisse de retraites, de chômages, de secours. Les typographes [2], grâce à leur

---

1. *Anarchistes* : partisans de la doctrine philosophique nommée anarchisme (système d'après lequel la société pourrait se gouverner sans gouvernement établi, ou du moins sans gouvernement central) — Se dit aussi, dans un autre sens, des fauteurs de troubles.

2. *Typographes* : ouvriers imprimeurs.

puissante « Fédération du Livre », distribuent un secours de route ou « viaticum » aux camarades syndiqués qui cherchent du travail d'une ville à l'autre. Cette « fédération » est si bien organisée qu'elle a pu forcer les patrons à accorder la journée de neuf heures.

— Neuf heures, mon pauvre Jean ! Et toi qui fais des douze heures de travail tous les jours !

— Patience, ma petite femme, le syndicat arrangera cela chez nous comme chez les imprimeurs.

— Et tu gagneras autant ?

— Et je gagnerai autant.

— Mon Jean, tu as eu raison de te mettre du syndicat.

— Et tu verras, femme, nous obtiendrons bien, bien d'autres avantages, pourvu que nous restions unis.

RÉFLEXIONS. — *Mme Sigalasse était-elle contente de l'adhésion de son mari au syndicat des tourneurs ? Pourquoi ? — Que répond M. Sigalasse en ce qui concerne les opinions des syndiqués ? — Qu'ajoute-t-il relativement aux avantages du syndicat ? — Si deux ou trois ouvriers réclament isolément un avantage quelconque (diminution de la journée de travail, augmentation de salaire, hygiène plus parfaite) qu'arrivera-t-il ? — Qu'arrivera-t-il si, au contraire, tous les ouvriers de l'atelier, ou de la région, ou de la corporation, s'entendent pour réclamer en même temps ? — Les ouvriers ont-ils seuls le droit de former des syndicats ? — Syndicats ouvriers et syndicats patronaux ne se mettent-ils pas souvent en rapport pour régler les conflits du travail ?*

3. **Les hommes ont le droit de se grouper en syndicats pour étudier et défendre leurs intérêts professionnels. L'action syndicale a déjà procuré aux travailleurs de légitimes avantages (diminution de la journée de travail, hygiène plus parfaite des ateliers, augmentation des salaires). C'est un puissant moyen d'amélioration sociale.**

VINGT-HUITIÈME LEÇON
LE SUFFRAGE UNIVERSEL

I. La conquête du suffrage universel

— Connaissez-vous M. Delines ? C'est le vieillard qui habite une petite maison où le lierre grimpe jusqu'aux deux fenêtres de l'étage, en face de la mairie. C'est un beau vieux, qui a près de quatre-vingt-dix ans et qui a gardé toute sa mémoire ; il sait des tas de choses qui pourront vous intéresser. Voulez-vous que nous allions lui faire une visite ?

— Volontiers, Monsieur le maire, répondit avec empressement M. Martel, l'instituteur nouvellement arrivé à l'école de Beauclair.

M. Martel était toujours heureux de causer avec les personnes qui ont quelque chose d'intéressant et de sérieux à raconter. Il savait que M. Delines était pensionné par la nation en qualité de victime du coup d'Etat du 2 décembre 1851.

Quelques minutes plus tard, les deux interlocuteurs étaient assis chez l'ancien exilé, et bientôt M. Delines racontait son histoire :

— En 1848, j'étais encore un jeune homme. Je me trouvais à Paris, et je travaillais de mon métier de serrurier.

C'était Louis-Philippe qui régnait. Un roi pas méchant, mais tout de même un roi, et qui ne voulait pas permettre au peuple, aux paysans, aux ouvriers, même pas aux gens les plus instruits quand ils étaient pauvres, de prendre part au gouvernement du pays. Il n'y avait que 200.000 électeurs pour toute la France.

— Moins que pour une moitié de Paris aujourd'hui, fit observer l'instituteur.

— Alors, dit très simplement M. Delines, nous avons bâti des barricades, nous avons fait une révolution et nous avons mis le roi à la porte le 24 février. Depuis ce jour, les Français possèdent le suffrage universel, à part quelques mois où il fut supprimé par les réactionnaires, à la fin de la deuxième République.

— Oui, c'est Louis-Napoléon qui a rétabli le suffrage universel, dit l'instituteur, parce qu'il ne pouvait pas faire autrement.

— Seulement, reprit le vieillard, nous savions qu'il en fausserait le fonctionnement[1] C'est pourquoi quelques républicains, trop peu nombreux, essayèrent de résister au coup d'Etat du 2 décembre.

« Alors, nous bâtîmes des barricades. »

— C'est ce qui vous a valu, Monsieur Delines, d'être déporté en Algérie, comme un criminel, alors que vous étiez un bon citoyen qui donnait un haut exemple en défendant la souveraineté du peuple contre le césarisme[2].

— Je suis bien consolé de toutes mes peines aujourd'hui, répliqua M. Delines, quand je vois le suffrage universel définitivement installé dans notre République, tous les citoyens égaux devant l'urne électorale, également électeurs, également éligibles. Et je le suis particulièrement lorsque je m'entretiens avec le maire élu par les

---

1. Par la pratique de la candidature officielle.
2. *Césarisme* : domination des souverains élus par le peuple, mais revêtus d'un pouvoir absolu.

élus de tous les habitants de Beauclair, et avec l'instituteur qui donne une éducation démocratique aux futurs électeurs, aux futurs souverains de la France

RÉFLEXIONS. — Qu'est-ce que le coup d'État du 2 décembre 1851? — Pourquoi M. Delines fut-il déporté à la suite de ce coup d'État? — Est-ce la première fois que M. Delines prenait part à un mouvement populaire? — Quelle fut la cause de la révolution de 1848? — Cela valait-il la peine que le peuple parisien affrontât les balles des soldats de Louis-Philippe?

> 1. En 1848, le peuple parisien fit une révolution pour conquérir le suffrage universel. Les combattants de 1848 savaient qu'ils obtiendraient ainsi un puissant moyen d'amélioration sociale.

II. La République

Chers enfants, disait M. Delines, il faut aimer et défendre la République.

L'œuvre qu'elle a commencée est prodigieuse dans le passé, encourageante dans le présent, merveilleuse à qui pressent l'avenir.

Savez-vous ce qui s'est passé le 4 septembre 1870, jour où la troisième République vint au monde? Le matin de cette journée historique, les Parisiens apprirent que Napoléon III avait capitulé à Sedan avec son armée et que 80.000 Français étaient prisonniers des Allemands. La dynastie[1] impériale fut chassée, et la République proclamée.

Elle eut d'abord à terminer la guerre avec l'Allemagne et à signer un traité que les fautes criminelles de Napoléon III avaient rendu d'avance désastreux. Ensuite, elle dut réorganiser l'armée, de manière à mettre notre pays à l'abri des violences étrangères.

---

1. *Dynastie* : suite de souverains appartenant à la même famille.

Puis elle commença son œuvre véritable en établissant l'instruction *laïque, gratuite* et *obligatoire*.

Mes enfants, si vous êtes aujourd'hui à l'école, si vous vous instruisez, c'est à la République que vous le devez.

En même temps que la République instituait l'éducation populaire, elle fondait les syndicats ouvriers qui permettent aux travailleurs de s'unir pour la défense de leurs intérêts. Plus tard, elle les protégea contre les accidents du travail.

En ce moment même elle rend aux ouvriers un autre service non moins signalé : elle établit les retraites qui donneront le pain et le repos à tous les vieillards pauvres. Et elle étudie l'impôt égalitaire, l'impôt sur le revenu, qui diminuera les lourdes charges pesant encore sur les petits cultivateurs, sur les travailleurs des campagnes et ceux des villes.

La République a encore institué une autre égalité : celle du service militaire.

Sous l'Empire, les pauvres passaient sept ans à la caserne et risquaient leur vie à la guerre, tandis que les riches ne portaient jamais l'uniforme, sauf s'ils le demandaient expressément.

La République a décidé que tout Français valide serait soldat, et elle a réduit le temps de service à cinq ans, puis à trois.

A présent, tout le monde, sauf les infirmes, fait deux ans, ni plus ni moins : plus de faveurs, plus d'injustices ! C'est encore l'œuvre de Marianne.

Liberté de tous les citoyens,

Egalité dans les droits et les devoirs,

Fraternité ou Solidarité de tous les Français, telle est la devise de la République, et cette devise est justifiée.

RÉFLEXIONS. — *Depuis quelle époque le suffrage universel fonctionne-t-il normalement? — Quelle importance a eue pour le peuple l'établissement de l'instruction gratuite et obligatoire? — Quels avantages a-t-il retirés du droit syndical? — Y avait-il intérêt pour lui à ce que tous les citoyens fussent égaux devant le service militaire? — Croyez-vous que, sans le suffrage universel, il se serait construit autant d'hôpitaux, autant d'orphelinats, autant d'hospices pour les vieillards ?... — Le peuple doit-il se féliciter de l'existence du suffrage universel ?*

> 2. ❦ 38 ans de République, c'est-à-dire 38 ans de suffrage universel véritable, nous ont valu entre autres choses l'instruction laïque, gratuite, obligatoire, le droit syndical, l'égalité du service militaire, la liberté de la presse, la liberté de réunion, quelques dégrèvements d'impôts en faveur des moins riches.

III. ❦ Le bulletin de vote

— Moi, conclut Pégnit au milieu du vacarme, je suis pour la révolution à coups de fusil et à coups de bombe !

Il descendit de la tribune, tandis qu'une dizaine d'amis l'applaudissaient à tout rompre, que d'autres assistants le huaient avec fureur, et que le reste de l'auditoire demeurait indécis et houleux.

Le président imposa le silence et donna la parole au citoyen Jean Maurelle, ouvrier typographe.

— Et moi aussi, parbleu ! je suis pour la révolution, s'écria-t-il. Si je n'étais pas révolutionnaire, je ne serais pas Français : 1789, 1830, 1848, 1870, pour ne rappeler que ces quatre dates, voilà les étapes de la France : ce sont quatre élans révolutionnaires !

L'enthousiasme de la salle fut unanime.

— Seulement, poursuivit l'orateur, je crois que l'ère des révolutions à barricades est close. Des barricades, nos pères en bâtirent en 1830 et en 48 pour expulser les rois. Mais ils n'eurent pas besoin d'en dresser en 70 pour chasser le César[1], l'usurpateur. Le mépris public suffit, attesté à Paris par le suffrage universel, et bouillonnant déjà dans les départements.

---

1. *César* : en souvenir de Jules César qui supprima les libertés romaines.

« Aujourd'hui, le suffrage universel n'est plus un mot menteur comme sous l'Empire. Il est devenu une réalité, il est notre bien, il est notre moyen de défense et d'attaque. Par deux fois, nos aînés l'ont employé pour repousser les efforts des ennemis de la République. Nous saurons nous en servir pour mener à terme l'œuvre révolutionnaire commencée par nos aïeux en 89.

« Par le bulletin de vote, le peuple est souverain. Par ce chiffon de papier, il peut choisir ses représentants et faire voter les lois qu'il estime nécessaires. C'est le bulletin de vote qui assurera un impôt équitable, des retraites pour les travailleurs âgés, des secours légaux aux chômeurs, l'instruction professionnelle à tous, l'instruction secondaire et supérieure à tous ceux qui peuvent en profiter, les libertés syndicales et toutes leurs conséquences. C'est le bulletin de vote qui fera disparaître la vieille formule : « A chacun selon sa richesse », pour la remplacer par des dictons plus justes ou plus humains : tels que : « A chacun selon son travail, A chacun selon ses besoins. »

RÉFLEXIONS. — Rappeler la signification de ces quatre dates : 1789, 1830, 1848, 1870 ; quel progrès chacune de ces révolutions a-t-elle consacré ? — N'y a-t-il pas encore des progrès à réaliser : tous les travailleurs honnêtes et courageux ont-ils le bonheur qu'ils méritent ? — Sur quoi Jean Maurelle compte-t-il pour les améliorations désirables ? — Quelle était l'arme des révolutionnaires de 89, de 1830, de 48, de 70 ? — Quelle est l'arme du citoyen français au XXe siècle ?

---

3. ✿ C'est le bulletin de vote qui assurera un impôt équitable, des retraites pour les travailleurs âgés, des secours légaux aux chômeurs, l'instruction professionnelle à tous, l'instruction secondaire et supérieure à tous ceux qui peuvent en profiter. Le bulletin de vote contribuera puissamment à réaliser la société juste et fraternelle que nous désirons.

VINGT-NEUVIÈME LEÇON
LA NATION ET L'INTERNATION

I. Tous les Français sont solidaires

— Ça vous intéresse, vous, la mévente des vins du Midi ? Qu'est-ce que ça peut faire à votre commerce de cuirs et peaux ?

— Oui, Monsieur Petit, cela m'intéresse ; mon commerce ne semble pas avoir grand rapport avec le vignoble ; cependant, je puis vous affirmer que la crise du Midi m'a déjà fait beaucoup de tort : j'ai perdu beaucoup de clients dans la région, et parmi ceux qui me restent fidèles, il y en a plus d'un qui ne peut me payer ce qu'il me doit.

— Je ne l'aurais pas cru, Monsieur Darville ; mais moi je ne suis pas dans le même cas. Je suis fonctionnaire et mon traitement ne restera jamais en souffrance.

— Qui sait ?
— Vous croyez ?...
— Bien sûr, mon cher. Supposez qu'il y ait, outre la crise du vin, dans le Midi, la crise du sucre, dans le Nord.
— C'est qu'on en parle !
— Puis la crise du blé...
— On l'a déjà vue...
— Une crise de l'industrie hôtelière...
— La guerre du Transvaal[1] nous l'a donnée en éloignant de chez nous les voyageurs anglais.
— Bref, toute une série de catastrophes commerciales de ce genre, croyez-vous que l'État fera rentrer facilement les impôts ?

---

1. *La guerre du Transvaal :* le Transvaal est un État de l'Afrique du sud annexé à l'Angleterre en 1900, après une guerre de deux années.

— Diable ! vous m'effrayez !

— En tout cas, il ne sera pas disposé à augmenter les appointements des fonctionnaires. Gagnez-vous assez?

— Ah ! mais non !

— Vous voyez bien : vous avez intérêt à ce que la France entière soit riche, afin qu'elle puisse rémunérer plus largement vos services.

— Je n'y avais jamais pensé. Mais à présent je comprends que tous les Français sont solidaires[1] les uns des autres. Qu'un désastre frappe une région, le pays entier s'en ressent. Qu'une grève prive d'ouvriers le bassin houiller du Pas-de-Calais, un malaise viendra gêner les trois quarts des industriels français. Si un réseau de chemin de fer est mal exploité, non seulement les départements qu'il dessert, mais tous les départements subiront les conséquences de cette mauvaise administration.

— Parfaitement. Et de même, si une classe sociale est misérable, affamée, mal logée, les autres classes sociales en seront affectées[2], ne serait-ce que par la contagion des maladies répandues par la misère. La France entière est comme un vaste corps : la blessure qui atteint un seul de ses organes donne la fièvre à tout l'organisme. Une nation est telle qu'un être vivant.

RÉFLEXIONS. — Il pleut, les rues de la ville sont boueuses ; je dis : Comme c'est ennuyeux ! Si je raisonnais bien, je penserais aux paysans que la sécheresse désole. Montrez que ce serait en même temps songer à mon propre intérêt. — En quoi la grève des mineurs m'intéresse-t-elle directement ? — J'habite les Vosges : en quoi la grève des dockers de Marseille peut-elle avoir une importance pour moi ? — J'habite une belle maison dans un quartier riche de la ville ; suis-je intéressé à la propreté des quartiers pauvres que je ne traverse jamais ? — Le nombre des cabarets augmente : en quoi cela m'importe-t-il, à moi qui ne consomme jamais d'alcool ? — Je reproche au père François de

---

1. *Solidaires* : qui se trouvent dans un état de dépendance mutuelle, telle que ce qui arrive aux uns atteint forcément les autres.

2. *En seront affectées* : auront à en souffrir.

ne pas envoyer son enfant à l'école : *Cela ne vous regarde pas*, me répond-il. Montrez que je suis intéressé, au contraire, à ce que tous les petits Français fréquentent assidûment l'école.

> 1. ❦ Tous les Français ont besoin les uns des autres ; tous ont intérêt à ce que la France entière soit riche par son agriculture et par son industrie ; tous ont intérêt à la disparition de la misère. Cela s'appelle la solidarité nationale.

II. ❦ Les nations sont solidaires

— Avez-vous lu dans votre journal que la peste est aux Indes et qu'elle menace l'Égypte ? Est-ce dangereux pour nous, docteur ?

— Madame Radouce, vous n'avez pas à vous effrayer. La peste peut arriver à Suez sur un navire venant des Indes, mais elle n'ira pas plus loin.

— Vraiment, docteur, vous me rassurez. Mais je serais curieuse de savoir comment on s'y prendra pour l'arrêter.

— Une commission de médecins va partir pour l'Égypte et prendra sur place les mesures nécessaires. Elle donnera des ordres, et, à leur arrivée, les navires seront surveillés, leurs passagers seront isolés et leurs marchandises désinfectées. Comme la peste est propagée par les puces des rats malades, on empêchera les rats de quitter les navires en mettant des entonnoirs sur les cordes qui les amarrent au quai ; au besoin, on tuera les rats qui sont dans la cale par l'acide carbonique ou tout autre gaz irrespirable.

— Mais, docteur, si ce ne sont pas des médecins français qui vont en Égypte, est-ce que Marseille sera bien préservé ?

— La commission comprend des médecins français, allemands, anglais, italiens, autrichiens, espagnols, et d'autres encore peut-être. Mais n'y aurait-il, par exemple, que des Allemands, que Marseille et la France seraient également garantis ; car il est de l'intérêt de nos voisins qu'il n'y ait pas le feu chez nous.

— Docteur, vous ne me persuaderez jamais que nous Français, nous pouvons rien faire de bon avec les Allemands.

— Pardon, Madame, avez-vous déjà envoyé une lettre à l'Allemagne.

— Certes, docteur ; quand mon mari va pour affaires à Berlin, nous nous écrivons, nous nous télégraphions, et même nous avons déjà causé entre Berlin et Paris par téléphone.

— Vous voyez donc, Madame, qu'on peut faire quelque chose avec les Allemands, puisqu'ils appartiennent comme nous à l'Union postale universelle. De même, quand votre mari arrive en chemin de fer à la frontière franco-belge, puis à la frontière belge-allemande, est-ce qu'il est obligé d'attendre que les Belges, puis les Allemands, mettent un nouveau train en marche pour s'en aller plus loin ?

— Vous voulez rire : il ne change pas de wagon de Paris à Berlin !

— Je vois donc, reprit le docteur, qu'on peut faire pas mal d'arrangements avec les Allemands. Ils ont notre système métrique, ils collaborent avec nous à de nombreuses œuvres scientifiques, telles que la carte du ciel ; chaque année, des congrès confondent leurs savants et les nôtres. Nos commerçants et nos industriels achètent et vendent à leurs confrères allemands, chaque année, pour des centaines de millions. Nous avons intérêt à ce que l'Allemagne soit prospère, de même qu'elle a besoin de notre prospérité. Et cela n'est pas moins vrai, si, au lieu de notre vieille ennemie, puisque, hélas ! la guerre reste toujours possible, nous considérons n'importe quelle autre nation.

« Tous les peuples sont solidaires ; ils commencent à peine à s'en rendre compte ; mais avant qu'il soit longtemps, ils comprendront que leur grandeur ne dépend pas de succès militaires, toujours suivis de revanches, mais de la pratique assidue et loyale de la solidarité humaine.

RÉFLEXIONS. — La récolte de blé est très mauvaise aux États-Unis et dans la Russie méridionale : en quoi cela m'importe-t-il ? — J'ai dans ma poche un mouchoir de cotonnade : n'y a-t-il que des compatriotes qui aient collaboré à sa production ? — Relisez dans votre géographie les paragraphes relatifs à notre commerce d'importation et à notre commerce d'exportation. — Quand Napoléon a décrété le blocus continental, quel était son but ? — A qui le blocus devait-il porter préjudice ? — A qui a-t-il porté préjudice ? — Concluez.

> 2. ❦ Les nations ont besoin les unes des autres. Elles s'unissent pour des tâches communes (Union postale universelle, chemins de fer, congrès scientifiques, commissions sanitaires, arbitrage). Les échanges incessants qui ont lieu entre les divers pays sont un facteur indispensable de la civilisation et du bonheur des peuples. Cela s'appelle la solidarité internationale.

III. ❦ La Patrie

— Ainsi, docteur, vous êtes pour l'union de tous les peuples. Vous êtes un sans-patrie !

— Moi, Madame ? Vous me surprenez ! Je désire que tous les peuples s'unissent de plus en plus, mais c'est justement pour le bien de ma patrie. Je pense que si nous étions assez heureux pour faire disparaître toutes les chances de guerre, notre pays y gagnerait infiniment en sécurité. Autrefois, une nation ou plutôt son chef ne pouvait trouver de grandeur que dans la gloire militaire ; aujourd'hui ce sont plutôt les œuvres de commerce qui assurent la force des peuples. Jadis le pillage était la manière la plus rapide et la plus connue de s'enrichir ; de nos jours, un grand commerçant peut amasser une fortune aussi grosse que celle d'un général de Napoléon. De même, l'Angleterre commerçante du xxe siècle fait rentrer dans ses coffres plus d'or que les exploits de ses plus audacieux corsaires ne purent jamais lui en apporter.

— Avouez tout de même, docteur, que la France de 1808 était plus glorieuse que celle de 1908.

— Si vous voulez, Madame, mais la patrie n'était pas plus heureuse et plus sûre, puisque six ans plus tard les soldats de toute l'Europe alliée occupaient Paris et rançonnaient la France bien diminuée.

— C'est vrai, mais les patriotes préféreront toujours une France grande à une France petite.

— Je ne le nie pas, et moi qui suis un patriote, j'aime mieux une France pleine de grandeur. Mais j'estime que la grandeur de mon pays réside dans sa fidélité aux idées qui ont créé la France moderne, la France auguste de la Révolution. J'aime ma patrie, comme j'aime la justice et la liberté, l'égalité et la solidarité. C'est la France qui a réalisé, première de toutes les nations, ces magnifiques conceptions[1] des penseurs; comment n'aimerais-je pas la France ? C'est la France qui, aujourd'hui encore, tient le drapeau de la démocratie ; *à l'exception de la Confédération suisse, elle est la seule république installée dans le vieux monde* : comment ne défendrais-je pas la France ? Parce que j'espère l'union pacifique des peuples, je suis un bon Français : car, seul, jusqu'ici, mon pays a désiré passionnément l'affranchissement de tous les humains et leur universelle fraternité.

« Je sais d'ailleurs que mon rêve ne se réalisera peut-être pas de mon vivant. Je sais qu'autour de nous des peuples, encore soumis à des maîtres féodaux et monarchiques, n'attendent que le signal de leurs souverains

---

(1) *Conceptions* : théories, inventions.

pour se ruer sur notre démocratie. Et voilà pourquoi je reconnais la nécessité d'instruire nos jeunes gens pour la défense de la patrie.

« Mais je vois aussi que, dans tous les autres pays, des hommes éclairés et généreux, épris des idées qui sont chères à tant de Français, s'efforcent d'amener leurs compatriotes à des sentiments dignes d'hommes raisonnables et libres, et qu'ils y réussissent mieux chaque jour.

« Je pense donc qu'un jour luira où, toutes les patries conservant leur existence particulière, elles supprimeront les guerres et vivront au sein d'une paix fraternelle: »

RÉFLEXIONS. — Puisque tous les Français sont solidaires, l'intérêt de chacun de nous est-il que les autres Français soient heureux ou malheureux ?... — Bien aimer notre patrie, c'est donc vouloir que tous nos concitoyens... — Puisque tous les peuples sont solidaires, quel est notre intérêt de Français ? — Y a-t-il contradiction entre patriotisme et internationalisme ?

---

3. ❦ Le patriotisme consiste à vouloir une patrie très riche, très heureuse, et à établir dans le pays toujours plus de justice, plus de liberté, plus d'égalité, plus de solidarité.

L'internationalisme consiste à vouloir le bonheur de tous les peuples, à les rapprocher pour des œuvres collectives (postes, service sanitaire, etc.), à favoriser leur collaboration industrielle et commerciale, à assurer leur bonne entente par la pratique de l'arbitrage.

Patriotisme et internationalisme se complètent.

TRENTIÈME LEÇON

L'ENTR'AIDE

[Un savant russe, M. Pierre Kropotkine, a consacré tout un livre à la démonstration de cette vérité : que l'entr'aide est universellement répandue.

Nous citons ci-dessous quelques-uns des exemples qu'il a donnés. Nos jeunes lecteurs en tireront cette conclusion : qu'en nous conviant à nous entr'aider, les moralistes ne nous demandent pas de triompher de notre propre nature. L'entr'aide, au contraire, est une chose *toute naturelle*. Partout elle vient grouper les êtres vivants pour la défense de leur vie.]

I. L'Entr'aide chez les fourmis

Si nous considérons une fourmilière, non seulement nous voyons que toute espèce de travail — élevage de la progéniture, approvisionnements, constructions, élevage des pucerons [1], etc. — est accompli suivant les principes de l'entr'aide volontaire, mais il nous faut reconnaître aussi avec Forel que le trait principal, fondamental, de la vie de beaucoup d'espèces de fourmis est le fait, ou plutôt l'obligation pour chaque fourmi de partager sa nourriture, déjà avalée et en partie digérée, avec tout membre de la communauté qui en fait la demande. Deux fourmis appartenant à deux fourmilières différentes ou à deux fourmilières ennemies s'évitent. Mais deux fourmis appartenant à la même fourmilière ou à la même colonie de fourmilières s'approchent l'une de l'autre, échangent quelques mouvements de leurs antennes, et « si l'une d'elles a faim ou soif, et surtout si l'une a l'estomac plein..., elle lui demande immédiatement de la nourriture ». La fourmi ainsi sollicitée ne refuse jamais ; elle écarte ses mandibules, se

---

1. *Pucerons*, petits insectes qui se nourrissent des sucs des plantes ; certaines espèces produisent un miellat sucré dont les fourmis sont très friandes ; aussi beaucoup d'entre elles ont l'habitude de domestiquer des pucerons qu'elles élèvent comme un bétail.

met en position et régurgite une goutte d'un fluide transparent qui est aussitôt léchée par la fourmi affamée.

Si une fourmi qui a le jabot plein a été assez égoïste pour refuser de nourrir un camarade, elle sera traitée comme une ennemie ou même plus mal encore. Si le refus a été fait pendant que ses compagnes étaient en train de se battre contre quelque autre groupe de fourmis, elles reviendront tomber sur la fourmi gloutonne avec une violence encore plus grande que sur les ennemies elles-mêmes. Et si une fourmi n'a pas refusé d'en nourrir une autre, appartenant à une espèce ennemie, elle sera traitée en amie par les compagnes de cette dernière. Tous ces faits sont confirmés par les observations les plus soigneuses et les expériences les plus décisives.

Dans cette immense catégorie du règne animal, la concurrence parmi les membres de la même fourmilière ou de la même colonie de fourmilières n'existe pas. Quelque terribles que soient les guerres entre les différentes espèces, et malgré les atrocités commises en temps de guerre, l'entr'aide dans la communauté, le dévouement de l'individu pour le bien-être commun, sont la règle.

Pierre Kropotkine.

(*L'Entr'aide*, trad. L. Bréal.)

II. ❧ L'entr'aide chez les oiseaux

La chasse et l'alimentation en commun sont tellement l'habitude dans le monde ailé que d'autres exemples seraient à peine nécessaires : c'est là un fait établi. Quant à la force que donnent de telles associations, elle est de toute évidence. Les plus forts oiseaux de proie sont impuissants contre les associations de nos plus petits oiseaux. Même les aigles, — même le puissant et terrible aigle botté, et l'aigle martial qui est assez fort pour emporter un lièvre ou une jeune antilope dans ses serres, — tous sont forcés d'abandonner leur proie à ces bandes de freluquets, les milans, qui donnent une chasse en règle aux aigles dès qu'ils les voient en possession d'une bonne proie...

Les vanneaux, si petits mais si vifs, attaquent hardiment les oiseaux de proie. « C'est un des plus amusants spectacles que de les voir attaquer une buse, un milan, un corbeau ou un aigle. On sent qu'ils sont sûrs

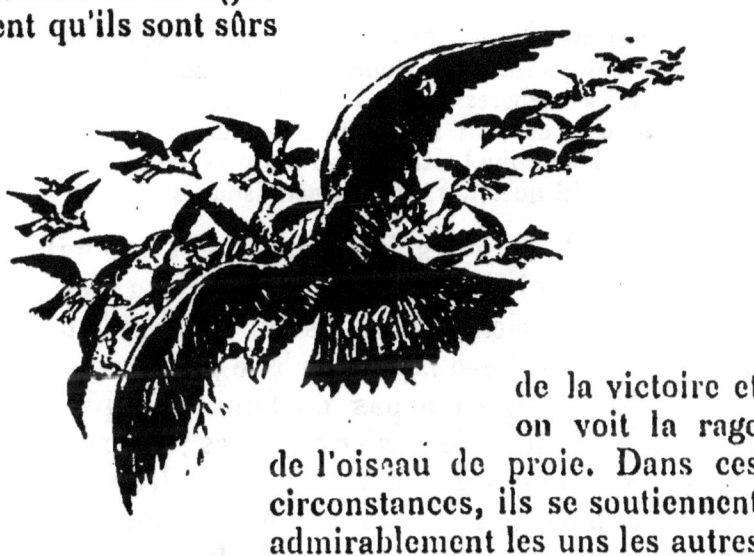

de la victoire et on voit la rage de l'oiseau de proie. Dans ces circonstances, ils se soutiennent admirablement les uns les autres et leur courage croît avec leur nombre ». Le vanneau a bien mérité le nom de « bonne mère » que les Grecs lui donnaient, car il ne manque jamais de protéger les autres oiseaux aquatiques contre les attaques de leurs ennemis. Il n'est pas jusqu'aux petits hochequeues blancs, si fréquents dans nos jardins, et dont la longueur atteint à peine vingt centimètres, qui ne forcent l'épervier à abandonner sa chasse. « J'ai souvent admiré leur courage et leur agilité, écrit le vieux Brehm, et je suis persuadé qu'il faudrait un faucon pour capturer l'un d'eux. Quand une bande de hochequeues a forcé un oiseau de proie à la retraite, ils font résonner l'air de leurs cris triomphants, puis ils se séparent. »

... Quelle différence entre la force d'un milan, d'une buse ou d'un faucon et celle des petits oiseaux tels que la bergeronnette ! et cependant ces petits oiseaux, par leur action commune et leur courage, se montrent supérieurs à ces pillards aux ailes et aux armes puissantes ! (*L'Entr'aide.*) Pierre Kropotkine.

III. ❦ Exemple de solidarité donné par des Barbares aux peuples civilisés

[Sur les terres arrosées par la Léna supérieure, sont établies les communautés villageoises des Bouriates. Les Bouriates comptent parmi les peuples barbares qui ont le plus échappé à l'influence russe. On trouve en eux, dit Kropotkine, de fidèles représentants de l'état barbare qui marque la transition entre l'élevage des bestiaux et l'agriculture. Voici quelques traits caractéristiques de leurs mœurs.]

C'est l'habitude chez les Bouriates — et une habitude est plus qu'une loi — que si une famille a perdu ses bestiaux, les plus riches familles lui donnent quelques vaches et quelques chevaux, afin qu'elle puisse se relever. Quant à l'indigent qui n'a pas de famille, il prend ses repas dans les huttes de ses congénères ; il entre dans une hutte, s'assied près du feu, — par droit, non par charité, — et partage le repas qui est toujours scrupuleusement divisé en parts égales ; il dort où il a pris son repas du soir. En général, les usages communistes des Bouriates frappèrent tellement les conquérants russes de la Sibérie qu'ils leur donnèrent le nom de *Bratskiye* — « les Fraternels » — et écrivirent à Moscou : « Chez eux, tout est en commun ; tout ce qu'ils ont, ils le partagent entre eux. »

(*L'Entr'aide.*) Pierre Kropotkine.

IV. ❦ L'instinct d'entr'aide inspire de sublimes dévouements

Une terrible tempête de neige, soufflant sur la Manche, faisait rage sur la côte plate et sablonneuse d'un petit village du Kent, et un petit bateau caboteur, chargé d'oranges, venait échouer sur les sables. Dans ces eaux de peu de profondeur, on ne peut avoir qu'un bateau de sauvetage à fond plat, d'un modèle simplifié, et le mettre à la mer par une telle tempête, c'était aller au-devant d'un désastre presque certain. Cependant les hommes sortirent, luttèrent pendant plusieurs heures contre le vent, et le bateau chavira deux fois. Un homme fut noyé et les autres jetés au rivage. Un de ces derniers, un excellent garde-côte, fut trouvé le matin suivant, tout meurtri et à moitié gelé dans la neige. Je lui demandai comment ils étaient arrivés à faire cet effort désespéré. « Je ne le sais pas moi-même ! » fut sa réponse. « Nous voyions l'épave devant nous ; tous les gens du hameau se tenaient sur le rivage, et tous disaient que ce serait fou de sortir, — que nous ne pourrions jamais tenir la mer.

« Nous vîmes cinq ou six hommes se cramponner au mât et faire des signaux désespérés. Nous sentions tous qu'il fallait tenter quelque chose, mais que pourrions-nous faire ? Une heure se passe, deux heures, et nous restions tous là. Nous nous sentions très mal à l'aise. Puis, tout d'un coup, à travers le bruit de la tempête, il nous sembla que nous entendions leurs cris ; — ils avaient un mousse avec eux. Nous n'y pûmes tenir plus longtemps. Tous ensemble, nous nous écriâmes : « Il faut y aller ! » Les femmes le dirent aussi ; elles nous auraient traités de lâches si nous n'y étions pas allés, quoiqu'elles dirent le lendemain que nous avions été des fous d'y aller. Comme un seul homme, nous nous élançâmes au bateau, et nous partîmes. Le bateau chavira, mais nous nous y accrochâmes. Le plus triste fut de voir le pauvre *** noyé à côté du bateau, et nous ne pouvions rien faire pour le sauver. Puis vint une vague effroyable, le bateau chavira de nouveau, et nous fûmes jetés au rivage. Les hommes furent sauvés par le bateau de D... ; le nôtre fut recueilli à bien des lieues d'ici... On me trouva le matin suivant dans la neige. »

Le même sentiment animait aussi les mineurs de la vallée de Rhonda, quand ils travaillèrent pour porter secours à leurs camarades dans la mine inondée. Ils avaient percé trente-deux mètres de charbon afin d'atteindre leurs camarades ensevelis ; mais, quand il ne restait plus à percer que trois mètres, le grisou les enveloppa. Les lampes s'éteignirent et les sauveurs durent se retirer. Travailler dans de telles conditions eût été risquer de sauter à tout instant. Mais les coups des mineurs ensevelis continuaient à se faire entendre : les hommes étaient donc vivants et appelaient au secours... Plusieurs mineurs s'offrirent comme volontaires pour travailler à tout risque, et pendant qu'ils descendaient dans la mine, leurs femmes les regardaient avec des larmes silencieuses, mais ne disaient pas un mot pour les arrêter.

(*L'Entr'aide.*) P. KROPOTKINE.

V. L'entr'aide chez les pauvres

Puis il y a l'alliance que forment les mères entre elles. « Vous ne pouvez pas vous imaginer, me disait dernièrement une dame docteur qui vit dans un quartier pauvre, combien elles s'aident les unes les autres. Si une femme n'a rien préparé, ou ne pouvait rien préparer pour le bébé qu'elle attend — et combien cela arrive souvent ! — toutes les voisines apportent quelque chose pour le nouveau-né. Une des voisines prend toujours soin des enfants, et quelque autre vient s'occuper du ménage tant que la mère est au lit. » Cette habitude est générale. Tous ceux qui ont vécu parmi les pauvres le diront. De mille façons les mères se soutiennent les unes les autres et donnent leurs soins à des enfants qui ne sont pas les leurs. Il faut quelque habitude — bonne ou mauvaise, laissons-les le décider elles-mêmes — à une dame des classes riches pour la rendre capable de passer devant un enfant tremblant et affamé dans la rue sans faire attention à lui. Mais les mères des classes pauvres n'ont pas cette habitude. Elles ne peuvent supporter la vue d'un enfant affamé ; il faut qu'elles lui donnent à manger et elles le font. « Quand les enfants de l'école demandent du pain, ils rencontrent rarement, ou plutôt jamais, un refus » — m'écrit une dame de mes amies qui a travaillé plusieurs années dans Whitechapel en relation avec un club d'ouvriers. Mais je ferais peut-être aussi bien de traduire encore quelques passages de sa lettre :

« Que des voisins viennent vous soigner en cas de maladie, sans l'ombre de rémunération, c'est une habitude tout à fait générale parmi les ouvriers. De même lorsqu'une femme a de petits enfants et sort pour travailler, une autre mère prend toujours soin d'eux.

« Si dans la classe ouvrière ils ne s'aidaient pas les uns les autres, ils ne pourraient exister. Je connais bien des familles qui s'aident continuellement l'une l'autre en argent, en nourriture, en combustible, pour élever les petits enfants, ou bien en cas de maladie ou de mort.

« Le tien » et « le mien » est beaucoup moins strict parmi les pauvres que parmi les riches. Ils s'empruntent constamment les uns aux autres des souliers, des habits, des chapeaux, etc., — et ce dont on peut avoir besoin sur le moment — ainsi que toute espèce d'ustensile de ménage. (*L'Entr'aide.*) P. KROPOTKINE.

VI. ❀ « La loi de nature »

> Il se faut entr'aider, c'est la loi de nature.
> LA FONTAINE.

Lorsqu'un arbre est seul, il est battu des vents et dépouillé de ses feuilles, et ses branches, au lieu de s'élever, s'abaissent comme si elles cherchaient la terre.

Lorsqu'une plante est seule, ne trouvant point d'abri contre l'ardeur du soleil, elle languit et se dessèche et meurt.

Lorsque l'homme est seul, le vent de la puissance le courbe vers la terre, et l'ardeur de la convoitise des grands de ce monde absorbe la sève qui le nourrit.

Ne soyez donc point comme la plante et comme l'arbre

qui sont seuls, mais unissez-vous les uns aux autres, et appuyez-vous et abritez-vous mutuellement.

Tant que vous serez désunis et que chacun ne songera qu'à soi, vous n'aurez rien à espérer que souffrances, et malheur, et oppression.

Qu'y a-t-il de plus faible que le passereau et de plus désarmé que l'hirondelle ? Cependant, quand paraît l'oiseau de proie, les hirondelles et les passereaux parviennent à le chasser, en se rassemblant autour de lui, et le poursuivant tous ensemble. Prenez exemple sur le passereau et l'hirondelle. Celui qui se sépare de ses frères, la crainte le suit quand il marche, s'assied près de lui quand il repose, et ne le quitte pas même durant son sommeil.

Donc, si l'on vous demande : Combien êtes-vous ? Répondez : Nous sommes un, car nos frères c'est nous, et nous c'est nos frères.

(*Paroles d'un croyant.*) LAMENNAIS.

Ce qui pousse les animaux et les hommes à s'entr'aider, c'est un instinct qui s'est peu à peu développé parmi eux au cours des âges et qui a appris aux animaux comme aux hommes la force qu'ils peuvent trouver dans la pratique de l'entr'aide et du soutien mutuel.

Unissez-vous ! pratiquez l'entr'aide ! c'est le mot d'ordre que nous donnent le buisson, la forêt, la rivière, l'océan.

Unissez-vous ! pratiquez l'entr'aide. C'est le moyen le plus sûr pour donner à chacun et à tous la plus grande sécurité, la plus grande garantie d'existence et de progrès.

Paris. — Imprimerie de la Bibliothèque d'Éducation

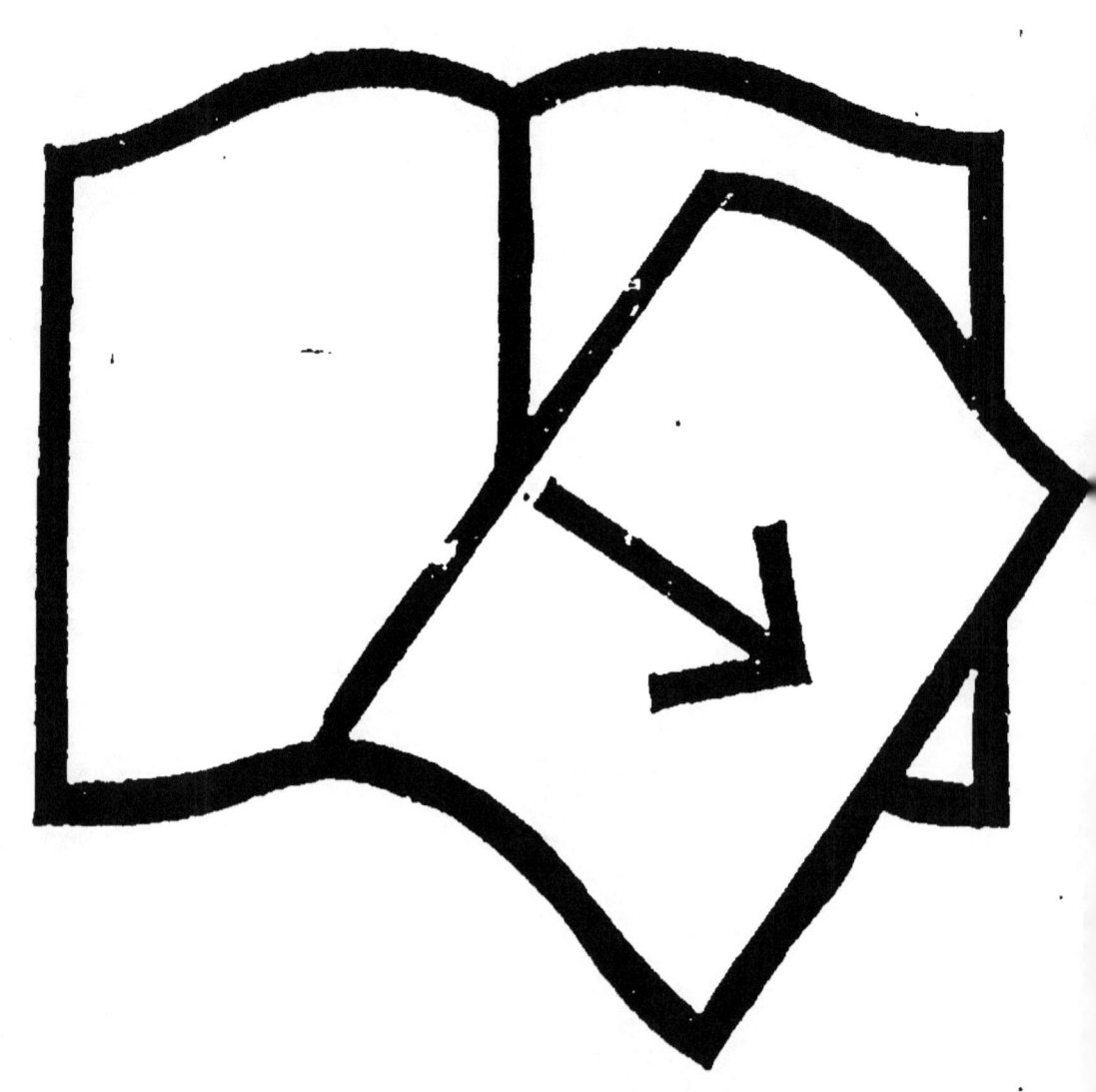

Documents manquants (pages, cahiers...)
NF Z 43-120-13

www.ingramcontent.com/pod-product-compliance
Lightning Source LLC
Chambersburg PA
CBHW070628170426
43200CB00010B/1942